常州民盟北门书屋丛书

李公朴书信集

李公朴 著

群言出版社
QUNYAN PRESS
·北京·

图书在版编目（CIP）数据

李公朴书信集 / 李公朴著 . -- 北京：群言出版社，
2022.1
ISBN 978-7-5193-0709-7

Ⅰ. ①李⋯ Ⅱ. ①李⋯ Ⅲ. ①李公朴（1902-1946）
—书信集 Ⅳ. ①K827=6

中国版本图书馆 CIP 数据核字（2021）第 262409 号

责任编辑：李　群
封面设计：逸品书装

出版发行：群言出版社
地　　址：北京市东城区东厂胡同北巷 1 号（100006）
网　　址：www.qypublish.com（官网书城）
电子信箱：qunyancbs@126.com
联系电话：010-65267783　65263836
经　　销：全国新华书店

印　　刷：天津画中画印刷有限公司
版　　次：2022 年 1 月第 1 版　2022 年 1 月第 1 次印刷
开　　本：710mm × 1000mm　1/16
印　　张：9.5
字　　数：180 千字
书　　号：ISBN 978-7-5193-0709-7
定　　价：46.00 元

序一：读父亲李公朴亲笔信有感

张国男

一年多前，我整理老伴王健保存的史料卷宗时发现其中有八十年前（1938 年至 1946 年）父亲给沈钧儒一并邹韬奋、陶行知、史良、沙千里、王造时、钱俊瑞、沈兹九、张仲实、胡子婴、徐伯昕、艾寒松、杜重远、柳湜等人的亲笔信 11 封及张光年和萨空了等其他名人四封。父亲离开昆明到重庆（1945 年 10 月至 1946 年 5 月）近八个月，给王健写了十五封信，这些信使我对父亲有了进一步的了解。

首先，我能感到他无时无刻不在抓住一切机会做统一战线工作，团结各阶层的人士一致对外抵抗日本帝国主义。特别是他在 1938 年 11 月的两封信中，写他从成都到西安，西安的情势很紧急，潼关的敌人接连放炮，但西安几乎全被防共空气所充满。他看到国民党处处搞摩擦，这已不仅是西北的问题了。阻碍抗日的倾向如果涉及全国，那我们抗战的前途实不堪设想。他希望能使蒋介石注意到这一点。现在看来父亲当时还对蒋介石抱有幻想。1940 年 4 月他在给在重庆沈钧儒及救国会几位先生的一封信中说：我先后致电报航空快信，但未得到只字复音。……现在上海工作者如宗麟、许广平受到死刑威胁，他们虽然不怕为争取民主而流血，而做刘湛恩（刘王立明之夫，惨遭暗杀身亡）第二，但孤军奋斗是容易出岔子的。吴大琨仍无下落，闻国母已到重庆，乞就近求她为大琨设法脱险。

其次，1937年“七君子”出狱后直至殉难，短短的9年中父亲马不停蹄地为了文化出版事业（在昆明创办北门书屋和出版社）、职业教育（在重庆得到周恩来支持和陶行知开创了社会大学），利用一切机会演讲宣传抗战救国、民主自由。他写信的时间多半是在深夜1点，有时要写到3点半。他在给王健的一封信中写道：学校上课后又开了会，故回来很晚了，现在又深夜1时过了，但决心先复数行，否则明日一天甚忙，又无暇了。在另一封中他写道：这一阵忙得真是无法形容，开会写文章，以及与朋友的往来，大有废寝忘食之境界。这封信写了四页纸，落款是一月七日夜二时。还有一封信也是四页，信中交代了十一件事后头痛了不写了，“明早还要准备各国比较教育的课也，此信请给李师母一阅。公朴一月廿二日夜二时半（因昨晚写文章到半夜三时才睡，七时起又忙了一天，故此头痛）”。我想最后还加的这句是怕家人担心因为生病而头痛。2月24日，他受伤后写道：最后请你将所有此前问过我而未答复的事开列一张清单给我，以便作了一件划去一件，我实在太忙了，无法时常查看信，尤其受伤后，体力尚未复原，更觉吃力耳。

再次，信中充满了对朋友们无微不至的关怀。如他在1942年5月1日给沈钧儒的信中写道：日前托陆兄带上已函并阿华田一小听籍悉先生安健，无限快慰。1944年2月17日信中写道：犹忆客岁在一报纸上见及陪都友好为先生祝寿消息，颇以不能参加为憾事，乃与家岳及曼筠合作梅石与题写为寿。日前托褚凤章（褚辅臣）兄带上，未识收到否？后又在报上见及百龄餐厅祝寿特写，殊感欣慰……闻存初（史良）的老太太去世，未识确否？如确，请代为表示歉意，因未接讣闻致失礼耳。他在给好友萨空了1946年5月6日的信中写道：又此间报纸已发表，足下与新夫人结婚之消息，友好均为之高兴。1946年1月7日和13日两封信中都提到为盛舜夫人李绥在中学读书的弟弟带衣服之事操心。

最后，父亲身在重庆，心中惦记着昆明的书店和出版社的一切。事无巨细，操尽心血，短短7个多月，他写了15封信。1945年10月1日，中国民主同盟在重庆举行临时全国代表大会，父亲作为民盟云南省支部代表之一赴渝参加。会上父亲被选为中央执行委员兼民主教育委员会副主任。10月14日他给王健的第一封信写道：双十节和十二日来信均收到，慰悉一切。好一个“多难兴邦”，我希望大家能继续此种精神，群策群力共同渡过此经济难关。……至于《孩子们》《风》《穷人》《新教育体系》《夜雾》等书之定价更早已寄上，望查一查过去的信，是否有这些书之定价与发票也。1946年1月7日他写道：关于纸款事之经过是如此，大概是在去年四五月旬汇重庆廿万元为陈君买纸以便等崇文（印刷厂）纸型打好后带到重庆来印，后来改变了计划，决定在昆明印，于是陈君又交了三十万，连同前二十万元，共算五十万元，买了伍（五）十盒建官堆（印刷纸张型号）。……现在请你立刻调查一下昆明市上湘官堆与建官堆售出与购入市价，请立刻示复。1月28日他在信中写道：1. 根据我们过去经验与现在的经济情况均无法在平津设相当规模的办事处，更不论发行与门市矣，所以只能如读书、新知等一样托一人负责，代理出版工作。2. 印刷厂我们既无力量，不管怎样好也无办法，且我自到重庆三个月来，观察其他出版社经营方法，深感我们是绕了路了。我们都不精于做生意，此点不知你以为何如？在2月24日信中他写道：《民主浅说》已经伯韩先生完全改正过，最后一章完全改写过，改名为《民主问题讲话》。《民主浅说》中加了我一篇《郑重介绍》的代序，改成三十六开本，用老五号字宽排，已寄至北平付印，重庆本已付排，但因上星期自桂林来函，谓因政治协商会成功后，最后一章必须再重写过。……此间朋友意思原本内容与名称均不适当，且开本太小，无卖相。主要当然还是内容，所以均主张重印。

总之，每读一遍这些信都使我有更多的感受，增加几分对父亲的了解，他是真正做到了一个革命者为理想奋斗终生，无怨无悔，鞠躬尽瘁的。也许这就是人们常说的“公朴精神”，这些亲笔信使他生前的形象在我脑中复活，我也更加怀念我的父亲。

序二：情怀·信念·行动

民盟常州市委会主委、常州市人民政府副市长　许峥

《李公朴书信集》终于出版了，可喜可贺！

《李公朴书信集》凝聚着常州民盟人对民盟先烈先贤热烈而真挚的爱，体现了对李公朴家国情怀的新认识。常州民盟对李公朴怀有特别深厚的感情，这固然因为李公朴是常州人，我们认为更重要的是，常州民盟对传承“公朴精神”负有历史责任。

早在1994年，常州民盟就为李公朴故居的保护问题，给时任民盟中央主席费孝通写了一封信。费老回信说：“筹建公朴同志故居，是一件好事”“这是我们民盟的心愿”“民盟方面责无旁贷”。在民盟的呼吁和协助下，公朴故居得到妥善保护，并建立了李公朴纪念馆，命名了李公朴小学、李公朴幼儿园和公朴路，成立了李公朴研究会。

进入新世纪，在中华人民共和国成立60周年之际，李公朴成为“100位为新中国成立做出突出贡献的英雄模范人物”之一。常州民盟深受鼓舞，相继成立了以李公朴创建的昆明“北门书屋”命名的常州民盟北门书屋和全盟首个以民盟先贤命名的李公朴支部，使公朴的英名成为常州民盟自身建设和履职尽责的强大精神力量。

李公朴女儿张国男和女婿王健，对常州民盟非常关注，多次参加了常州纪念李公朴的活动。在常州“北门书屋”揭牌仪式上，长年在昆明

北门书屋跟随李公朴工作和战斗的王健激动万分，他指着常州民盟编写的《同心故事》前言的题目“同心贵在奉献”说：“这个说得太对啦，我们在北门书屋的时候，就是同心，就是奉献啊！”

常州民盟对李公朴的深厚感情和真诚纪念感动了两位老人，他们决定把保存多年的二十多封李公朴书信原件赠送给常州民盟。常州民盟如获至宝，立即对李公朴书信展开研究，并决定结集出版。这得到了两位老人的悉心指导和大力帮助，两位老人核实了书信中许多重要的人名、地名和历史事件，使我们对李公朴的家国情怀有了更真切、更具体的了解。令人悲痛的是，做完这些工作以后，百岁老人、我们敬重的李公朴的战友和亲人王健同志永远离开了我们，竟没能看到《李公朴书信集》的正式出版。今谨以此书敬献于王老灵前，作为永远的纪念！

《李公朴书信集》为民盟保存了珍贵的史料，开辟了李公朴研究的新领域。书中信件主要是李公朴在昆明时，为经营北门书屋、组织民主进步活动，写给沈钧儒、王健等人的，反映了他在这一时期的思想和行迹，许多内容和民盟的历史有关。

例如，1944 年 2 月 17 日晚上写给沈钧儒的信，就记录了昆明成立宪政研究会的情况：“二月五日，昆明之学术界人士曾举行宪政研究会成立大会，慧僧先生亦出席，讨论甚为热烈。后选出徐炳昶、潘光旦、曾昭抡、潘大逵、姜亮夫、唐筱蓂、周新民及公朴等九人为理事，将分总务、研究、出版三组，由公朴与光旦及筱蓂负责出版，并计划出版宪政小丛书。兹已定于二十一日，开第二次会员大会。会员人数已有四十余人。希望多与各处取得联络。此事将由昭抡与新民等总务组负责。望先生有所指教……”

这封信的末尾还写道：“我们已早预见到政治经济的双重压迫将愈迫愈急，我们是准备一切来接受这时代熔炉的考验。”由此可见，李公朴当时处在怎样的艰险环境之中，又是以怎样的大无畏精神坚持斗争的。李公朴以“仁者不忧，智者不惑，勇者不惧”为座右铭，抱着必胜的信念，与闻一多等战友一道赴汤蹈火，是走在人民革命队伍前列的大仁、大智、大勇者。

研究这些信件，可以使我们更深刻地了解民盟在抗战后期的情况，更深切地感受李公朴爱国、民主的思想和信念。

《李公朴书信集》将引领“常盟在线——公朴战友在行动”深入开展，成为常州民盟深入学习贯彻习近平新时代中国特色社会主义思想的新教材。民盟常州市委积极响应市委统战部“聚力新时代，服务新发展”品牌建设号召，以“常盟在线——公朴战友在行动”为品牌，以常州籍民盟先贤李公朴为榜样，以“爱国、民主、同心、奉献”为履职精神，积极开展常州民盟全员履职行动。

李公朴的这些信件，反映了他的思想感情，也记录了他的斗争行动。李公朴是一个君子，更是一个战士；李公朴决不是一个口头革命派，而是敢于冲在斗争第一线的行动者。在这些信里，我们可以看到李公朴永不疲倦的身影和永不停留的脚步。我们学习李公朴，不仅要学习他始终以国家、民族、人民利益为重的立场，还要学习他始终和革命群众一起战斗的务实作风。学习李公朴就是要继承民盟“奔走国是，关注民生”的传统，就是要深入学习贯彻习近平新时代中国特色社会主义思想，就是要拿出参政党履职尽责的实际行动和成果，为中华民族伟大复兴添砖加瓦。

《李公朴书信集》出版之际，也是常州盟史馆开馆之时，两者相得益彰。当我们走进盟史馆，看到李公朴书信原件的时候，会感到泛黄的信纸上墨迹犹新，真挚的话语流露出深切博大的情怀——在这些书信面前，我们似乎可以触摸到公朴跳动的脉搏，感受到公朴激动的呼吸。是的，李公朴没有离开我们，他还活着，活在这些信里，活在我们心里。

2019年1月12日

序三：寸笺见初心，热血沃中华

民盟常州市委原主委、常州市人大常委会原副主任　赵忠和

盟史资料、先贤资源是常州民盟始终保持旺盛活力的重要源泉。民盟早期领导人李公朴先生是“100位为新中国成立做出突出贡献的英雄模范人物”之一，他的祖籍是常州武进。近年来，常州民盟把握正方向，弘扬主旋律，以李公朴为榜样，精心策划、主动传承，开展了“学公朴做挚友”等一系列主题学习实践活动，形成了《公朴往事》等一批史料研究成果，建成了李公朴支部、北门书屋等多个学习实践基地和平台。

在追寻、研究李公朴的过程中，我们与李公朴先生的女儿张国男、女婿王健结下了深厚的情谊。2017年，为了筹建常州盟史馆，我们向社会各界征集与常州民盟、先贤名人有关的史料，二老得知后毫不犹豫地捐出了与李公朴先生有关的六十多件文物史料。我们收到后，感到十分珍贵，不敢怠慢，立即组织力量开展研究，《李公朴书信集》便是最大的收获。

《李公朴书信集》收录了李公朴先生于二十世纪三四十年代写给女婿王健的十五封信，以及写给沈钧儒、史良等友人的十五封信，内容十分丰富，生动反映出了先生的思想、情操、性格、爱好以及他的苦闷、迷误、希望和信念。今天重读这些书信，使人深深感到：读其文，

如见其人。

书信是亲朋之间的互相交流，不以公开发表为目的，所以写起来没有顾虑，行文更加自由，常常直抒胸臆，掏心窝子说话。李公朴先生性情直率，一生待人诚恳，说话从不拐弯抹角，生活中如此，书信中亦是如此。因此，今天读这些信，能深切地感到他那颗真诚的心。

《李公朴书信集》的出版，我觉得对于李公朴研究有以下三个方面的意义：

一是为李公朴生平研究提供了十分珍贵的第一手资料。早期的李公朴研究，很多学者只是在有限的几本李公朴传记中提取材料，缺乏对于李公朴所写文章、日记、书信等第一手资料的分析和把握，导致史料运用单一、重复。在学界的不断努力下，李公朴所写的部分文章和日记均已刊发可寻，但书信一直非常少见。如今出版了这么一部具有相当数量，且集中反映“七君子事件”后李公朴社会活动、家庭生活、朋友交往等情况的书信集，真可以说是填补了一大空白。

二是有助于梳理出李公朴政治思想转变的脉络。李公朴生性好动，交友甚多，是一个著名的社会活动家。存在决定意识，李公朴思想的形成必然是其社会活动的反映和结果。但由于长期以来缺乏直接反映李公朴思想转变过程的第一手资料，导致人们对李公朴思想成因理解过于简单，很少探究整体社会氛围对其思想变化的影响。从《李公朴书信集》中，我们可以看到特定历史阶段中，整个社会形势在李公朴脑海中的折射。

三是可以进一步开展对李公朴个性和人格特征的研究。李公朴作为一个历史人物，因为有其特殊的斗争经历和思想情怀而被后人所追忆，“七君子”“民主斗士”等形象已经深入人心。相对而言，把李公朴作为一个“人”，对其生活习惯、兴趣爱好、性格特征等进行专门的研究比较少。这批书信的公开发表，使我们有可能直面一个活生生的李公朴、一个作为普通人的李公朴，从而还原一个形象更加丰满可亲的李公朴。

当然，《李公朴书信集》的出版，不仅具有学术上的价值，它里面反映出来的李公朴精神，在今天仍有着深刻的现实意义。这些书信的字里行间，无不体现出李公朴先生的崇高思想。综观先生一生，他受过良好的教育，也有走向社会上层的机遇和可能，但他没有，而是在可以逃避苦难的时候选择了救国救民，在可以飞黄腾达的时候选择了走向民众，在可以急流勇退的时候选择了义无反顾。李公朴用自己的人生抉择，诠释了他心里的价值观：爱国甚于爱己，民主高于私利，同心必须同行，奉献就是牺牲。

今天，我们要确立社会主义核心价值观，同样需要做出正确的选择。我们要学习李公朴的奉献精神，在“做什么，不做什么；多做什么，少做什么”的问题上，做出有利于民富国强、有利于民族复兴的选择。

在整理这些书信的过程中，李公朴先生的女儿张国男、女婿王健，花费了大量的时间和精力，对文稿、图片加以收集、整理、编排、校勘，弄得有条有理，这既是对他们的父亲尽了一番孝心，也是为读者做出了可贵的贡献。公朴先生在天有灵，应该为有这样的好儿女而感到欣慰。

是为序！

编辑说明

一、本书为李公朴先生的书信集，采用一篇书信后面附作者手稿的形式编排，信件按作者的写作时间排序。共三十篇。

二、文中每篇书信原本是没有标题的，这里按照信件开始的称谓加了标题：“以致……的函”为基本形式。有些信件是托别人带的，有的是直接寄的，为了统一体例，这里在标题中未作区分，托人带的信件正文后面做了说明。

三、本书在编辑过程中，遵循依照原文的原则，尽可能保持文章原貌。但对样式、排版等作了一些必要的技术处理。如繁体字竖排，现改为简体字横排，对标点符号用法方面；对文中明显的错字，作了订正并备注；对原文不清晰的地方做了注释。

目录

致王健

致诸友

致王健

李公朴致映青函

（1945 年 7 月 5 日）

映青[1]吾兄如晤：

第四号信早收到，复信（现在姑决定该信为第一号）曾于七月底航快寄出，未识收到否？昨午接第五号信，本月二日寄出者，慰悉一切，昨日曾托陆钦樨[2]先生带给李师母[3]一信，并有许多话托其转告，今接第五号方觉昨函所述有些事已可从此信中得到答复矣。

光年[4]兄走前来信谓，过港时如觉该处情形较上海好，则拟留港，照来信观察恐为不可能矣，未知他们何时能达海防。

克兢[5]事已于第一号信中说明，再此次彼赴沪，只可说是彼此私人关系，既帮忙亦仅私人的关系，与出版社无关。来信将克兢与张先生并列，殊不解。又关于参加上海总社工作一层，则目前更谈不上，且事实上亦无工作可做，何况目前各出版社已决定设一总发行机构，已有人负

1 映青即王吟青，原名王金鏸，1937 年民族解放先锋队重新组建后，自改名王健。1941 年到昆明后，自改名王吟青，1948 年到解放区又改回王健至今。李公朴离开昆明近八个月，给他写了这十五封信，都称呼他为映青。

2 陆钦樨：文化界名人、盟员。

3 李师母即张曼筠，当时昆明北门书屋员工对她的称呼。

4 光年即张光年，1913 年出生于湖北省老河口市，笔名光未然。《黄河大合唱》词作者。

5 克兢即李克兢，李公朴远房侄子。

责，望于函张先生信中说明之，我亦将有信去。

关于戏宣五队售书办法，我无存见，照理当然是第二办法，但书款如何交付及托谁保存，走路时大家经济都很困难，临时急需用去了，还不是算了。此层请你详细考虑一下，总之，要有把握收回款子，否则随便分散了，我是非常担心的。因此就是阿林赴南洋，仍应以带几本样本，以便重印为原则，至于重印之报权条件请另定。未识，尊意以为何如？

宁先生明日始有功夫（工夫）去见他，谈后即复。又香港方面现张先生既不去，你们究计划叫谁人去负责？否则，赵君之款且不成了一句空话？李绥[1]特嘱咐笔致意，她现在忙开一个大展览会，兹附上一张入场券以代说明。

《青年之路》五十本迄未收到，《民主文艺丛刊》过去是否寄过？如寄过那就是全未收到，请查明函复，并再设法托带。

《中俄外交史》第六章付排否？如原著者仍未送来，可函告我或者他已来渝矣，明日将去打听一下。

我以为送各股东之报告书，应报告至九月尾或十月尾为止，仍照原来计划，以六月底为会计年度似不适宜，未识你们意见如何？请即函复。

陆先生之账大概何时可弄好（包括向股东之报告）？在此间最近如有新书是否还要进货？昆明其他书店怎样？又此间办事处虽决定在十月底结束，但移交手续尚未办耳。拟待孙先生来时再作一度之商谈，勿复即颂。

筹祈。

朴如上第二号信

七月五日下午

此信托杨西孟[2]先生带上。

1　李绥即李少芳，是盛舜的夫人，在重庆文化部门工作，也是重庆北门办事处志愿者。

2　杨西孟：时任西南联大教授。

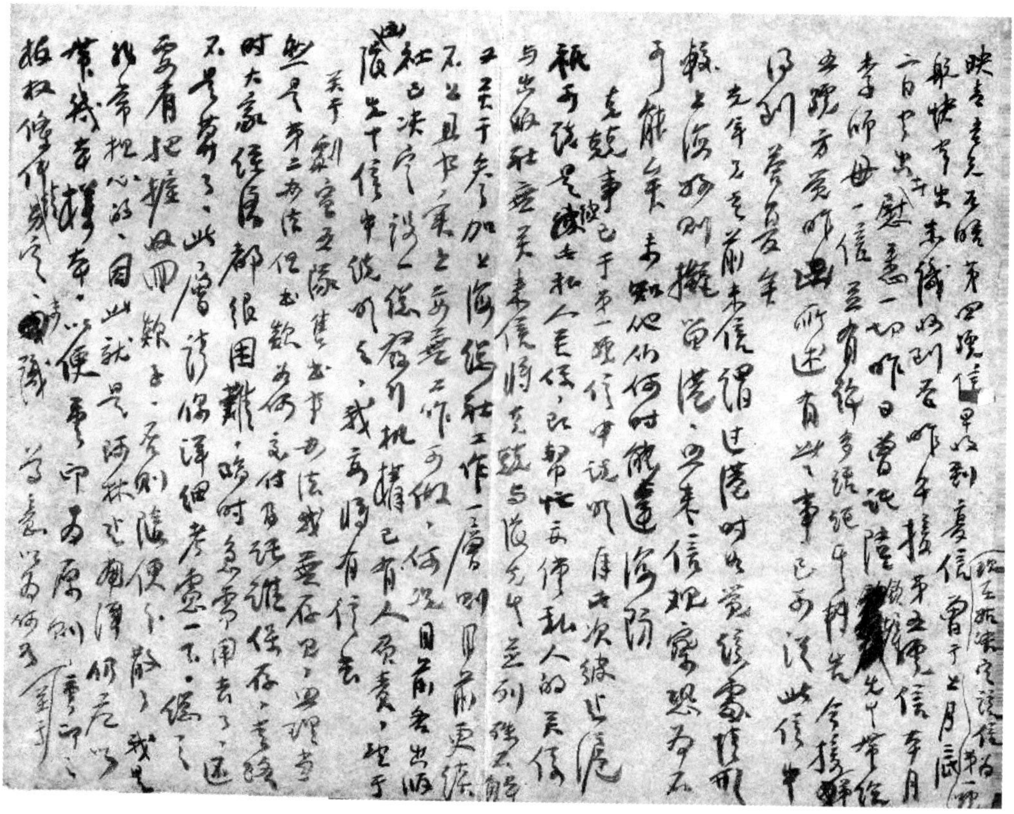

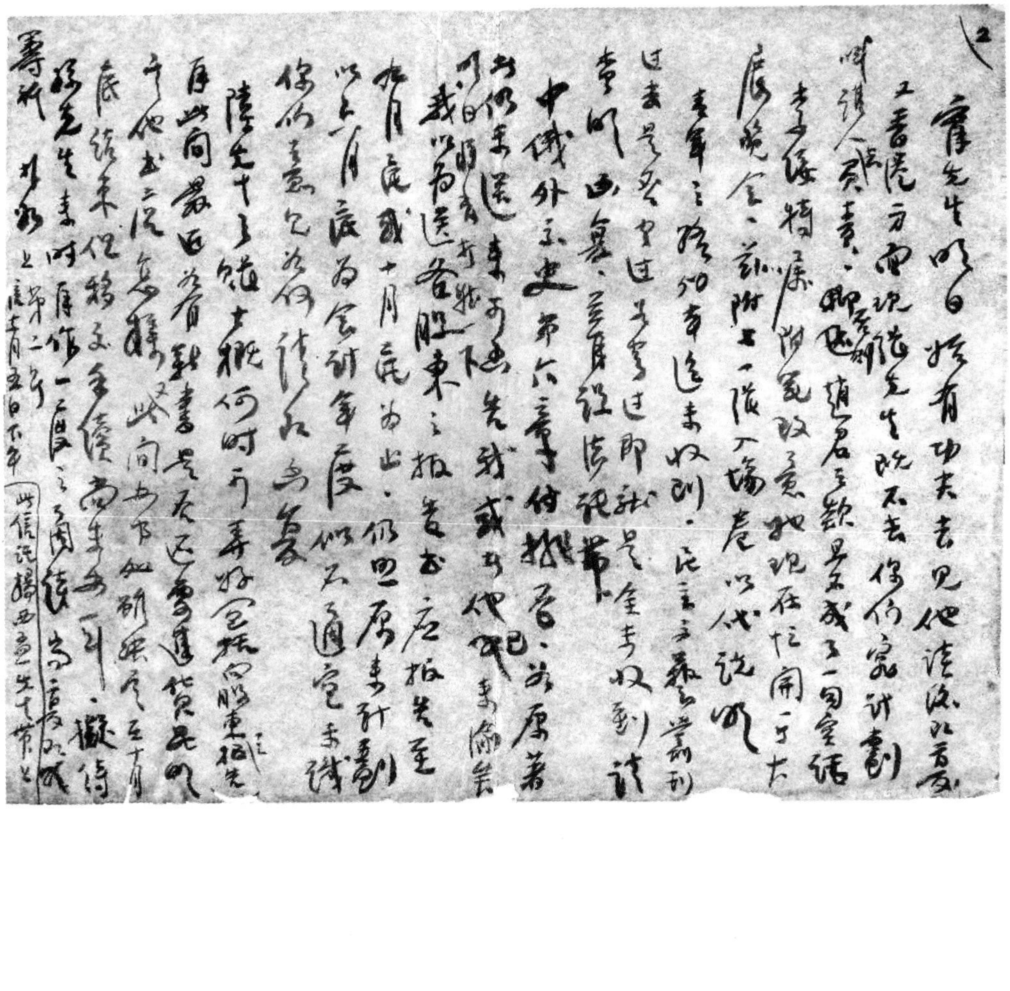

健先生：明日拟有功夫去见他，请后以为言。
工书凭力留说，陈先生既不去，你们宜计划
呼请一人负责。[illegible]君主钦，是否我了一句会话。
李任精神，所见改了意，现在忙开一个大
底稿全一部，附上一张入场券，以代说明。
去年三[illegible]知书送来收到。[illegible]
过去是[illegible]过即[illegible]全书收到，请
寄[illegible]
中俄外交史第六章付排，[illegible]原著
[illegible]送来[illegible]先生或者[illegible]
我以为送备[illegible]东之报告
本月底或十月底为止，仍照原来计划
以上月底为会计年度，似不适宜[illegible]
你们意见如何，请示为荷。
陈先生十五号大概何时可寄好[illegible]
目此间最近有[illegible]书[illegible]
[illegible]此间如[illegible]
底稿[illegible]
[illegible]先生来时[illegible]
筹祈[illegible]

李公朴致映青函

（1945 年 10 月 14 日）

映青弟经理如晤：

双十节与十二日来信均收到，慰悉一切。好一个“多难兴邦”，我希望大家能继续此种精神，群策群力，共同渡过此经济难关。来信均与盛舜兄看过，他说：寄来新书的各种发票多已先书而寄出，是否邮误？盼望此信到时可均收到。至于《孩子们》《疾风》《穷人》《新教育体系》《夜雾》等书之定价更早已寄上，望查一查过去的信，是否有这些书之定价与发票也。

（二）股东报告书（包括今后计划等）盼印好即先寄廿份给我。

（三）《孩子们》九期暂停出版，我同意。

（四）宁起枷君早抵渝，运费垫款事后日当去问他。

（五）张仲贤需书款，我从未见过他。请问其交与何人，或一查其支票款数，以便查考。如彼坚持已面交与吾，则待返昆明再查可也。

（六）年兄一人去粤，我想应考虑因途中太寂寞而又无人照应也，且现在大家都集中上海，从重庆观感看，香港似颇冷静，此间各币型已陆续带沪矣。

（七）《高尔基》接“生活”[1]来信，已在上海付排，不日出版，明又有便人飞沪带去《青年之路》与《民主浅说》两种，可即付排，临时借了拾万元带去。又《荒岛历险记》与《乡村的诗》的纸型大概周内可由一位曹君搭船赴沪带去，据此间估计，邮上各书在沪出版销路一定很好也。

（八）盛舜兄将于本月底移交与宁先生，但急需款贰十万元（期票已开出廿三日期），此外寄沪拾万元，共三十万，我因初到此处，且尚未开始看人，殊难一见面就借钱。望设法尽量从速汇来。并请先函复免念，或分两三次陆续汇来亦可，如何望即复。

（九）我于十五日股东会始可结束，然后方能开始接洽筹集新股，但目前或毫无把握，且往返接洽何时能取到现款则更无把握也。

（十）今日上午在此与十余家出版业交换意见关于加强共同举办发行事，参加者有开明、生[2]、新[3]、读[4]、进修、文光、峨嵋等，结果尚好（成都大学沈志远[5]亦在座，后来者有叶圣陶先生等）勿复并颂，筹祈。

公朴顿首

十月十四日下午

光年、少南[6]、杜平诸友均此。双十节新华之北门广告见及否？

1 生活指生活书店。

2 “生”指生活书店。

3 “新”指新生书店。

4 “读”指读书书店。

5 沈志远是经济学家。

6 少南即胡少南，曾任昆明北门书屋创办时总管，抗战胜利后帮助书店收尾工作。

青年侄纪元暘：初十、節5十二日來信均收到，慰甚。一切
好，一个人多難興邦。我希望大家能繼續發揮精神
同舟共濟，努力共同渡過此條艱難關來，你的與
感冒先痊愈了。他説：抄撰集新出的各種需要
多已先書而去，是否動，現已收信到时可
切收到，至于丁玲同志之作風，新人、新教育，了解
書之字作，更早已由出理一卷過去的作
鲁迅著首言逐卷之之作與翻譯也
（二）滕東指導書（包括字法計劃等）就即好以先寄
卅外統我
（三）請寄你們九期《輯》出版，我同意，
（四）寫起柳君早批復，還請掛號，下次自當去函也
（五）張仲賢需款，我從未見過他，請向……又，
與何人或一章千字……教以便……考之
難望轉……與……到時自……也

（六）弟之一人去港，我想在考虑，因途中太寂寞，而又二世人回无也，且现在大家都集中上海，此港台要讲现在看，番邦似颇冷静，此间各帝型已经变换常之态矣。

（七）"商务书"已至上海付排，又日出版，又因便人（据先生去信……明有），"我之港管去"，专争之路"与"民主议论"两种可以付排，暗时借了樊篱之带去，又最近庐隐处"与"乡村的诗"的帝型大概图内可由一信带回，将招其之港代表，据此向纸中仍出名至之港出版，属得一定很好也。

（八）我最近之时年月底转至与之学先生，但急需款，我转寄之万元（期云已开出汇日期），并中之港指弟之共有数万，我因初到此处且需要开指人强难一自要称借钱望设法代为寄陈港、並请回别赴付免金之，或

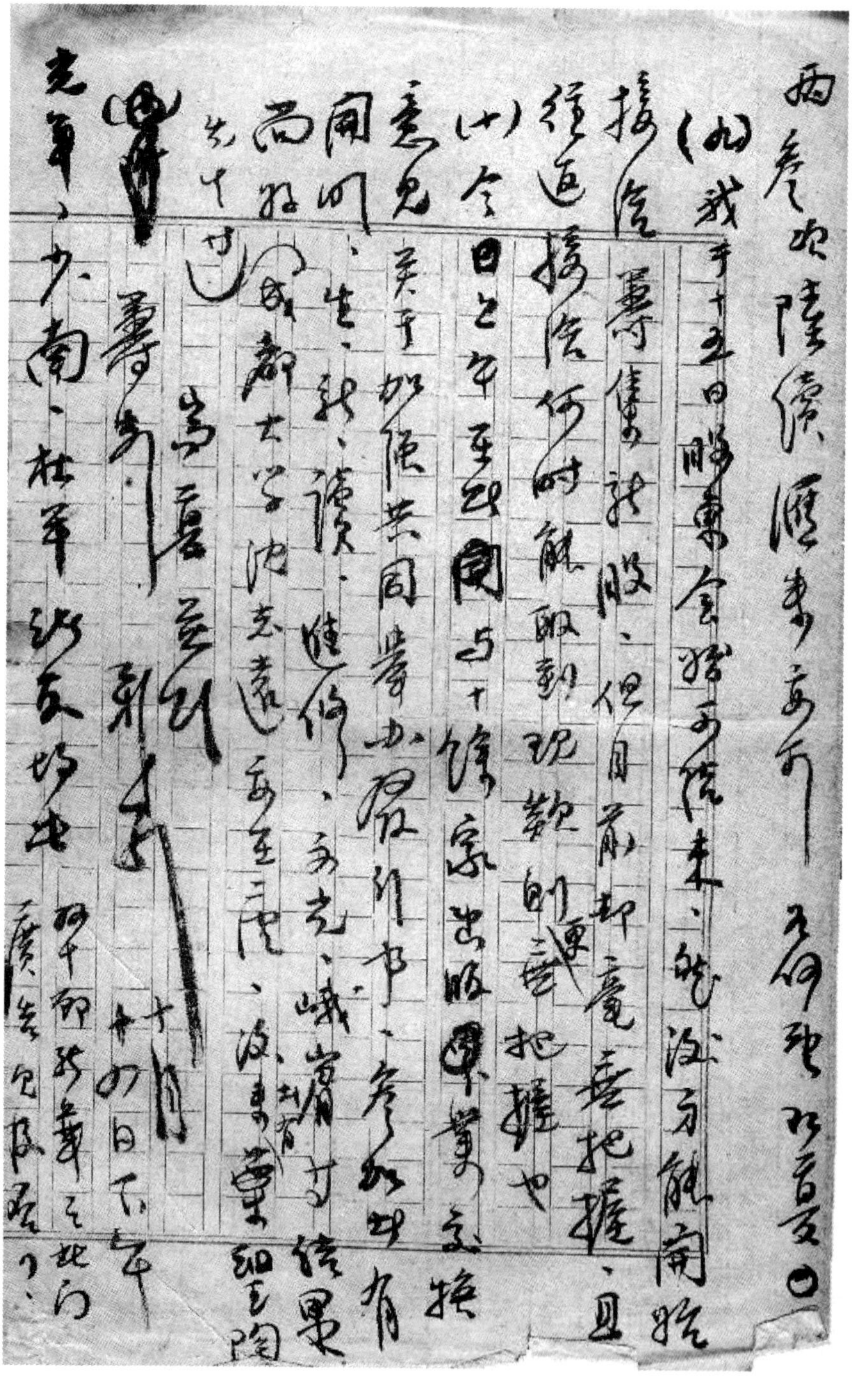
西參加陸續經來安行——為何現在要（一）
（九）我于十五日將秉含稿等陸續寄來，能否方能開始
接洽？壽集稿股、但目前却毫無把握，且
經過接洽，何時能取動現款，則更無把握也。
（十）今日之常委到國民十餘家出版界常交換
意見，關於如何集同志書出版作事，參加者有
周佩、生、新、讀、健行、秀光、峨眉、計有[illegible]結果
尚好，成都大學諸先生遠去至二次，沒有事業組工陶
先生付
壽先 高喜 至此 [illegible] 十月十一日下午
[illegible]
光年、少南、杜羊諸友均此
廣告見報後[illegible]新華已批行

李公朴致映青函

（1945 年 11 月 4 日）

兹藉陆先生返昆之便，托询并转告数事，请立刻访孟兄，问其何日来渝，看是否可请其将弟之皮大衣与《青年之路》带拾本来，并望将家中情形面告孟兄，兹将各事分述如下：

一、现在到上海的交通非常困难，我是否返昆抑去沪须待至本月底始能决定。光年与克兢是否已成行，尚未见来信。

二、少南事进行不易，应嘱其先安心处理店务，店中收入不足时，我们私人量予津贴，同时你们要不妨在昆明利用各方面的人事关系为其进行，李师母亦可出去为奔走奔走，总之家乡及回乡的交通都有非意料所及，种种困难，而种种不平安，盗匪满途，均非报纸所能见及。此间朋友好多都准备做回乡的尾巴，而事实上回乡后没有办法的已颇不乏人矣，我想待昆明至上海飞机通时，可先进行送老太爷[1]到上海，去问一问赵深兄离昆否，将来如不能住在赵家，则可住在管北处，顺便想到提出请告老太爷安心静养，为祷。

1 老太爷指李公朴岳父张筱楼。

三、现在昆明“建官堆”[1]市价如何？请示复。

四、上行存款数目请查明告孟兄转我以便计划。

五、卖东西是可以，但既然马上不能离昆，也不要太随便，三文不值二文的乱卖了。

六、请与王先生及少南陆先生细研究怎样立刻着手节省开支，如（无）论如何店中应紧缩至最低限度，我们家中用费由我们量行设法，卖书等收入应尽量聚集起来汇我，以便汇或带上海选货，卖光吃光是最对不起人的，这是最担心的事。

七、陆先生对重庆的账有无疑问？最好请照时间将各选货估价单及发票择重要的几本书，大致抄一份给我，托孟克带来以便查核而了手续。

八、照目前情形看，香港住家是比上海好。

九、昆明寄渝信甚快，渝寄昆信似甚慢，请告要几天才能收到。

十、《民主文艺丛刊》与《青年之路》应设法各带数百本来。

朴上

十一月四日

此信托陆先生带往昆明。

1 “建官堆”是印书纸张的型号名称。

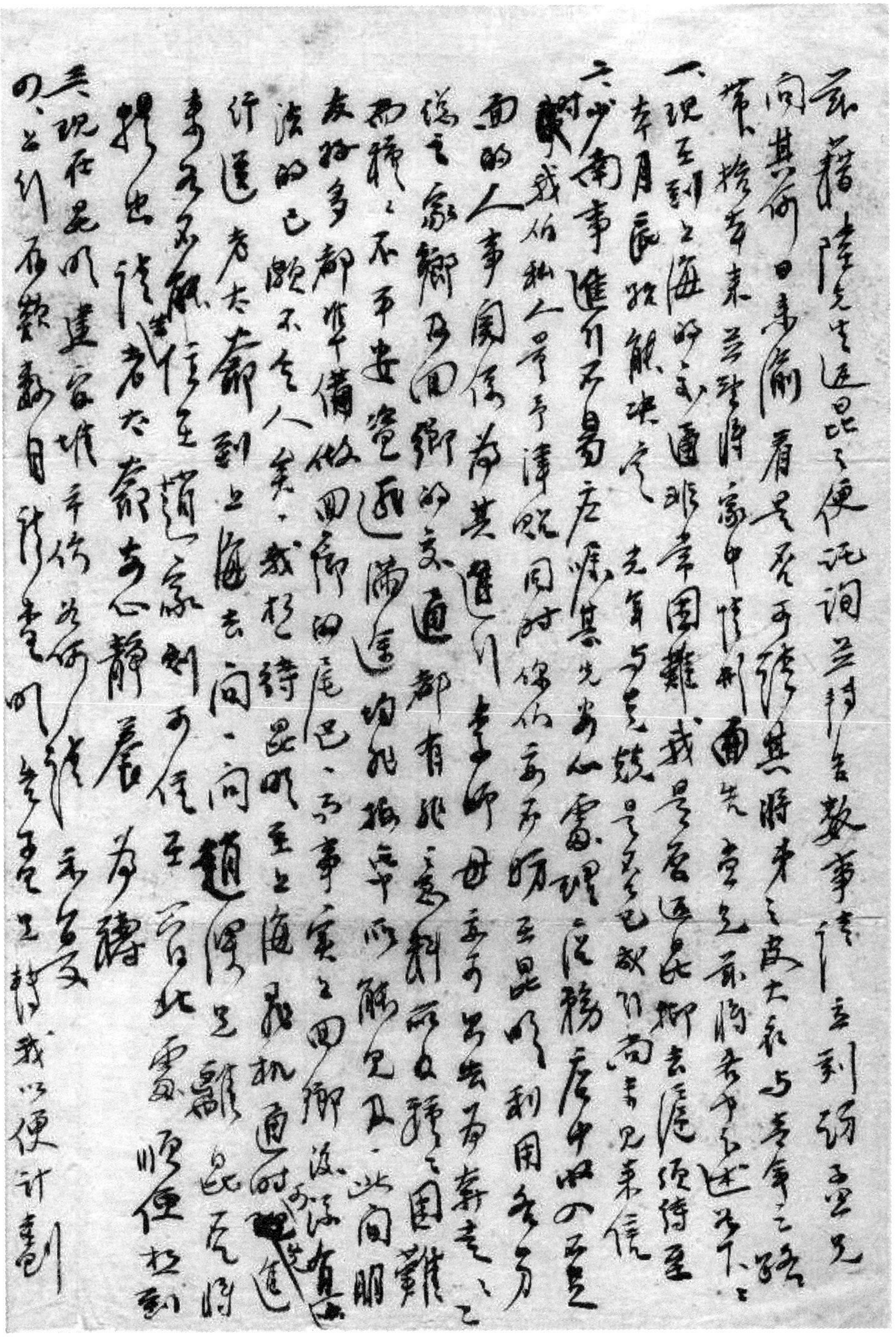

茲藉陸先生返昆之便託詢並轉告數事：一、去到鄉下照見
問其何日來滬，看是否可請其將來之度大衣與李宗之路
帶下，檢查來並將家中情形面告，宗之前將李子之述，姊下
一、現在到上海的交通非常困難，我是否返長鄉去，應須待至
本年月底始能決定。先生與克錢是否已啟程，尚未見來信
六、關於事進行不易，應請其先生安心處理店務，店中的一切還
請我的私人帳事，請同時[illegible]你們去看，明至昆明，利用各方
面的人事關係，為其進行。李[illegible]母弟子出去，為其奔走之
餘之家鄉及回鄉的交通都有非之意料所及種之困難
而種之不甚安全，隨便之滿年均能扼守所能完成。此間朋
友將多都準備做回鄉的尾巴，亦事實之回鄉沒法[illegible]真
法的已強不乏人矣。我想待昆明至上海飛機通時，
行道老太爺到上海去，向之向趙深先生辭去其將
來不可能，請信至趙之家到可信至宜北處順便托到
將來請老太爺安心靜養為禱。
再現在昆明建容堆來你的往來，宜[illegible]交
明上行存款，每日能透明，望查其轉此我以便計劃

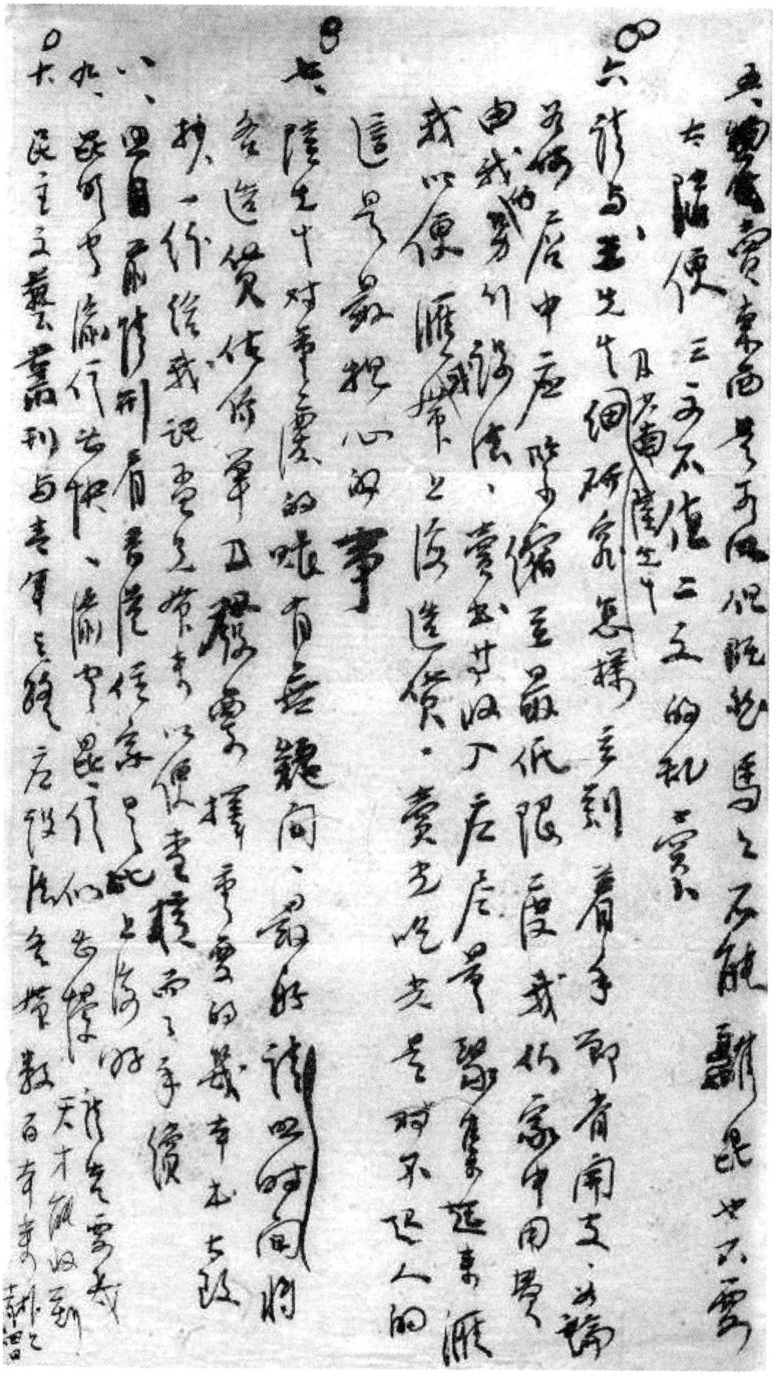

五、购买东西是否仍须马上不能翻印也不要太随便，三不像二元的乱买。

六、请与王先生（及李南溟先生）细研究怎样着手，即有开支，如论如何在中庸程度缩至最低限度，我们家中用费由我们努力设法，尊处如需后盾帮助，速来函我，以便汇帮帮之后造货，贵处吃亏是对不起人的，这是最担心的事。

七、陆先生对帝国主义的态度有无转向，最好请他时间将全部造货依照单子开列，要择重要的几本先换一份给我，说要立刻赶快以便使书籍前了手续。

八、国内新出刊有没有像读书生活之类的好

九、汉口中流行与否，流行些什么书（请先寄来，本城没有到）

十、民主主义丛刊与青年之友所出书全部数目来书

公朴 十二·四

李公朴致映青函

（1945 年 11 月 13 日）

映青弟：

先告数事，余另复。

（一）盛舜将介绍一位陈浩飞[1]君来看你，有我介绍他去看周[2]、楚[3]二公，信请看后加两信封，书上地名，属其往见可也，你如有便陪他一去亦可。详情请与其面谈，他为《生活》之旧人也。

（二）严仁夫君来信愿往南洋参加文化事业，我已函复，属其与你研究，我无存见。他并可参加一点点小股子。

（三）前光年来函，曾提及他去上海可暂让林钟去香港筹备之建议，我觉不大妥。且我们现亦无资金，如你路过港，不妨一试，否则即置之。我觉林应赶快赶回南洋，昆明筹不出款来，只要有路费就应速去，不知你以为何如，请函复。

（四）请嘱胡少南速寄两三张履历表来。

（五）我大伯家之两弟兄纠纷，这两日愈乱愈烈，我参加奔走调解，

1 陈浩飞是上海生活书店旧人，曾任三联书店负责人。

2 周指周新民，中共党员，社会名人。

3 楚指楚图南，1899 年 8 月生于云南文山县，中共党员。

连日弄得筋疲力尽，希望下星期可以致力于店务工作也。余容另复，并颂寿祺。

少南、阿林均此。

公朴

十一月十三日灯下

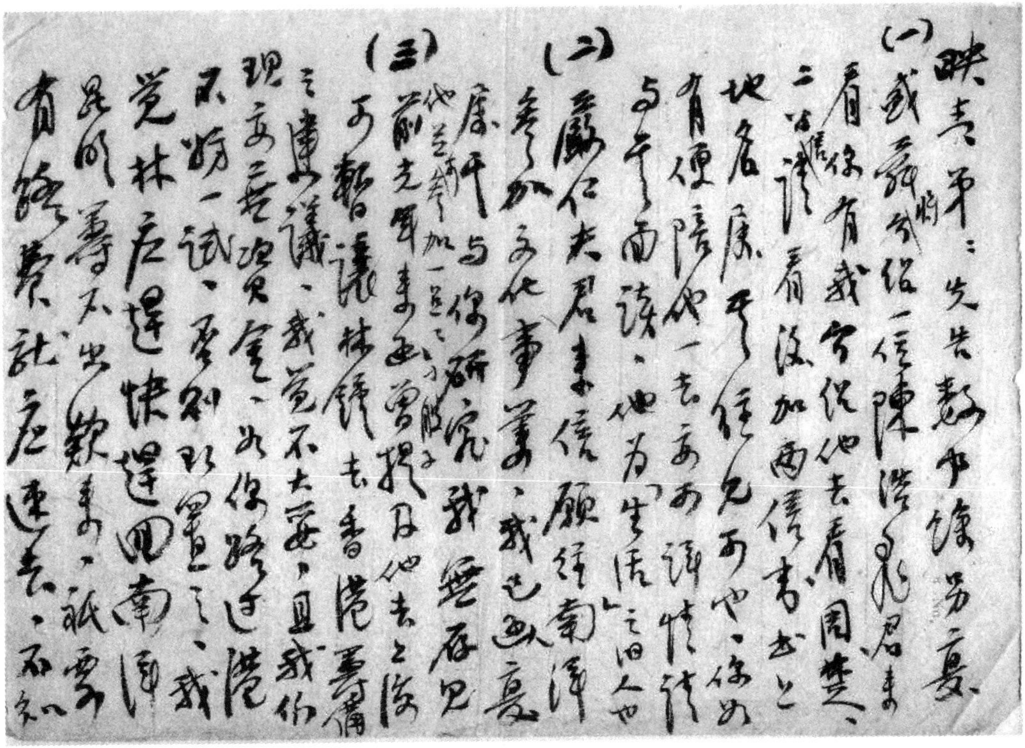

映青弟：先告数事，馀另复。

（一）我将介绍一信陈港兆君来看你，有我写信托他去看周楚、二位信请看后加函信书出之地名康平，经见面也。你如有便，随他一去，亦可谈谈情形与平平面谈。他为了生活之旧人也。

（二）严仁夫君来信，愿往南洋参加文化事业，我也函复。

（三）康平与你研究，我无存见（他若肯参加一点点小股子）。前克军来函曾提及他去之后可暂议林锵去香港筹备之建议，我觉不太妥，且我们现在之无资金，此你路过港不妨一试，要知路罢了，我觉林应早些快些回南洋。见所筹不出款来，只要有路费就应速去。不知

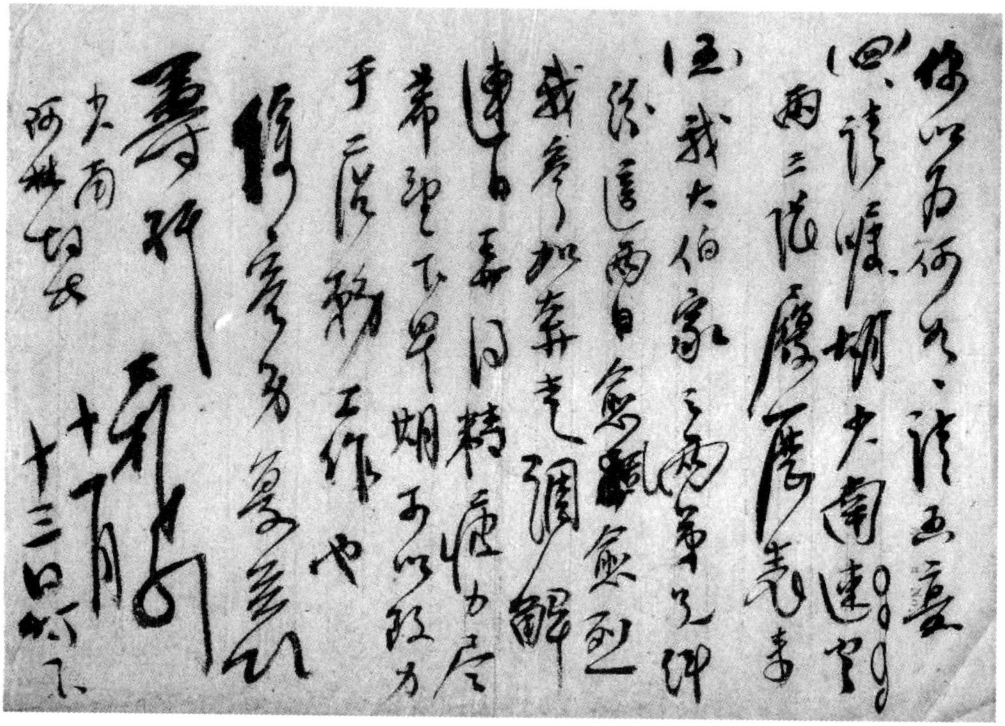

你以為何如？請函覆

（四）請催胡大南速寄

兩三張廣告來

（五）我大伯家之兩弟兄[illegible]

從這兩月愈鬧愈烈

我意欲拋棄[illegible]調解

速尋同精誠協力尽

希望你早期予以致力

于黨務工作也

你家多多參考

壽祺　[illegible]

十月

十三日燈下

大南

阿樵均此

李公朴致映青函

（1945年11月19日）

映青经理如晤：

十月十三日发函之第六号信已于三日前收到，兹复如下：

一、关于《孩子们》账目，请与缪经理一谈。请其应照《民主周刊》当时印价算，因为我曾与缪君谈过。兹附致缪君一便条，我想至多再付其五万元结账如何？你如有意见，不妨再函，商后方去看他（但如见缪只要提《民主周刊》，不必详询其周刊算法）。

二、附上致陈勋仲先生信，请阅后于上午送至福照街七十一号花纱布管制处，可加一信封，上书“面致陈处长复光”即可。

三、我暂时尚不知返昆，曾孙均晤及并详谈。

四、新书即设法寄上另详。

五、盛舜兄之办事处已于上月底结束，并定于廿一二日交代于三联书店（读书、生活、新知）继续办理，详另函。我亦于廿一二迁居于读书宿舍去住，以便积极进行业务，而便于同黄洛峰[1]君接洽也。是故以

1　洛峰，黄洛峰，云南鹤庆人，上海读书出版社经理，在香港三联书店任经理。中华人民共和国成立后第一任中国出版总署局长，中共党员。

后寄朴之函请送寄“重庆民生路冉家巷十三号附四号李朴如[1]”并望转告李师母。

六、此信将托一面友于明日带昆，不及多写未尽之言，容另详之。

七、出版社股款数目有许多错误，请候另信再算，如陆先生要查，请其将格式告你，然后待弄清楚后填上去即可，匆此并颂。

筹祈。

公朴

十一月十九日灯下

1 李朴如是李公朴之号。

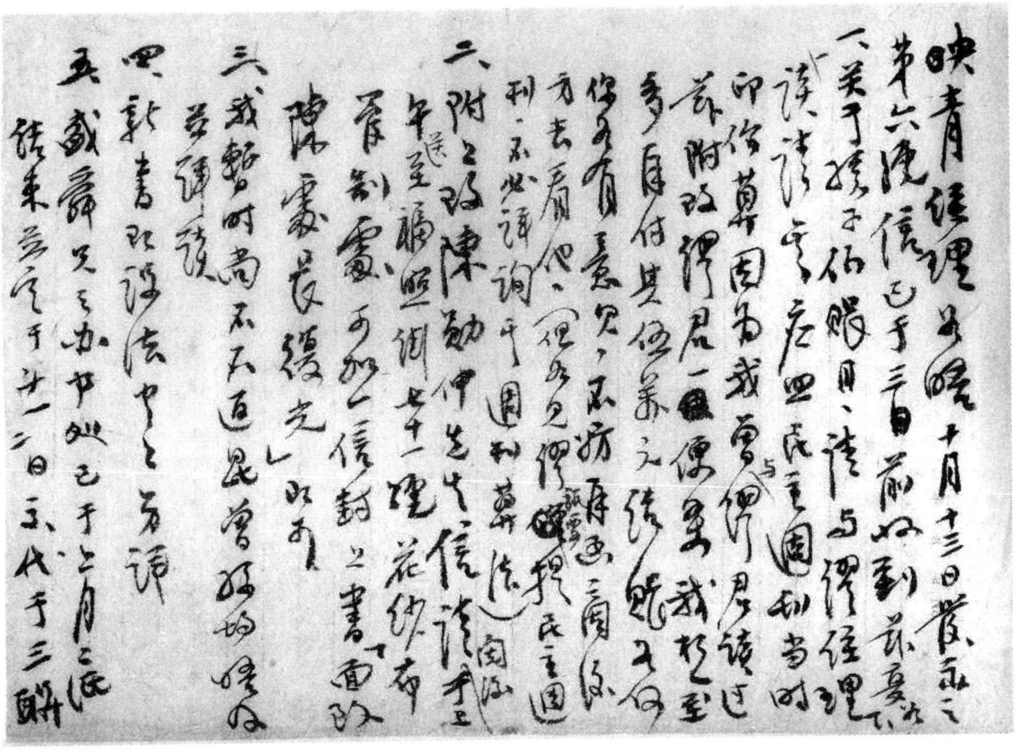

映青经理兄：晓 十月十三日发函之
第六号信已于二十日前收到，获悉。
一、关于[illegible]照片，请与[illegible]经理
谈谈。[illegible]四氏[illegible]国刊当时
印作为[illegible]，因为我曾与伊君谈过
并附致伊君一信，便寄我。[illegible]
多自付其[illegible]之信[illegible]
你可有意见，不妨再函[illegible]
方去看他，但不见伊[illegible]氏[illegible]
刊，不必详询于[illegible]
二、附上[illegible]陈勤伸先生信，请于
年[illegible]至福[illegible]街廿十一号[illegible]
[illegible]刘[illegible]加上信封之书[illegible]
陈[illegible]送交。以前
三、我暂时尚不太适[illegible]曾[illegible]
[illegible]谈
四、新书[illegible]法[illegible]方评
五、盛[illegible]又云如何，已于上月之底
请来[illegible]廿一二日示。代于三联

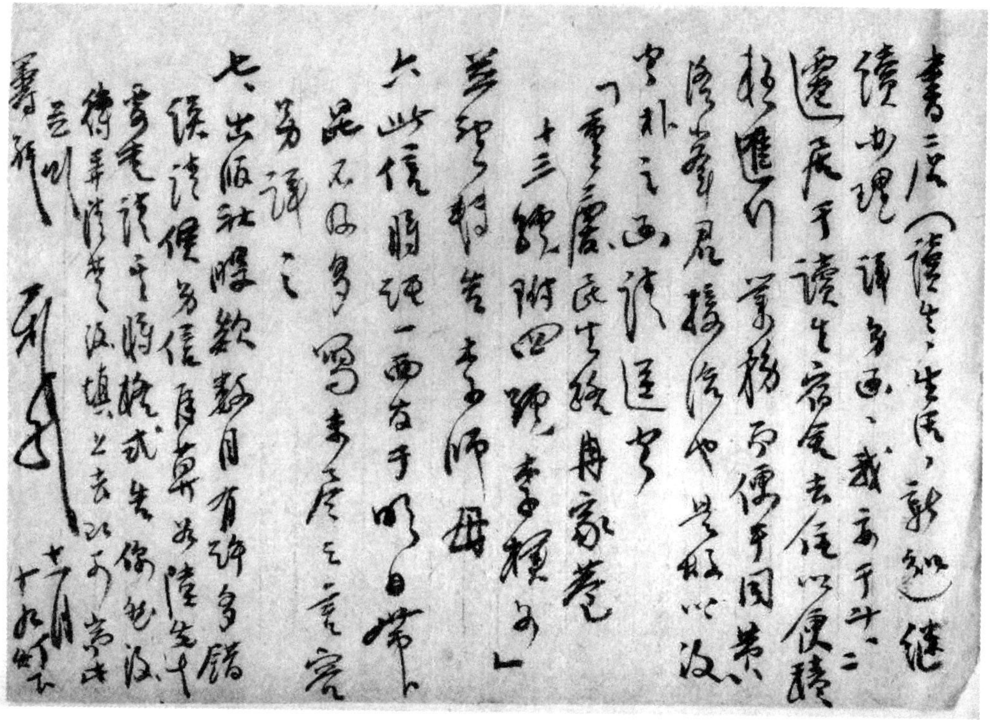

書三家（讀書、生活、新知）繼
續出理論書函，我看于十二
還寄于讀書會去信以便積
極進行業務，可便于同業、
流書君接洽也，出版以後
寄仆一函，請匯寄
「重慶民生路冉家巷
十三號附四號李釋文」
革命將告李師母
六、此信頗難，一再看手明白帶
是不及多寫，李居之亮寬
另詳之
七、出版社購款數目有許多錯
誤，請便另信問算與陸先生
寄毛，請千將格式告訴他，以
待弄清楚後填之表紙為宜
並問
壽祺
弟
十二月
十九晚

李公朴致映青函

（1945 年 12 月 2 日）

映青经理吾弟如晤：

张先生十一月廿七晚写给我的信已于卅日上午收到，皮包也收到，可谓快矣，劳神至感。关于书款方面，实售之总数报告已告盛舜，明早将再去催他赶做，寄上勿念。我同意你们提议将报告股东书结至年底的主张。

托郭君带来的书尚未收到，因路上有时需走三四星期耳。又上次曾寄了一张关于张今铎兄的账单来，不知要问的是什么？渝办事处结束后，以后将全部交三联负责，详情二日后待合同签字后即寄上，再详告一切。余容四号再谈。

即颂

筹祈

少南均此

公朴

十二月二日夜一时

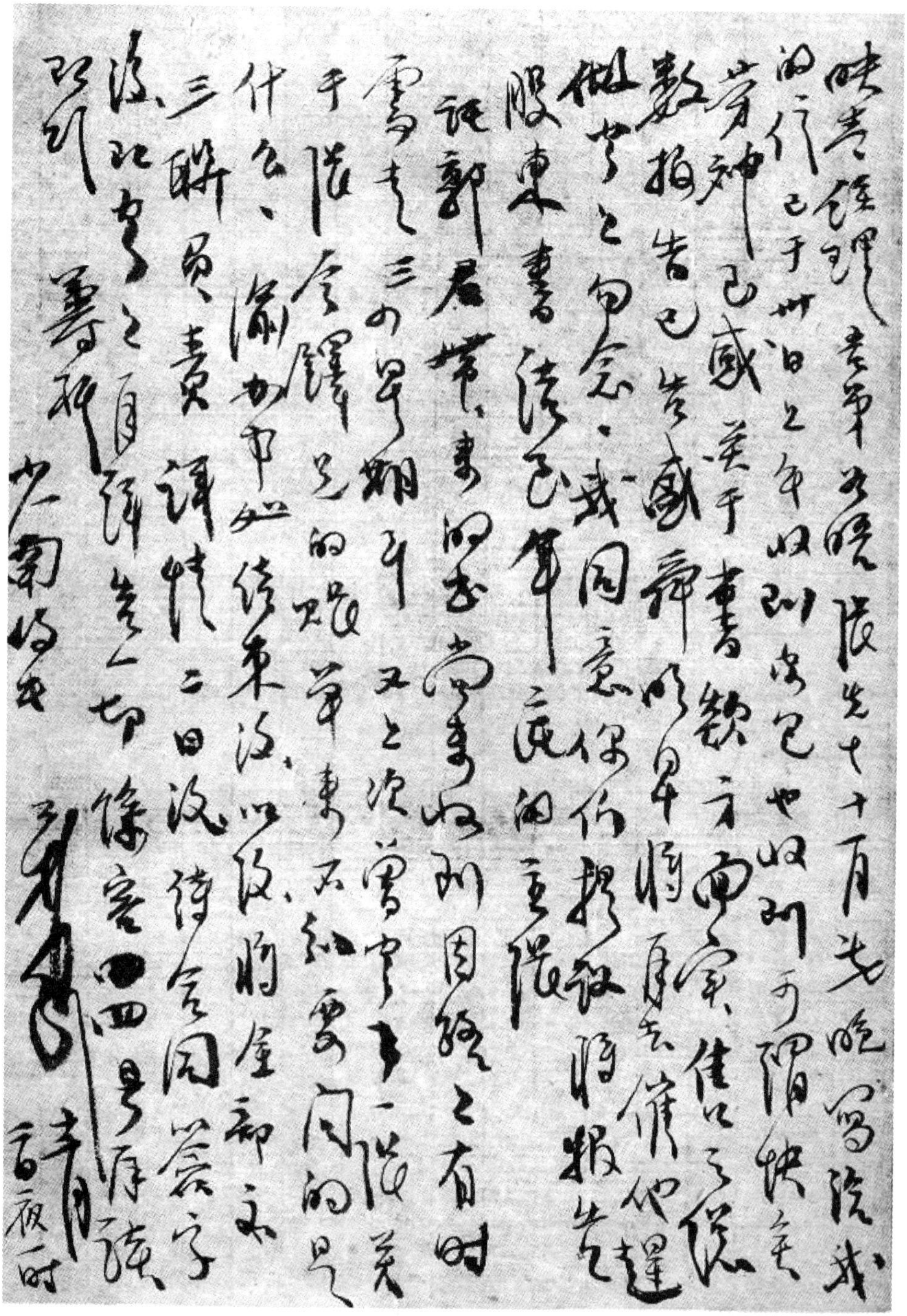

李公朴致映青函[1]

（1945 年年底）

映青弟：

廿二日接十九日来信，本定廿四日星期天抽暇详复，讵接连有要事，一拖十日未复，顷从学校上课后又开了会，回来故很晚了，现在又深夜一时过了，但决心非先复数行，否则明日一天甚忙，又无暇了。

（一）附上《青年学习》刊物之主持人林君来函，该刊尚存多少，请即复。

（二）汉口到了第一批货款，仅一万九千三百六十四元，详另告。

（三）附三联书店经理仲秋元[2]君送来四个月销货报告。大概可与寄昆（明）之货款相抵，惟仲君甚盼，映青弟能直接与其通信，不必由我转答，反觉不便。他说你们似乎从未有信给他们，此处可代为进货，为何新民进得很多，而北门则从未来信，此事请注意。

（四）李师母来信及照片均收到，老胡[3]信亦收到，我同意他如此做，余另函详。

1 原信无日期，从内容推断约为 1945 年年底。

2 仲秋元先在上海生活书店工作，后在重庆三联书店任总经理。解放后，其从事文化管理工作。

3 老胡即胡少南。

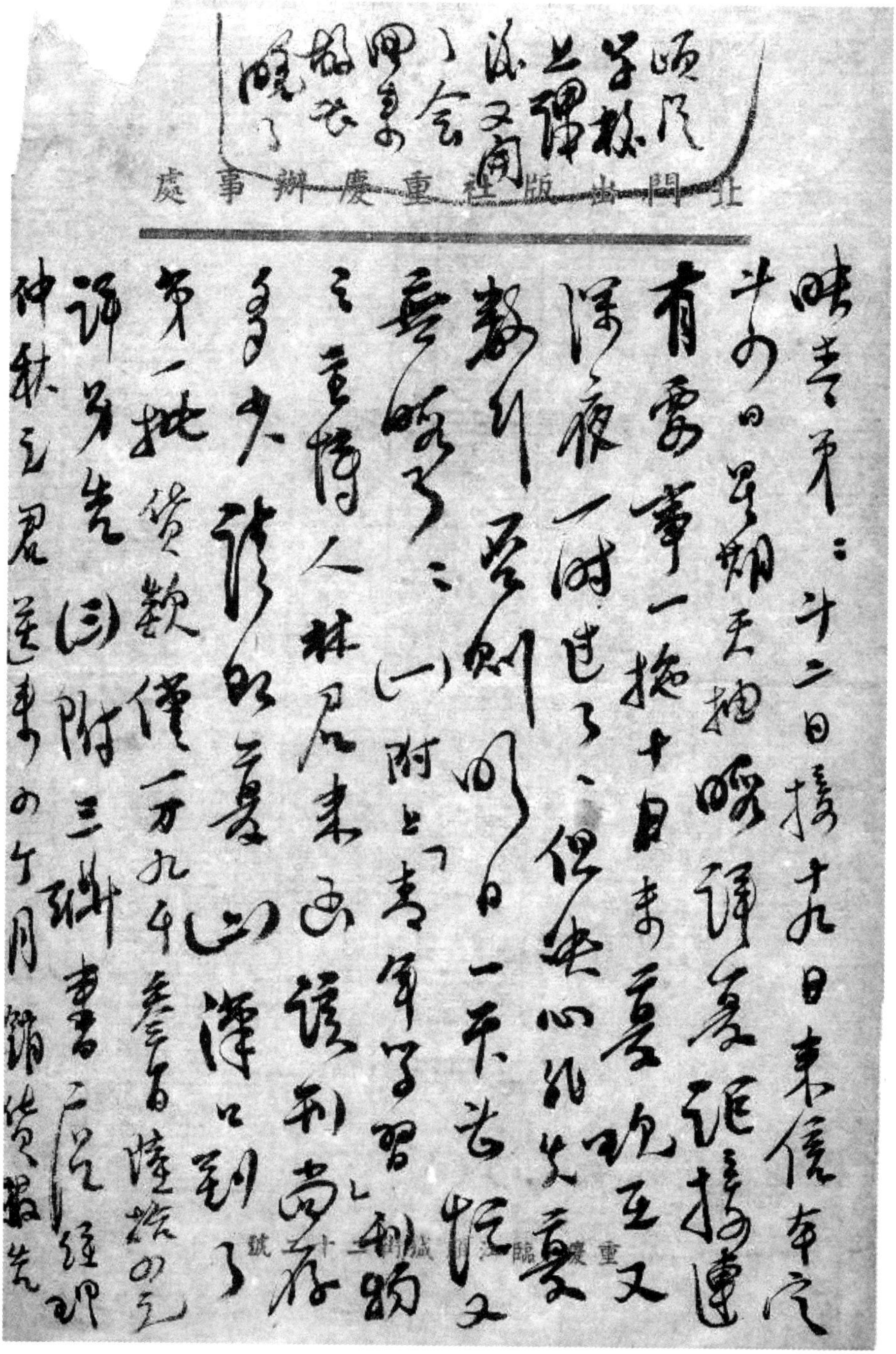
北門出版社重慶辦事處

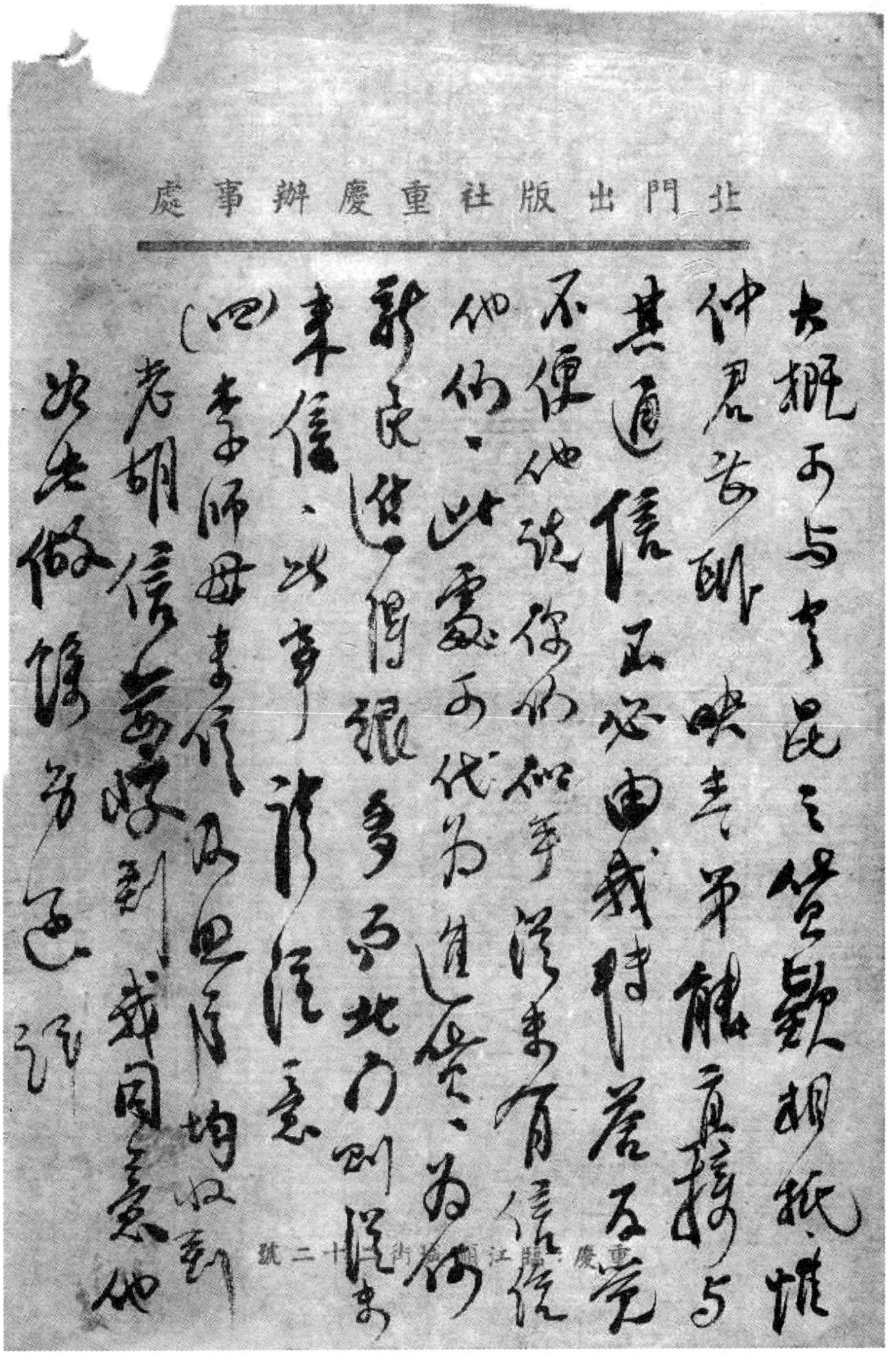

北門出版社重慶辦事處

大概可与李昆之借款相抵，惟
仲君告郎映老弟能直接与
其通信，不必由我转信，否及觉
不便，他说你们如寄稿来，有信给
他们，此处可代为转达，为你
新民进得很多，可是北方的则没有
来信，此事请注意
（四）李师母来信及照片均收到
老胡信亦收到，我同意他
此次做修身的意见 [illegible]

重慶臨江[illegible]街[illegible]二十二號

李公朴致映青函

（1946 年 1 月 7 日）

映青经理如晤：

这一阵忙得真是无法形容，开会、写文章，以及与朋友的往来，大有废寝忘食之境界，正惦记着你们好久没来信，正如同你们也这样惦记我一样，忽接去年廿七日发出的信，此信元旦后始收到，大概是因为过年的原故罢！兹简复如下：

（一）陈庆光君之书要改十六开本，我不知如何改法，请与他派来的人一同去与崇文接洽，我们完全是代办性质。关于纸款事之经过是如此，我想你或者是知道的，大概是在去年四五月间（可查致盛舜信）汇重庆廿万元（为陈君交来的），为陈君买纸以便等崇文纸型打好后带到重庆来印，后来改变了计划，决定在昆明印，于是陈君又交了三十万，连同前二十万元，共算五十万元，买了伍（五）十盒建官堆。我托一前在青年会工作过的程君代买，并暂存于其友人处，后因匆匆离昆，而此程君亦来渝，尚未遇及，此人甚可靠，想不久可打听出来。当然这许多情形是没有同陈君谈的必要。现在请你立刻调查一下昆明市上湘官堆与建官堆售出与购入之市价，请立刻示复，然后我再考虑办法。张君光年与克兢现究竟何往？殊令人焦急也。

年终结算表，想不久可完成，你们一定大忙而特忙了。最好能先寄我一阅，如觉无此必要，我亦无存见。

今兄之建议甚是，应改为万元一股，重庆亦有如此情形也。

《民主浅说》与《高尔基》均早已在上海出版，我已函沪嘱将报纸版寄两本来。

全部纸型均已带沪（坐木船去，恐现尚未到），即将全部重印，已带了八十五万元至沪，一大半加入几家出版社合租房子之用，其余一部分印书。我在此仅有很少时间忙社务工作，实在要命，大概十号以后或可较闲也，三联寄来的书收到否？兹附上。

新出版业联营总处，发给各社通告一纸请参考，如有疑问请函询。

盛舜夫人李女士有一弟弟在长城中学读书，有几件衣服不日将托给你转告其来取，未识李女士曾有信给你否？

我的衣服是否不好带了？我有一包报纸曾带给丁君，请便中去取一下。太晚了，明晚再写给李师母信时再说未尽之言。专此颂，筹祈。

公朴

一月七日夜二时

一、注意关于发给股东报告书，必须待我看过完全底稿后再发。再者暂时不发倒无大碍，发错了却不好。又及。

二、实际上，重庆买的廿万元纸已作别用。

三、附闻：过几天或可收到新股款五十万。

四、少南近来精神好否？请代问好，又及。

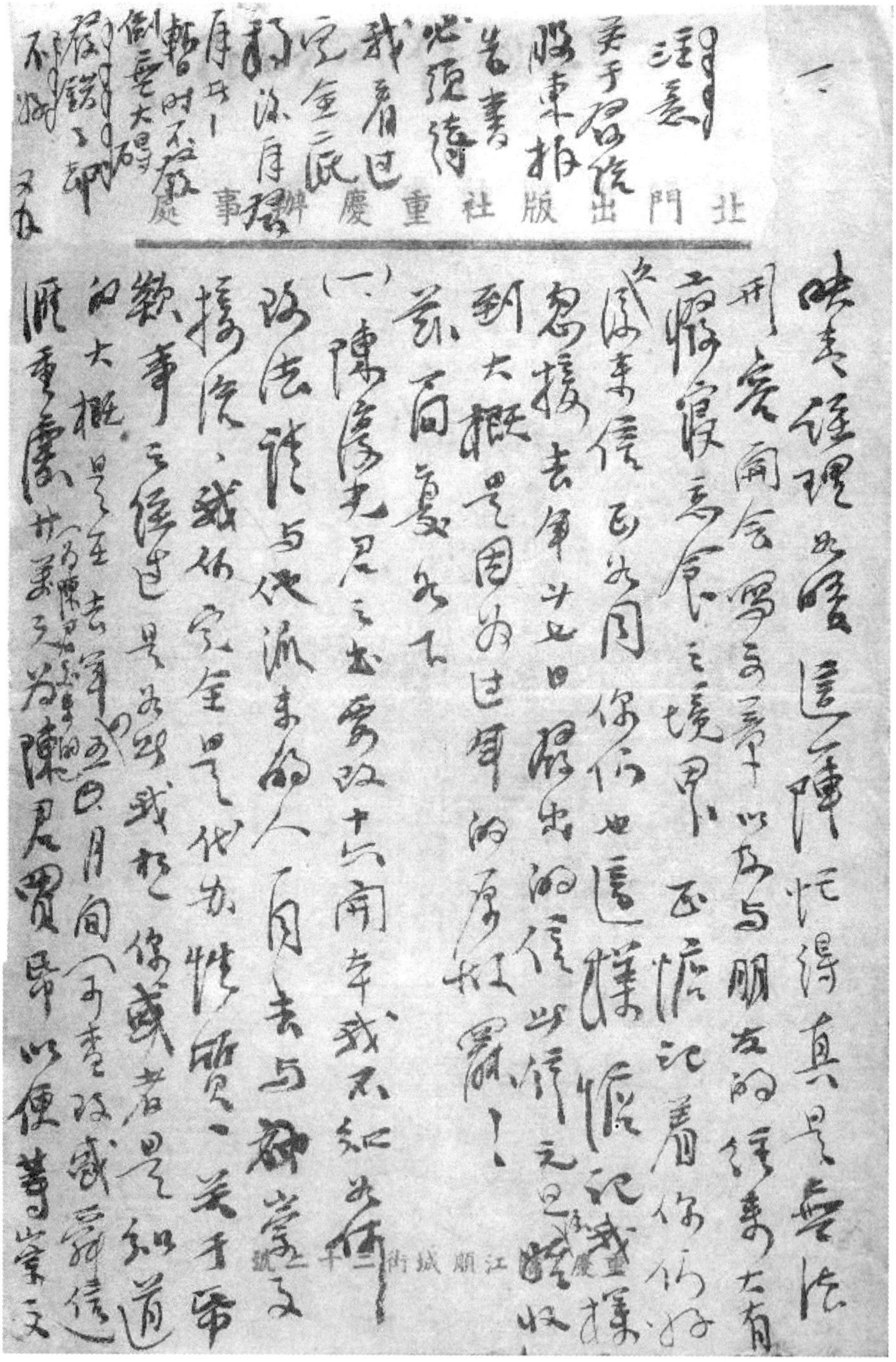

北門出版社重慶辦事處

[illegible]

晓东经理如晤：这一阵忙得真是无法

形容，开会写文章，十次有八次与朋友的约会[illegible]

[illegible]

[illegible]

[illegible]

到，大概是因为过年的原故罢！

兹简复如下：

（一）陈[illegible]

[illegible]

重慶江廟城街二十二號

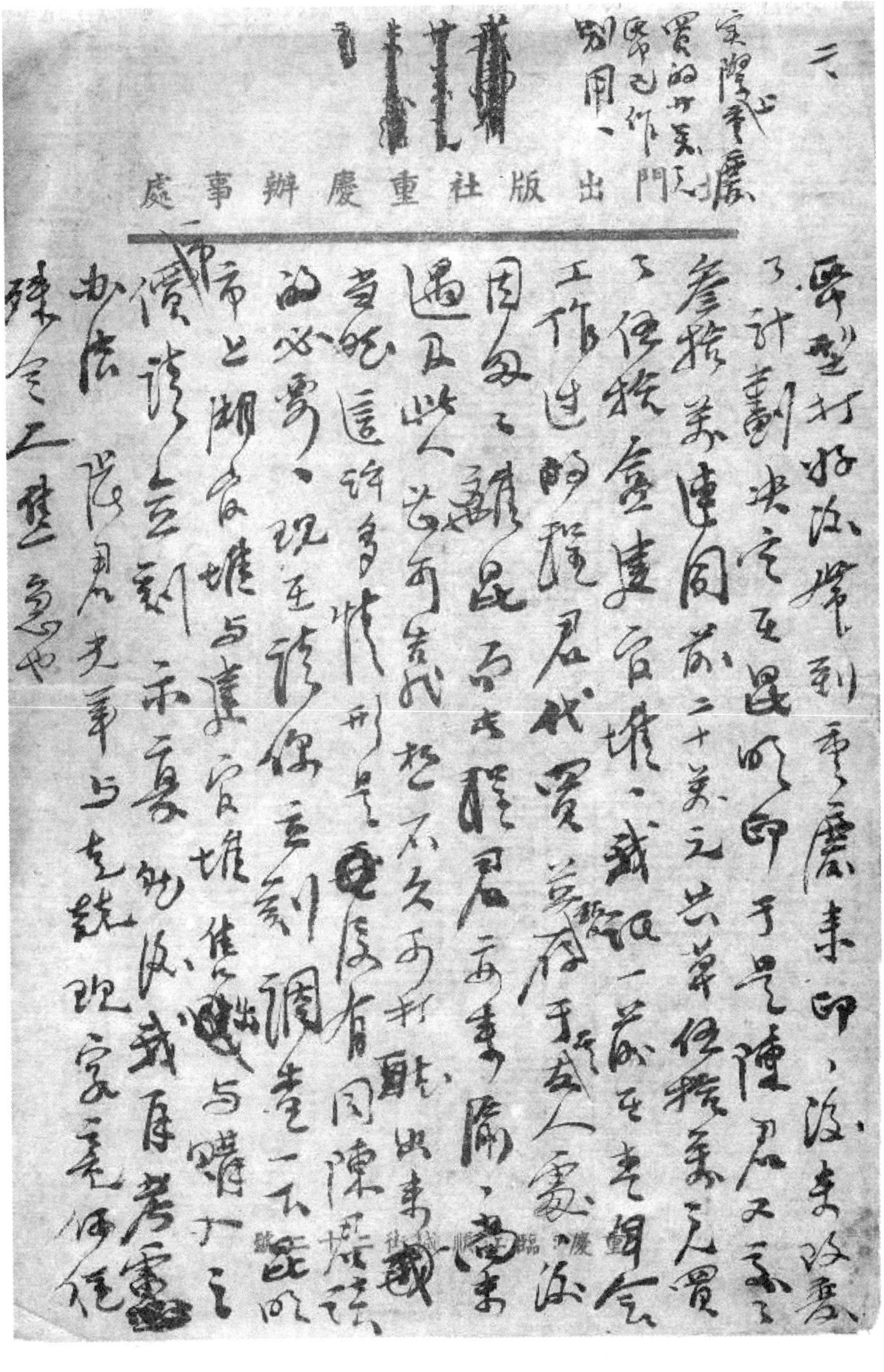
門出版社重慶辦事處

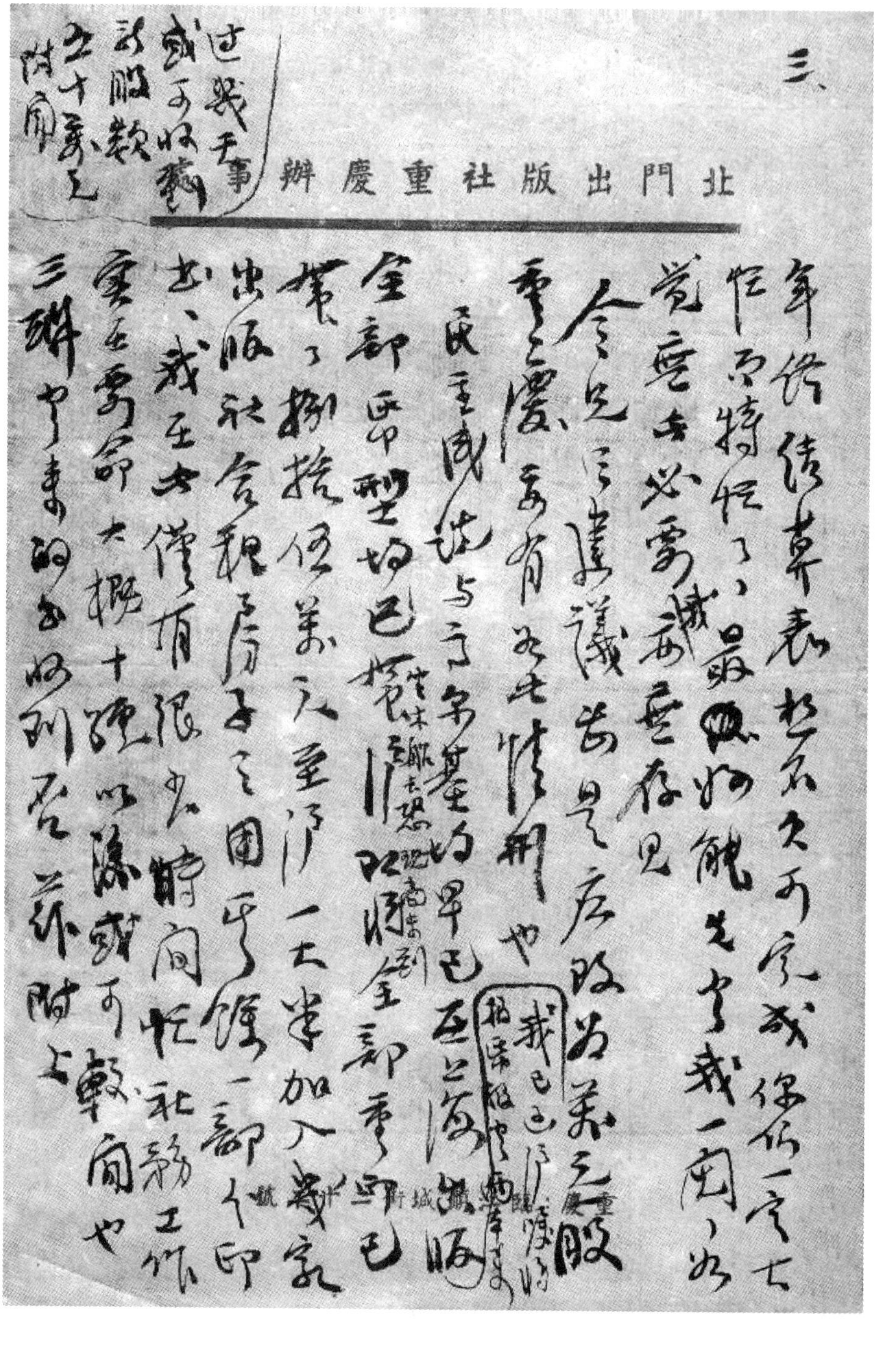

三、

北門出版社重慶辦事

年终结算表於不久可交我，保你一定七
忙不特忙了，最好能先寄我一份，以
觉无甚必要，或无甚存见
今先生建议出是应改为第三版
重庆方面有无此情形也
民主政治与言论自由的早已在上海
全部再印，已经[illegible]则将全部重印已
装了，拟请任弟入至少一大半加入发表
出版社会积存了因可借一部分印
出，我在大伟时间忙于社务工作
实在要分，大概十种以后或可较简也
三办中寄的书好到否？兹附上

我已[illegible]

过几天
我可以截
书版税
五十万元
附前

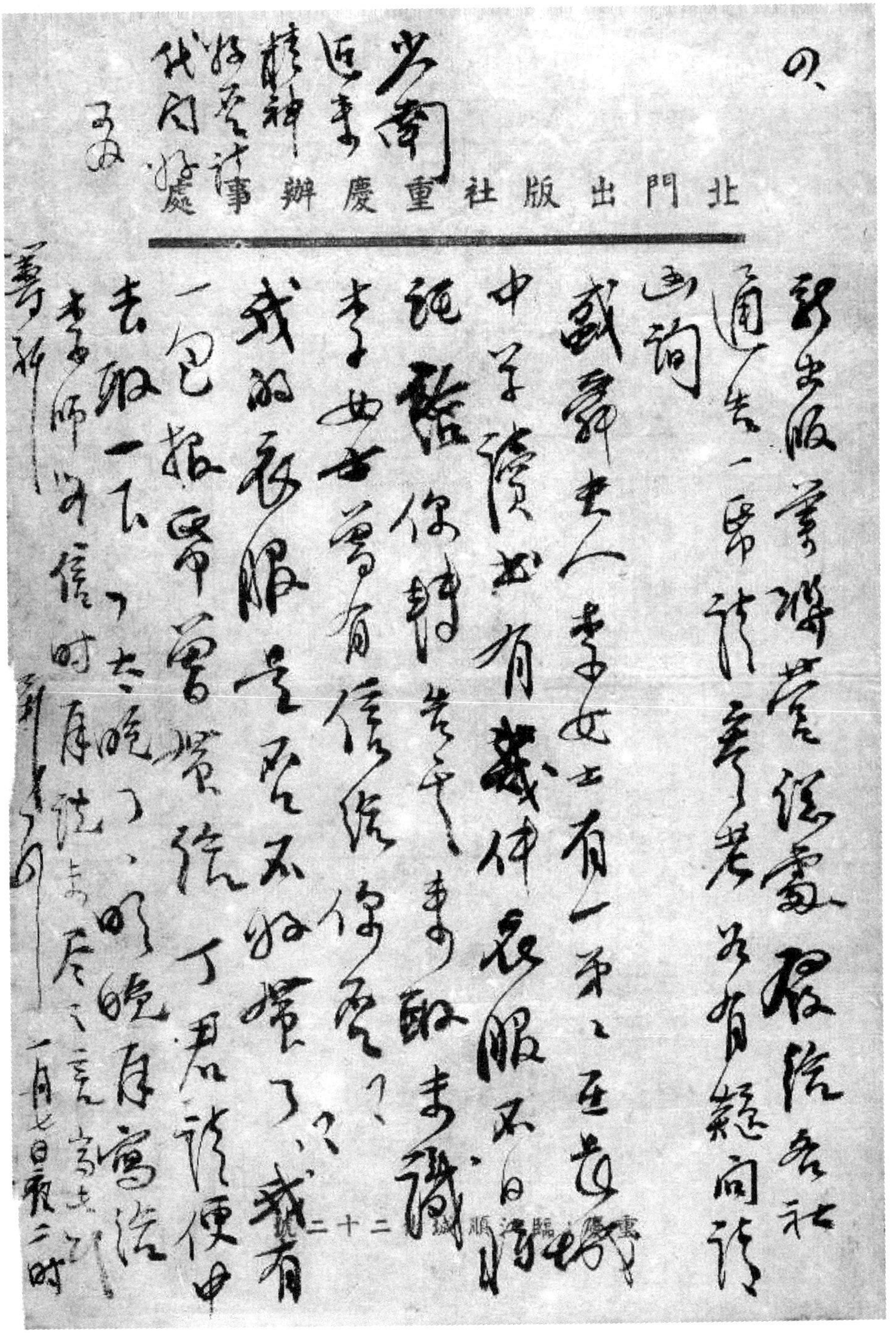
北門出版社重慶辦事處

一月七日夜二时

李公朴致映青函

（1946 年 1 月 13 日）

映青经理贤弟如晤：

十号信已于数日函复，未识收到否？日前又接十一号信并附陈、陆二君函均悉，兹简复如下：

（一）尊意“书之折扣可在‘五一七’之间？”一层，朴完全同意。

（二）关于书店，股本不能加十信一层，我亦无存见，应加多少请你们全权决定，股本增加事，我并未通知过股东。

（三）渝办事处存书（本版）已全部交与三联，三联屡次寄书之书款，自可由存于三联之本版书中扣除，如果不能相抵，三联自会来函，总社要书也。

（四）昆地新书甚缺，吾亦有所闻，惟托人不易且甚麻烦，不知昆明其他书店是如何寄法，明日我再同三联去研究后再函告。同时重庆亦甚少新书，详情可询何君。

（五）兹附上克金[1]来电，他与张先生被船带到了天津，闻津沪现在交通尚未通，真是有趣事也。张去平访昭抡，我今已托友带信至平矣。

1　克金即李克兢。

（六）现在时局急转直下，十日半月内当可更为清楚，将来各处交通或可比较容易，我想关于你的行止，不必急急于在这几天来求决定了。我看你还是安心在昆明过了旧历年再说罢。

（七）李绥托带给其弟弟的衣服，若无人带，兹托何君带来，未知其弟走否？

（八）中和药房被焚事，我前日闻及，前曾向杨君借过廿万元，但非向中和所借，且此款乃希望变成股本，不过当时是说暂借的，而出版社的账上是收的我的账？还是有过收杨的这笔账？我想是没有收杨账，好在杨君现在渝，上周我尚邀他夫妇参观星海演奏会，明日便中当去问问他可也。刘君如再来，请即告以已函告我直接与杨先生接洽矣。

（九）附复陈复光先生函，请加一信封，封好先派人送去，一二日后或将支票送去或待其派人来取可也，最好候其派人来取，打一“不能取现款而必须交银行担保转账”的支票给他，那么他就不带收条来取亦无妨也。关于陈君印书事，我们以后如他不来找，我们就不必过问了。如再有什么事仍请他直接与我接洽，你们即照来函所说，一切回答不接头可也，因为我日前已另有函给陈君说明，我因不知离昆如此久不返，以致有许多事未交待（代）清楚耳。

（十）又重庆曾于去年九月底发交汉口联营书店本版书计实价有壹百〇六万伍千〇贰拾捌元整，未识是否已经报告给总社？

（十一）此间文化音乐界日前举行星海纪念演讲会，发起组织星海合唱团，希望昆明即刻成立分团。

（十二）希望成立“昆明各界政治协商会议协进会”或先成立文化界……协进会。

此间已定于下星期三举行停战庆祝大会，并将通电全国组织各地

“……协进会”，详情由何君面告，并望分头转告周、潘[1]、吴[2]、闻、楚、尚[3]等，诸友以此间近况附致周兄等一简函，请转交并面详何君转告各节，太晚了，不能再写了，并颂筹安。

公朴

一月十三日三时半

我前托航空公司丁君带上一包东西，未识收到否？棉衣服大概是不好带罢？

何君为等我写信以致也一夜未睡，请设法留他在店内住宿并招待，又及。

你弟弟新吾[4]昨来看我，人很好，又及。

1 潘指潘光旦，时任西南联大教授。

2 吴指吴晗。

3 尚指尚钺，文化界名人。

4 新吾即王新吾，是王健叔伯弟弟。

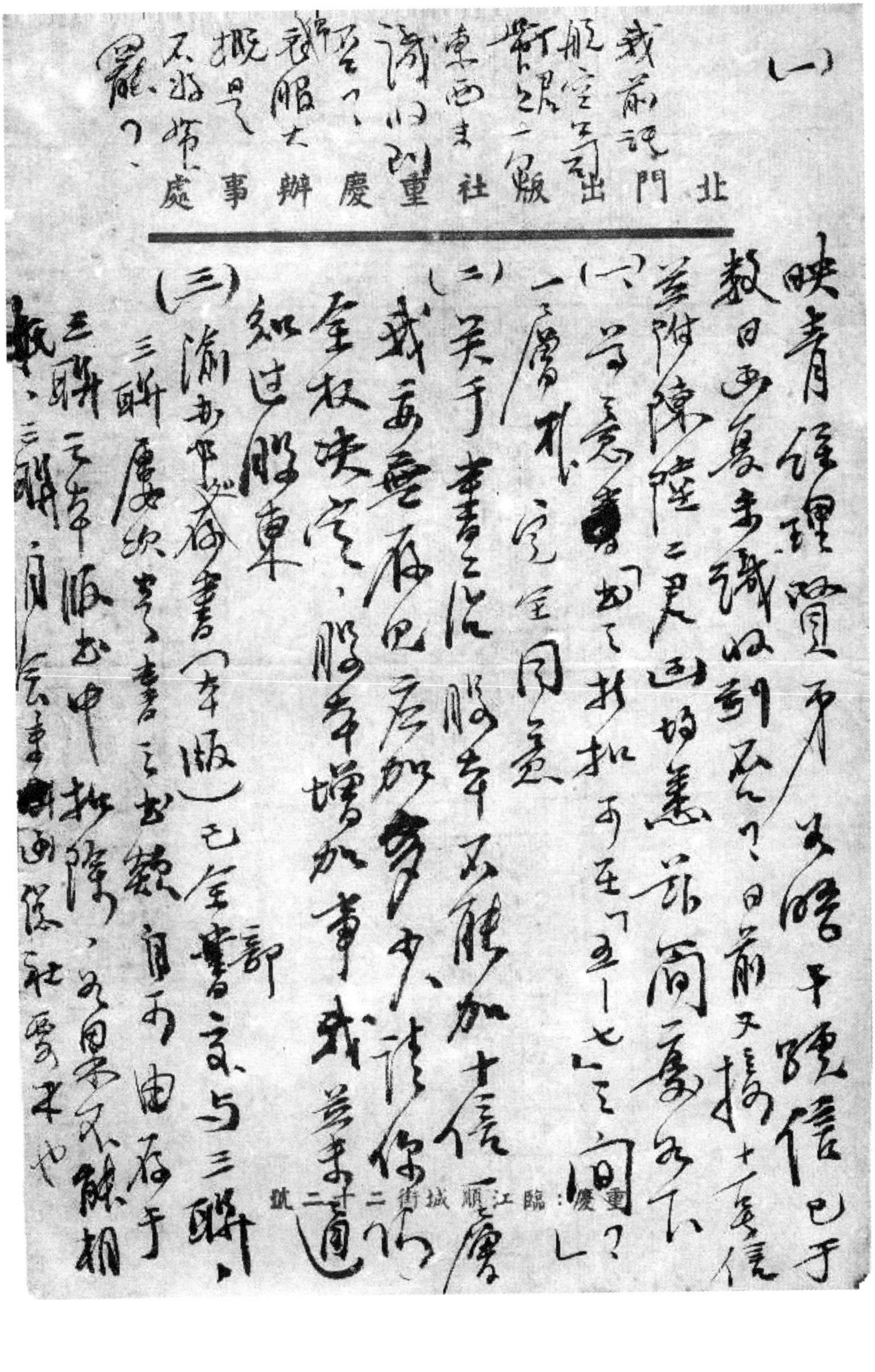
北門出版社重慶辦事處

映青經理覽：本月六日手書暨十號信已于數日前要去識以到昆了，日前又接十六日信並附陳隆二君函，均悉。茲簡覆如下：

（一）尊意書打七折扣可至「五一七」之間？一層我完全同意。

（二）關于本書之價，股本不能加十倍一層，我無意存見，應加多少，請你們全權決定。股本增加事我並未通知過股東。

（三）渝北門存書（本版）已全部交与三聯，三聯慶收存書之款目可由存于三聯之本版書中抽償，如自要不能相抵，三聯自去函該社要求也。

（一）我前託航空寄贈之二包東西來，請收到否了？衣服大概是不好帶罷了。

重慶：臨江順城街二十二號

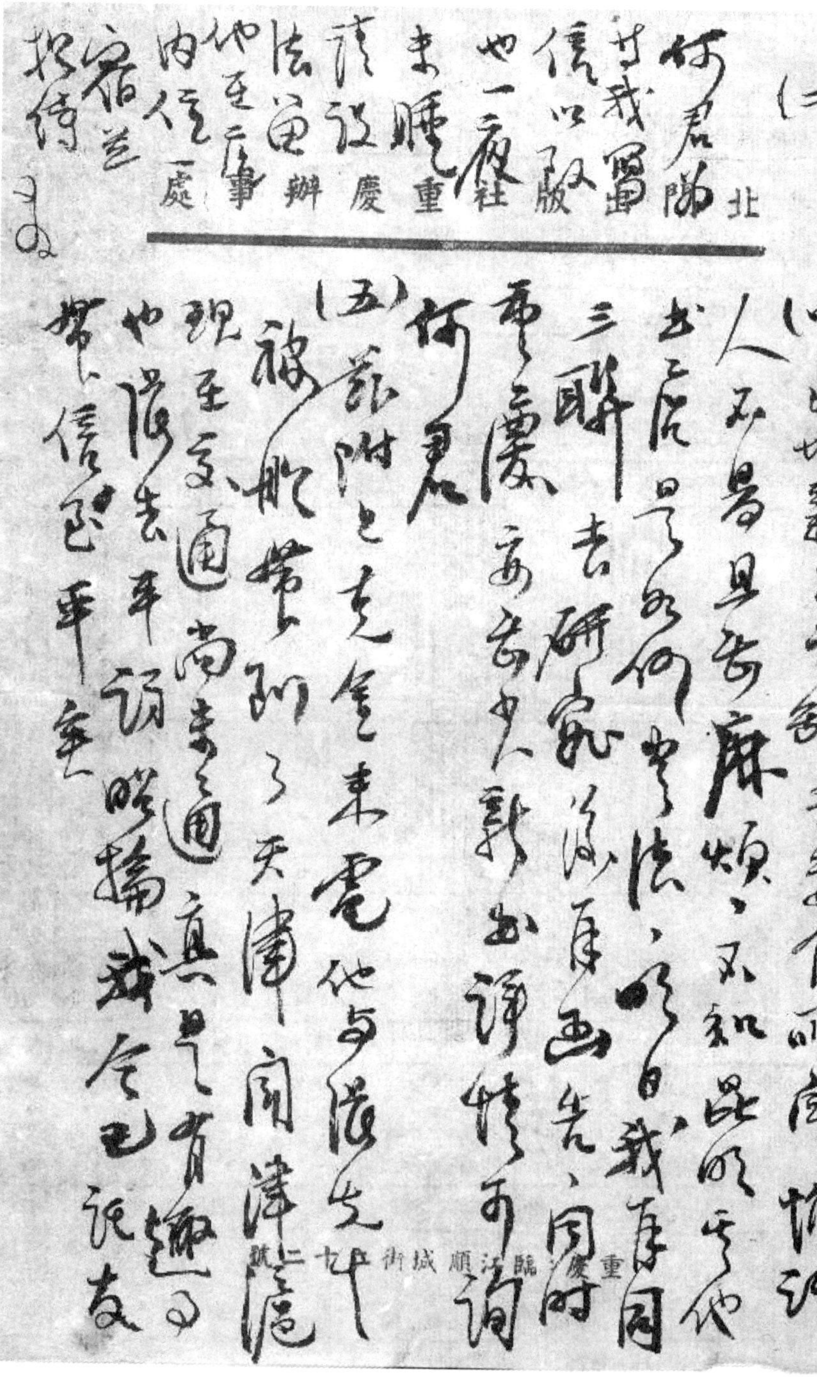

（二）
北[illegible]版社重慶辦事處
（四）
（五）
重慶臨江順城街七十二號

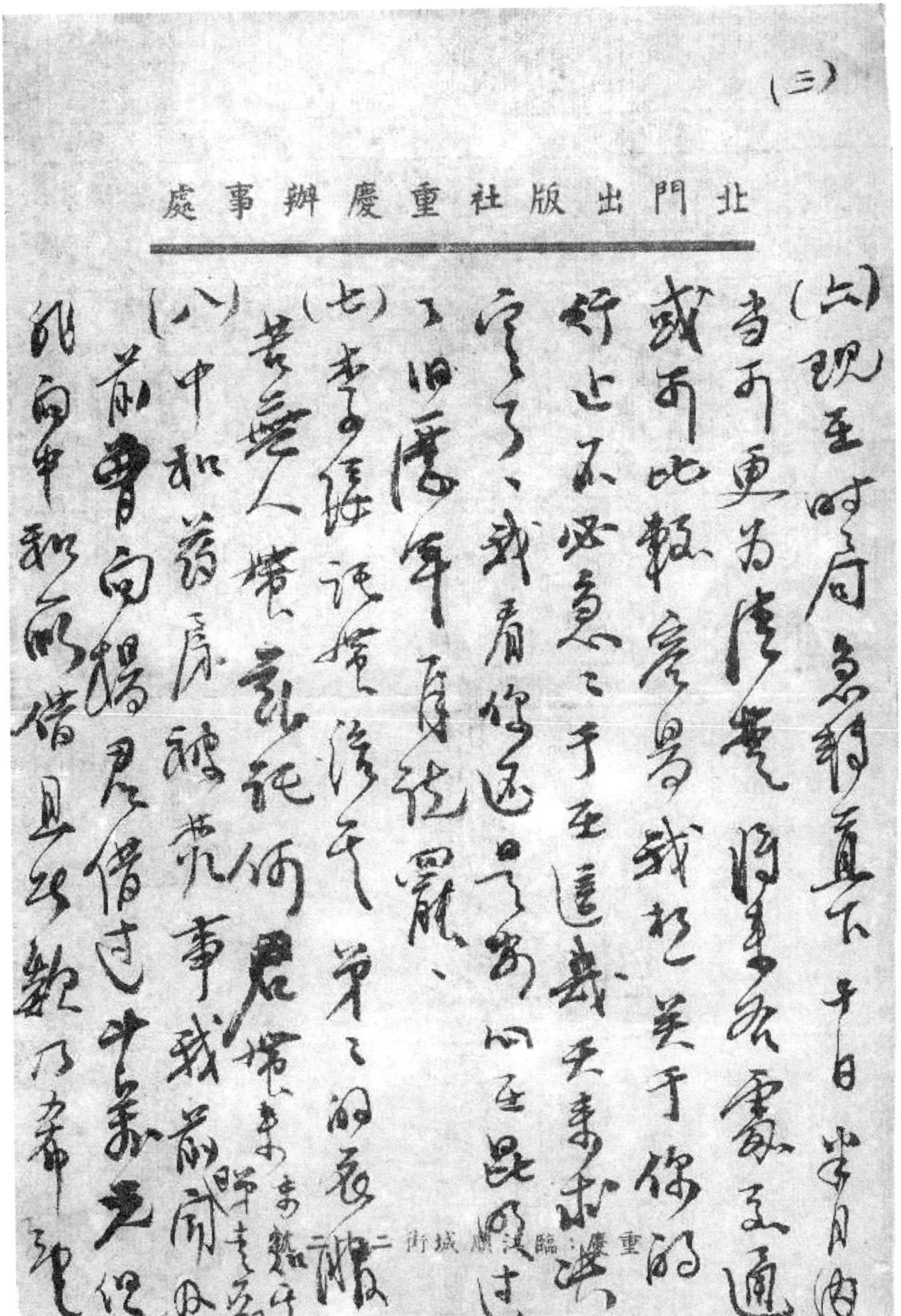

（三）

北門出版社重慶辦事處

（六）現在時局急轉直下，十日半月內當可更為清楚，將來局勢更[illegible]或可比較容易。我想關于你的行止，不必急急于這幾天來決定了。我看你[illegible]至昆明也可，[illegible]罷、

（七）李[illegible]評價後[illegible]，第二個[illegible]其無人擔[illegible]，託何君[illegible]

（八）中和[illegible]事，我前[illegible]前曾向楊君借過十萬元，但能向中和[illegible]借且[illegible]款乃[illegible]

重慶：臨江順城街二[illegible]

（四）

北門出版社重慶辦事處

慶郵[illegible]局，不过当时只是说邮局借人
的，而出版社的号上是他的我的
号，不过只是曾有过他杨的意思，书号以
我想是没有的。杨号，[illegible]至杨
君理至余前，并过我，尚报他来如
[illegible]重庆会，明日便中去
问之，他可也。刘君若有事请
即告以已可告我直接与杨先生
接洽矣。（四）附言陈豪谊先生
并请加一信封，封好，派人送
去。一二日后或将去西安一趟，去或待[illegible]

重慶臨江順城街二十二號

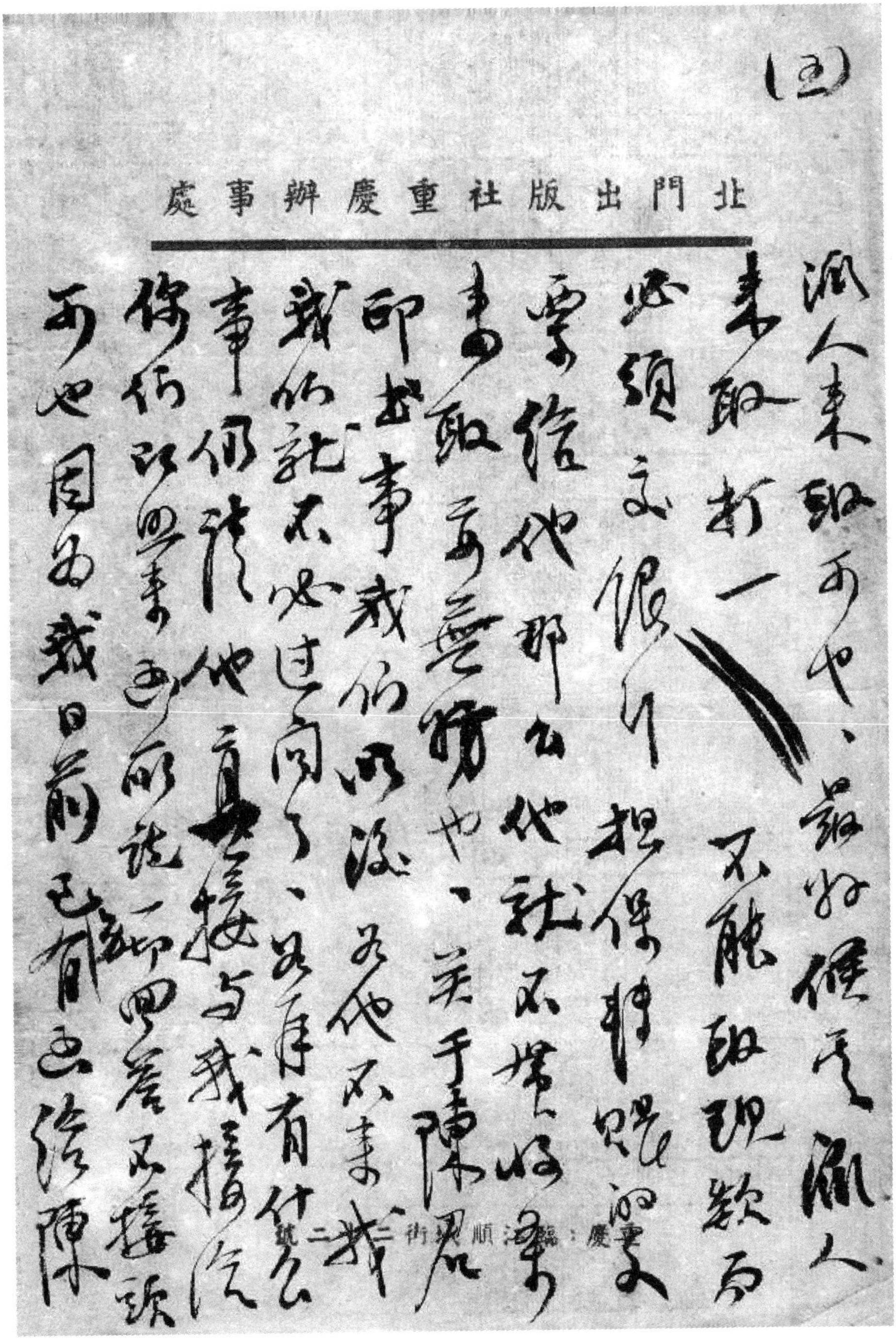
(四)

北門出版社重慶辦事處

派人來取可也、最好便是派人
來取稿一一不能取現款，可
必須交銀行担保轉帳的
要給他們么他們社不堪的事
事取可無證件也、至于陳君
印出事我們所說及他不來找
我們社不必過問了、至于有什么
事們請他直接与我接洽
你們以無事無所說一切均不接頭
可也因為我日前已有函給陳

重慶：臨江順城街二十二號

（六）

北門出版社重慶辦事處

君說明我国不知顛倒是非已久，不過以致有許多事未交代清楚耳

（10）又重慶曾于去年九月底發函滬之聯營書店、生活書店寄宣傳有書目四六集，經手日我接到與否，未識是否已經報告總社了、

（11）此間五四各界日前舉行民眾紀念演講會，預想退職，是從合唱團希望昆明以到我之全團

（12）希望我之民間各界政治協商會議

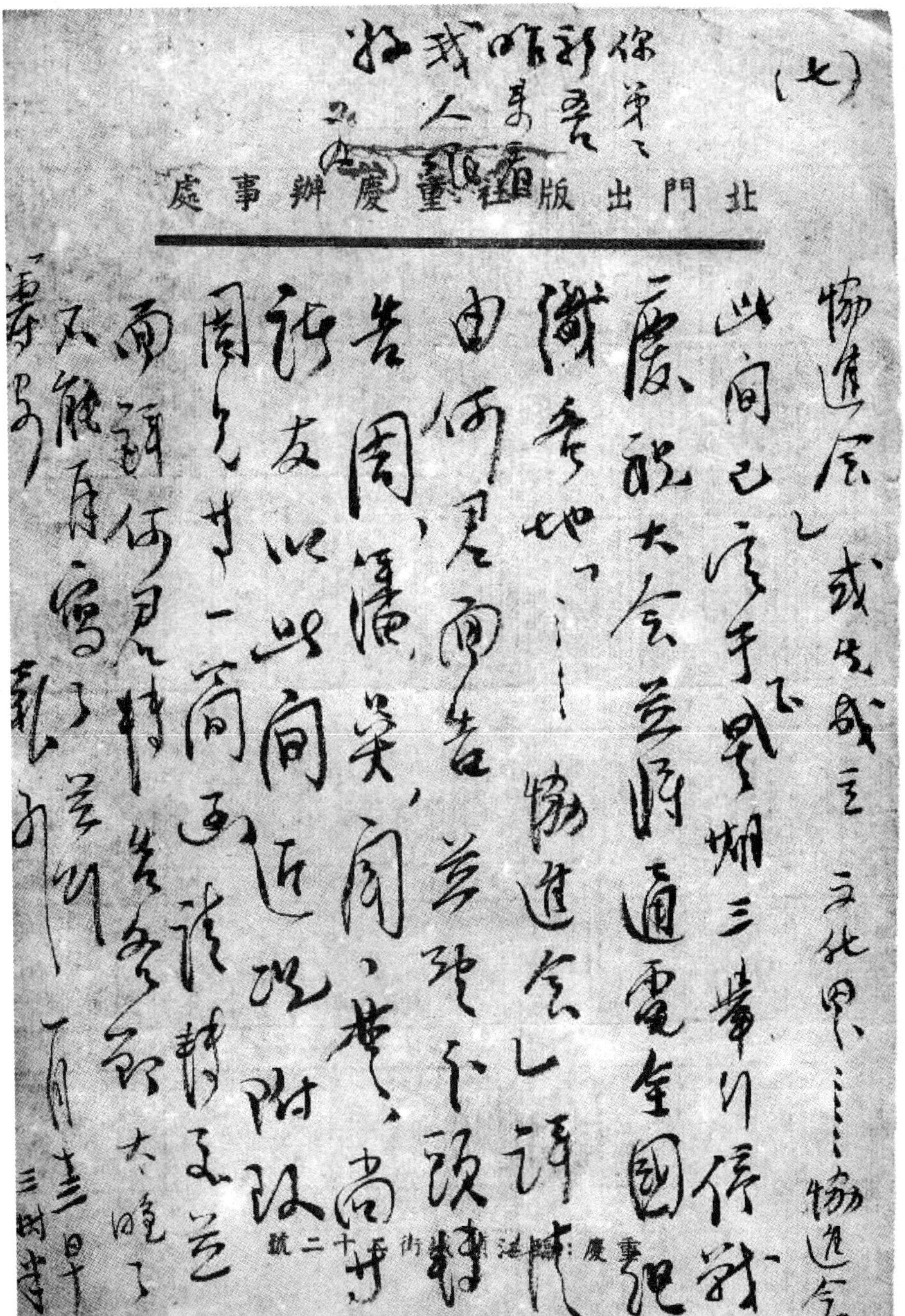
（七）
你弟〻新来昨看我人将……
北門出版社重慶辦事處
协进会之成立，至文化界……协进会
此间已定于下星期三举行成
庆祝大会并将通电全国拥
护委也……协进会之详情
由何君面告，并望你转
告周、萧、吴、周、曹、尚
诸友，以此间近况附及
周先生一函，请转交并
面详何君种种情况。太晚了
不能再写了，并颂
春安
一月三十日十三时半
重慶……街五十二號

李公朴致映青函

（1946 年 1 月 22 日）

映青经理如晤：

前日晚接到十六号来信，昨今两日实无时间答复，还是要用现在睡觉之时间来做，为节省时间计，将来信所问各点，就原函在上面加答语，以外的写在此信上。

（一）如此股东是书屋股东，同时又为出版社之股东者，当然要附两封信，如我书屋之股东；而仅为出版社之股东，则只要附出版社之一封信可也。

（二）出版社之资产负债表上之暂时存款可改为肆拾万元。改股本数目为（10099327）千万元，以与我们业务概况及扩展业务计划上相符合，且事实上亦本为股本。不过因我临行匆促，未将那些增股数目交出来，但数目是不错的，又因入股者前后之时间不一，加以有些人股数后来增加的未算入，所以我主张出版社之股息不必算，算少了反引起误会，好在整个是赔本生意，以后有盈余再算，这同书店表面上尚是赚钱者不同。

（三）附下致股东两信仅小有增删，请即印发或复写均可。

（四）中和药房刘先生如再来，可告此事已由我在渝与杨经理当面处理，请其函询可也。

（五）望便中去中航公司问一问丁先生，我的衣服是否带渝或何时带渝？因迄未见韦君送来，前打电话去问，闻韦君要过几天才返渝耳。

（六）请转告仲伯他的信收到，我在此太忙，全民社事实无此时间或精力来做，我现以主要时间对社大[1]事，又闻刘先生谣传纯属子虚，甚慰。

（七）周先生已抵渝，前日在庆程和平大今上已见及矣。

（八）光年给你的信收到否？我已收到，昆明是否可设法寄钱给他？我正在筹划中也。

（九）陈复光先生处廿万元送去否？

（十）家中存的那本《商务教育大辞典》急等应用，望用最快的方法寄来为盼。我有一本硬封面的《抗战教育的理论与实践》，封面内曾有钢笔写的许多字的亦望带来。

（十一）脚踏车如有善价可以卖去。

（十二）头痛了不写了，明早还要准备各国比较教育的课也，此信请给李师母一阅，即复，并颂，筹祈。

公朴

一月廿二日夜二时半

因昨晚写文章到夜间三时才睡，今天七时即起，今又忙了一天故此头痛。

又，书屋盈余1945277元百分之50应为97263875而非971200，请注意。

1 “社大”指陶行知和李公朴在重庆办的社会大学。

又出屋盈餘 1,945,277/ 六百分之50% 應為
972,638.75 而非 971,200.56

註意

北門出版社重慶辦事處

映老經理如晤：前日晚接到十二號日來信，昨
今兩日處無時間答覆，還是要用晚上睡覺之
時間來做。為節省時間計，將來信所問各
點就原函逐條之再加答語，以外的寫在此信
上了。
（一）如係股東是出屋股東同時又為出版社之
股東，本當需要附兩封信，如非老屋
之股東而僅為出版社之股東，則祗需附
出版社之一封信可也。
（二）出版社之資產負債表之暫時存款
可改為購地基之款，改股本數目為
千萬元，以與我們業務概況及擴展業
務計劃之相符合，且事實上亦本

(10099517) 重慶：臨江順北街二十號

北門出版社重慶辦事處

为股本，不过因我经行多后来时即登增
股数目之出来，但数目是有错的，又
因入股先后决定时间不一，加以有些
人股数没来增加的未算入，所以我主
张出版社之股息不必算，算也了反
引起误会，如在帐簿上是纯本钱息
以后有盈余，除开算，这因为届
来电之前是赚钱，也不同。
（三）附下改股东两信，你以有增加转
记，即按或转写好了。
（四）中和药房刘先生之处来，可告以事已
由我交渝与杨经理当面商量，他请
函询可也。

重慶臨江順城街二十號

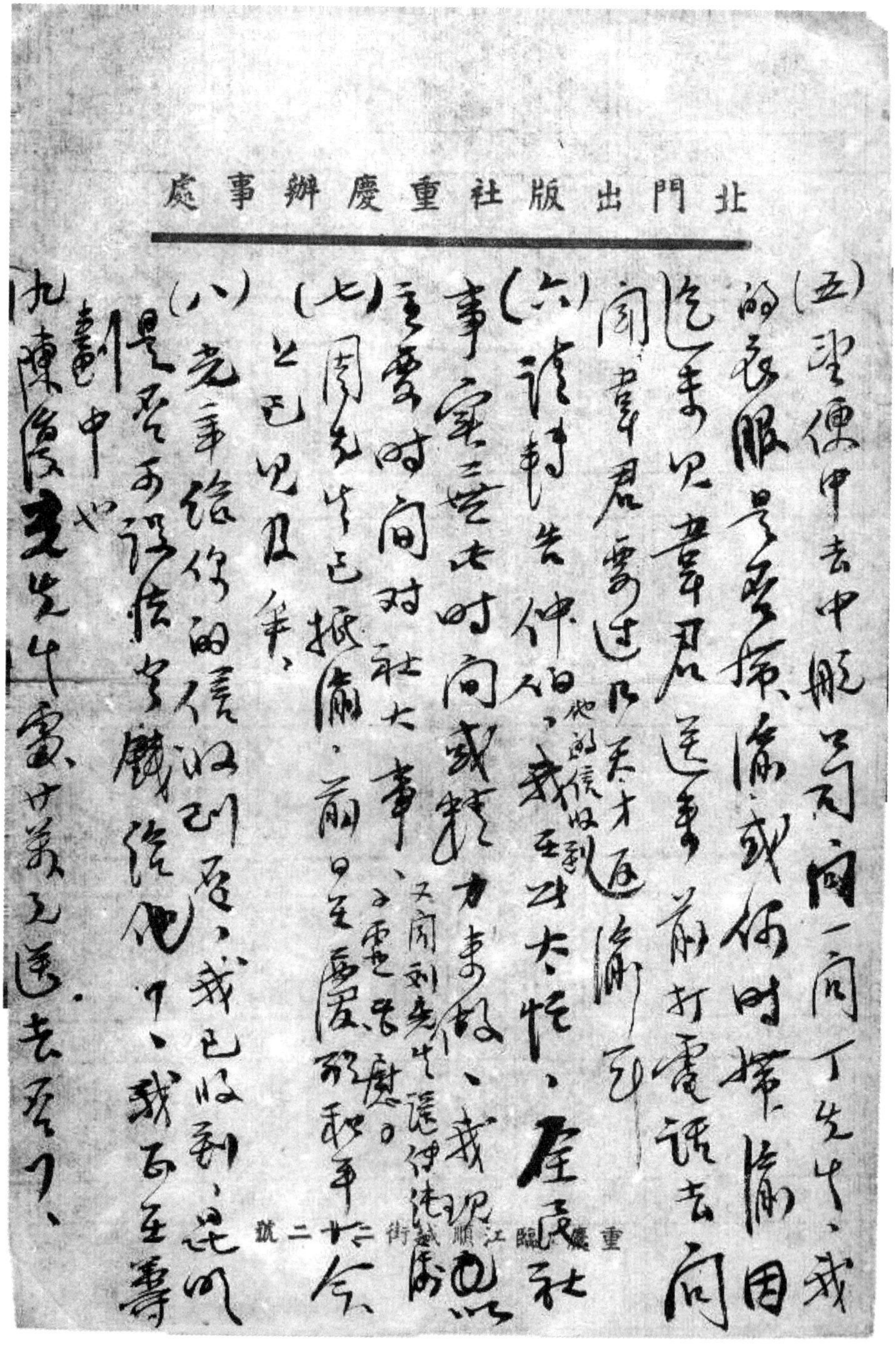

北門出版社重慶辦事處

(五)望便中去中航公司一问丁先生，我的衣服是否带渝，或何时带渝，因近来只莘君送来，前打电话去问问莘君，要送乃天才返渝，已
(六)请转告仲伯，他的信收到，我在此太忙，屋社事实甚少时间或精力来做，我现在只[illegible]
(七)闻先生已抵渝，前日至重庆邨秋车会甚要时间对社大事，又闻到先生谈仲沈[illegible]
之已见及矣。
(八)先年给你的信收到否？我已收到，是所但您可谈给我钱给他们，我即至寿刘中也
孔陈後送先生所需之书十册又送去了，

重慶臨江順城街二十六號

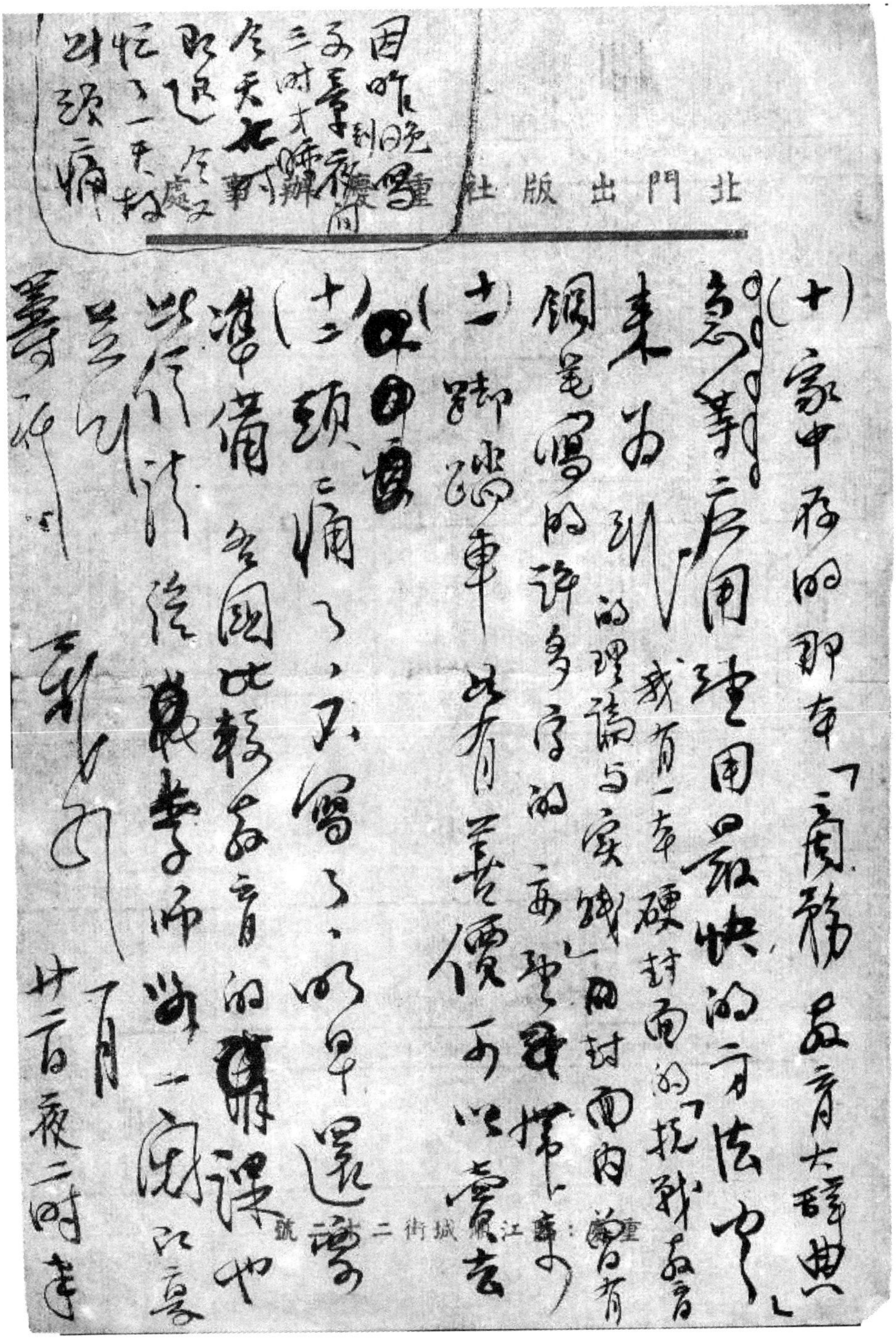

北門出版社 重慶

因昨晚寫到夜三時才睡，今天七時又辦事，跑了一天，忙了一天，引頭痛。

（十）家中存的那本「商務教育大辭典」急需應用，望用最快的方法寄來為好。我有一本硬封面的「抗戰教育的理論與實踐」一冊，封面內曾有鋼筆寫的許多字的，要帶來。

（十一）腳踏車如有善價可以賣去。

（十二）[illegible]

（十三）頭二痛了，不寫了，明早還要準備各國比較教育的課也。此信請後寄李師一閱。

並問近好

廿二日夜二時半

李公朴致映青函

（1946 年 1 月 28 日）

映青经理：

廿三号发出复信并附致股东信等收到后即复免念，又有许多股东已离昆，如中农行之蒋震扬可查一下是否在昆。此外，如刘丕基、杨延修、沈容宽已均离昆，此外华南药房赵家桢可问明该处负责人，请其转去亦可，其他有些人可待信印好后或复写好寄来，寄给我代发在重庆印的业务计划报告书此间存的甚多，不必带来了，昆明如需要可函告俾可寄上，此外各事简告如下：

（一）李绥女士信早转去。

（二）光年先生处已于廿五号下午由金城银行汇去卅万元，汇水共壹万伍仟元，并去一电如下“马函悉，款今汇卅万购纸。民说候增订稿排印，平津均不设门市，余详函璞有”。

昨日并去一长函，《民主浅说》最近由伯韩先生亲自改正的最后一章，并重写过，我另写千字序一篇，亦于昨日分别航挂同时发出，信中要义如下：

1. 根据我们过去经验与现在经济情况，均无法在平津设一相当规模的办事处，更不论发行与门市矣，所以只能如读书、新知等一样托一人负责，代理出版工作。

2. 印刷厂我们既无力量，不管怎样好也无办法，且我自到重庆三月来，观察其他出版社经营方法，深感我们是绕了路了。我们都不精于做生意，此点不知你以为何如？所以我告张先生就是映青到平津，我也要同他面谈一次，或书面详细讨论一下才行。

3. 我并不坚持张先生一定要到上海，但我劝他应多注意写作，另找一职业，这当然是说有适当工作机会的话，否则即可住在廿三号；现在租下来的房子内，以小部分时间处理社务，大部分时间整理写作，并请他去问一问现代《读书》代办的龚君（克兢等都认识他的），愿否兼办我们这很少的工作，我以征得此间黄洛峰之同意矣。

4. 克兢嘱其另找事，出版社对他不负任何责任，我们公私要分清楚（以上是致张信大意）。

5. 陈复光君廿万元即请写付还陈复光君购纸款廿万元，并望便中查一查过去是否账上登有收陈君购纸款事，如没有则可先在我存款名下支付贰拾万元可也。

6. 又我的衣服始终未收到，问题是这样的：韦君仍因旧案现被拘押尚未保出，我托该公司高级负责人派人去问韦君的夫人，回答是昆明并无衣包带来。现在的问题是，第一，看丁君是否已托人将衣包带渝，或因韦君出事尚未带来；第二，请去看下丁君是否仍在昆明，现我附给丁君一信，请你亲去看他一下，问题要注意丁君如将东西带出后，最好要设法通知我，以便去取。代收的人是可靠的，但他们不便亦无法送来给我。又报载，我被石头（砸）中腿，仅是石头落在我腿上，痛都不痛，请放心，带上《青年知识》四本，因这篇东西虽为去年旧作，但相当满意，可给楚、闻等诸盟友一阅。《民主生活》在昆销路怎样？《新华报》近来能收到否？

7. 汉口书款已去函催索。

8.《民主浅说》重庆亦正计划印五千本，改为三十六开本。

9. 重庆办事处人欠、欠人之账是否已寄昆？请一查。

周新民与孙起孟、杨春洲来了以后再谈，接信后望择要简复。社会大学情形很好，我现每天看书，编各国比较教育及教育思想史讲义，还要写民主生活讲话稿，与昆明生活完全不同了，但非必要的信是无暇写了，专复即颂，筹安。

公朴

一月廿八日午

张老先生代问安，一二日后稍空再写信给他。李师母、国男、国友均此不另。少南好吗？均此致意。又及。

此信托新中国邮社石焱先生带上，此间情形可与石君一谈，又及。

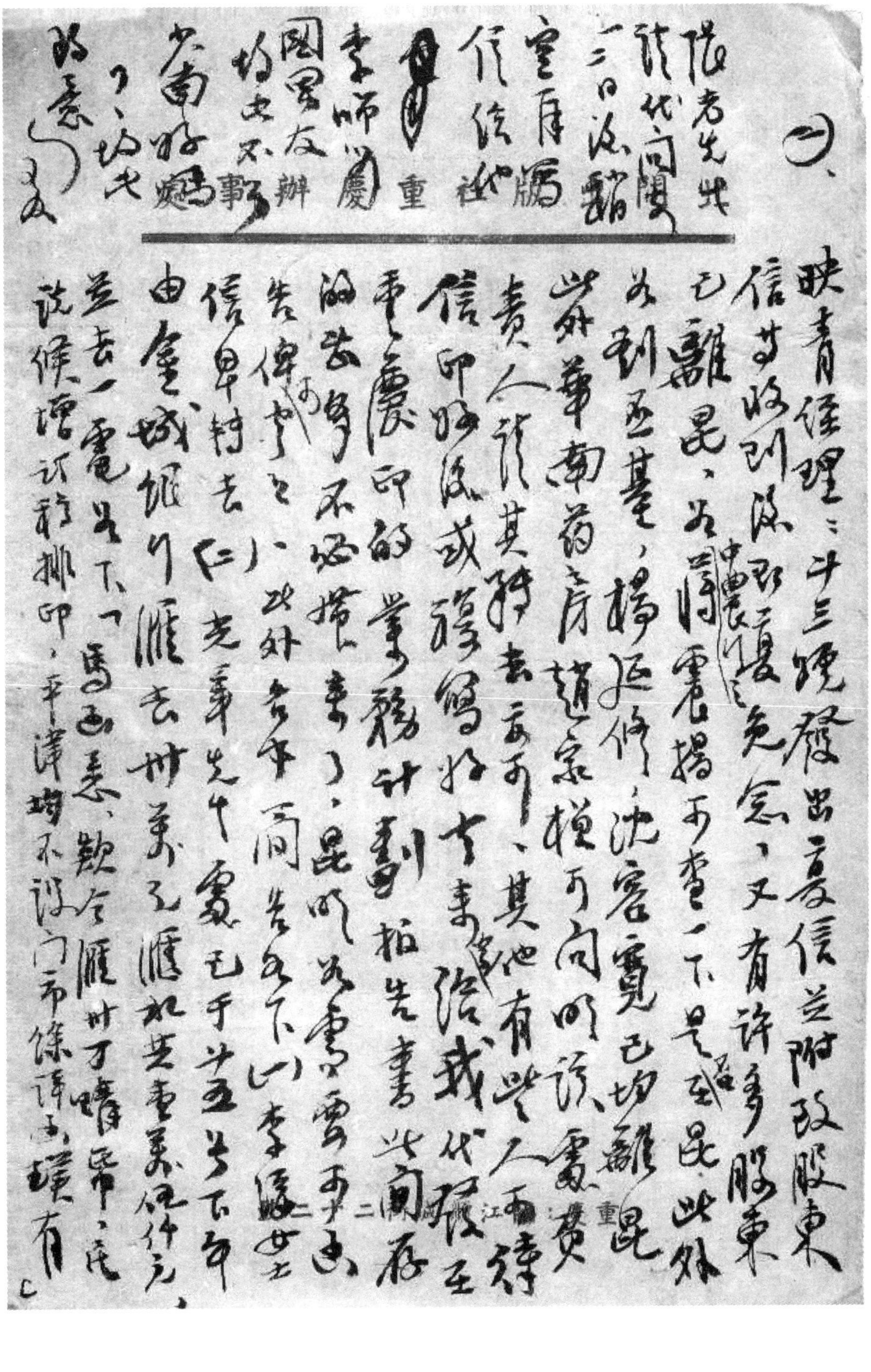

（二）

北門出版社重慶辦事處

昨日並去一長函，民主周訊最近由伯韓先生
轉自昆明的最後一二章並未寫進（我為當年寫了二三篇）二稿于昨日
分別[illegible]能趕同時寄出、信中要意先七
人根據我們過去經驗與現在經濟情況均無法
至平津設一相當規模的大事處，更不論發行
與門市矣，所以祇能像讀書生活新知廿一樣
設一人負責代理出版工作
之、印刷廠我們既無力量，不管怎樣好也無法直
我（宗盛）自到重慶三月來觀察其他出版社
經營方法，我們是慢了幾了，我們都不精於
生意，如並不知從何處入手？所以我告張
先生就是吃素訓平津我也要同他商談一項
或者再詳細討論一下才好
③、我並不堅持張先生一定要到上海，但我勸他
應多注意寫作，為我一班業這當地一是說有通

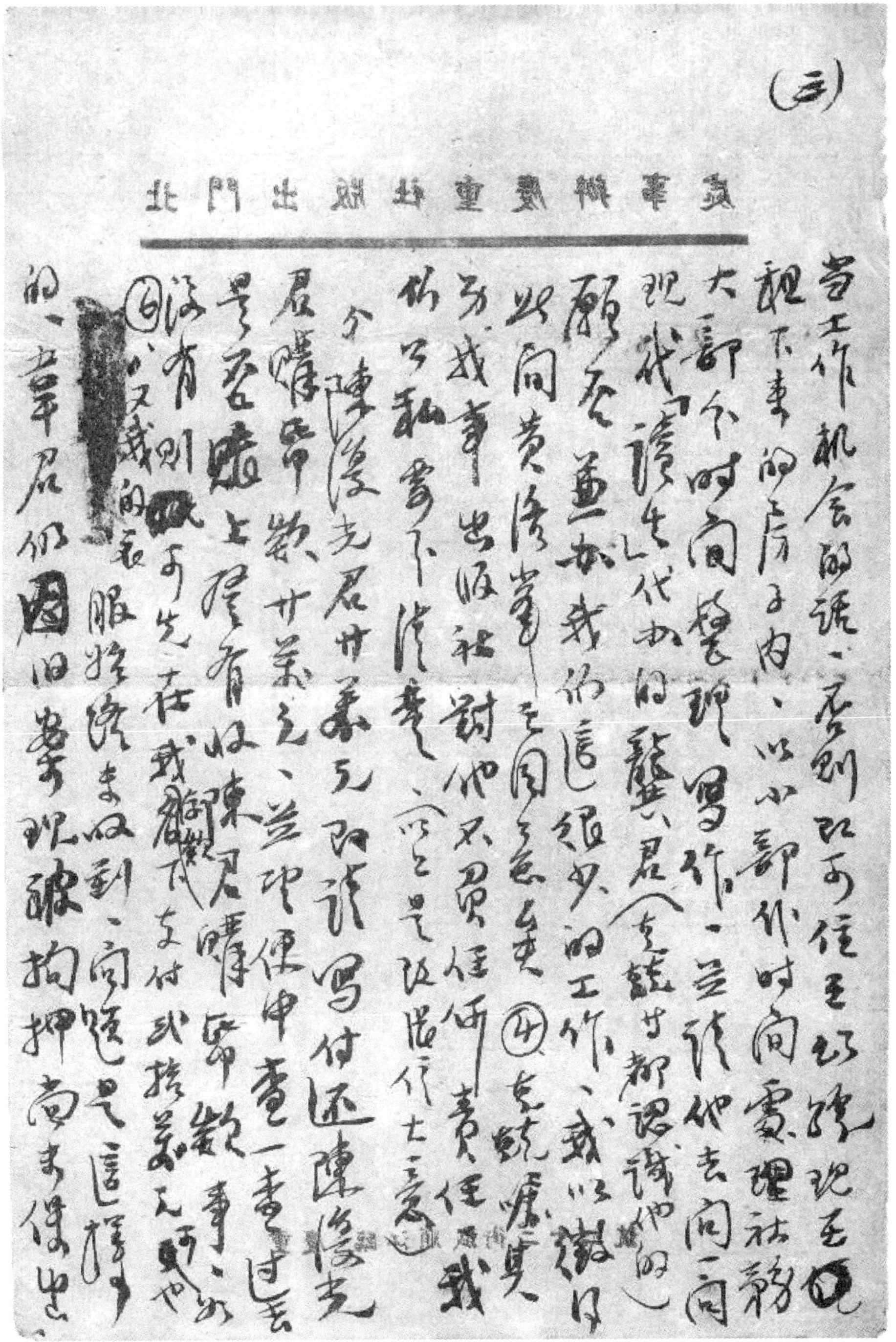

（三）

北門出版社重慶辦事處

当工作机会的话，一面到江西任王[illegible]现在[illegible]

观下来的房子内，以小部分时间处理社务

大部分时间整理写作，并请他去向一同

现代[illegible]代我的[illegible]、君（查[illegible]都认识他的）

愿否并[illegible]我的这组织的工作，或以[illegible]

此向黄[illegible]之同意去吧。④ 查[illegible]嫌其

多，我拿出版社对他不负任何责任 我

们只私下请他[illegible]，以之是[illegible]

今陈[illegible]先君廿万元的话，写付还陈[illegible]先

君[illegible]的款，廿万元，并即便申[illegible]一[illegible]过去

是否[illegible]上[illegible]有[illegible]陈君[illegible]的款事，[illegible]

⑤没有，则[redacted]可先在我稿费代支付[illegible]元可也

⑥以及我的衣服[illegible]收到，[illegible]是[illegible]

的，章君们[illegible]旧[illegible]

北門出版社重慶辦事處

我托该公司负责人派人去向韦君的去人面告，能否把那些东西包带来，现在的问题是第一看丁君是否已派人将包裹送来，或因韦君出事而未带来，二对下丁君是否能到昆明，现我附信丁君之信，请你派去看他一下，向他要信。丁君如将东西带出没有收好，要设法通知我，以便去取，代收的人是蒲震的，但他们不便再要法送来给我。

又报载我被石头中眼，佛兄石头落在我眼上，痛都不痛，请放心。带上青年知识四本，因这篇东西现为青年旧作，但我当满意，可请黄、周共读，贤友一阅。民主生活至昆销路怎样，新华报送

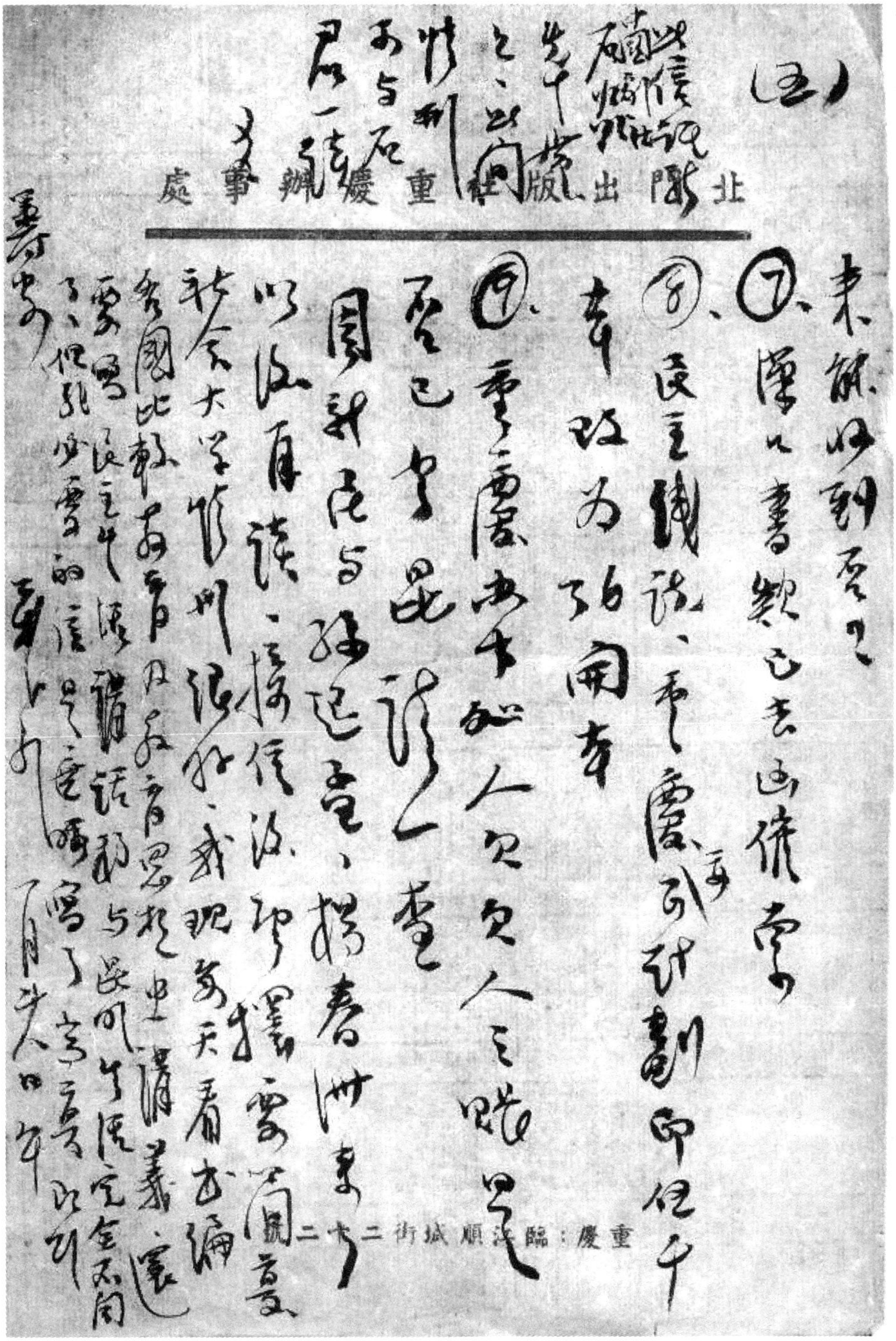

北門出版社重慶辦事處

重慶：臨江順城街二十二

李公朴致映青函

（1946年2月3日）

映青经理弟如晤：

一月卅日曾托新中国石炎君带上要函，中间特告已汇卅万了，给光年等其他许多事，如未收到，可至新中国问问石君返昆否？前函请将暂时存款改为股款一点，当时匆促或未写清楚，实际上此存款就是股款，不过因我走时匆促，未将股东名字留下来，大致我是记得的，不过怕弄错，所以函嘱你不要写每个股东之股额数目，以免误会。关于此事，未识吾弟有何不了解之处，请来函见告，以便说明。再我正设法抽半天时间将各股东增股数目开出来，不过我所顾虑的是不容完全对，若弄错了反不好，所以我现在决定，请将两份完全的寄给股东的信，如舒舍予先生（原来是书店）及沈容宽先生（出版社）这两封报告书可寄给我转交，待我看过函复无误后再发其他的报告，总之迟发无大碍，发错了则不大好矣。专此并颂年安。

公朴

二月三日

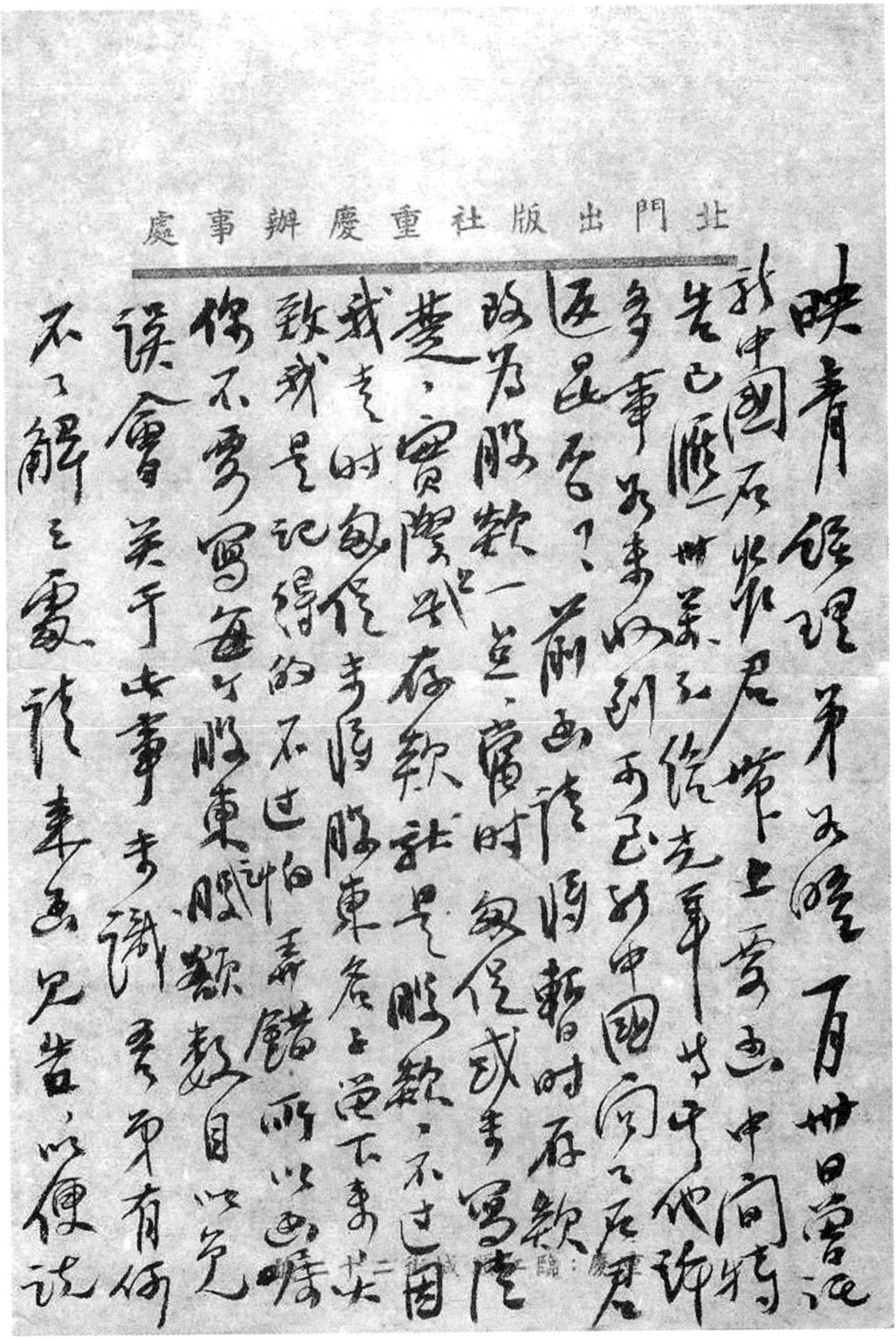

北門出版社重慶辦事處

映青經理弟：六月廿日曾託
新中國石紫君帶上一函，中間請
先已匯卅萬元給老羊，並叫他將
多年以來的利可以到中國銀行之君
返還了，前函請將暫時存款
改為股款一筆。當時匆促寫得不清
楚。實際上存款就是股款，不過因
我素時匆促未將股東名字寫下來，以
致我是記得的，不過怕弄錯，所以要
你不要寫每個股東股款數目，以免
誤會。關于此事去議，要是有何
不了解之處，請來函見告，以便說

北門出版社重慶辦事處

明、原我不設法抽出天時間將各股東增股數目開出來，不過我所顧慮的（是不容寬全对）數若弄錯了反不好，所以我現在決定請將二份定全的只給股東的信先寄舍弟先生（出版社）（原來是）及沈容寬先生（出版社），這兩封報告可不必寄給我，先轉交，待我看過後再發，更無誤後，原存其他的報告總之[illegible]無大碍，存錯了則不大好。余[illegible]

[illegible]兄 年安

弟朴 三月三日

重慶[illegible]江[illegible]城街十二號

李公朴致映青函

（1946年2月24日）

映青吾弟如晤：

今晨接十五号信（廿一日发）并附书店与出版社铅印《致股东书》及油印损益计算书与资产负债表各一份，均详细看过，很好。吾弟等辛苦了，请即照此发出可也。

（一）《民主浅说》已经伯韩先生完全改正过，最后一章更完全改写过，改名为《民主问题讲话》，加了我一篇《郑重介绍》的代序，改成三十六开本，用老五号字宽排，已寄至北平付印，重印本已付排。但因上星期伯韩自桂林来函（曹先生已于一月赴桂林任教职），谓因政治协商会成功后最后一章必须再重写过，上星期当已将改写的那章航寄桂，供其参考，待其寄回后再研究重印事。此间朋友意思原本内容与名称均不适当，且开本太小，无卖相，主要当然还是内容，所以均主张重印。对于昆明已存之数，主张减价倾销，我主张《青路》亦可如此，因为北平益已修正后重印，现在读者已不愿再看以抗战时期为基础的读物，所以我主张可特别削价目，大登广告介绍，从速倾销完毕，未识你的意见如何？

（二）此间新书即嘱三联设法寄来，问题是新书出版重心多移平、沪，而上海价目成本天天在涨，加以邮寄不易，您们不看见此间报纸上书的广告很少吗？并不是进货资金感觉困难的问题。

（三）仲安先生请特别代为致意，魏老板亦望致候，赵泽公君遇见时可告以其弟泽洪来看过我一次，惜时间相左未遇耳。

（四）陈复光君之款既然无账，想便是收入我之名义，即请在暂时存款项下登账可也。

（五）《民主生活》生意不好，其原因何在？请示知以便转告编者注意。

（六）渝办事处据我所知十月及十一月之账单均已寄昆，何云只有九月底以前者？奇怪！让我们收方查一下，盛舜又病重，真是要命，此次渝办事处始终未弄好，早知如此，还不如请《读书》或《生活》代办之为愈矣。吾此意并非说盛等主观上不努力，乃客观上及其能力上问题，我已函告光年请他注意，办之勿再铺张，尤其是要慎于用人。

（七）二万九千元早收到，新吾尚未来取。

（八）夜读小报以后或可每期寄上二三份来。

（九）我又要一本书，一包稿子（多半是从重庆《全民抗战》上剪下来的，我给战区的通讯文章），还有一篇复写纸写了好几张的，一篇关于敌后教育的稿子是同老方[1]写的，一个民主教育，一些提纲，一起交给张先生，原预备写那本北门小丛书《民主教育》用的。我想张先生如未带走，请你找到与书稿一并寄来应用，关于书稿放的地方等已详给李师母信中，请帮她一找为盼。

（十）有暇可去看一下周乐书先生，并可将你所知道的些事与我的事告诉他，并可将出版社事也可讲给他听听，尤其是我们在平津、东北

1 老方即方仲伯，中共党员，1941 年 6 月周恩来派方仲佰协助李公朴从重庆赴昆明后到缅甸宣传抗日救国。

及上海的出版教育计划，我附一信给他，请面交为盼。

（十一）最后请你将所有此前问过我而未得答复的事，开列一张清单给我，以便做了一件划去一件，我实在太忙了，无法时常查信看，尤其受伤后体力尚未复原，更觉吃力耳，专复并颂。筹祈。

（十二）关于张先生临走时所用李永喜[1]的贰拾万元，闻李已来信要我们汇去，我们（尤其我个人方面已用他的很多）也未出利息钱，仍应赶快设法筹出来才好。又及。少南弟好吗？代我致意。

公朴顿首

二月廿四日灯下

致周先生信中所言可抄下传示给友人看，但不要见诸公开文字，此乃遂马氏之嘱耳。又及。

有一信致方仲伯弟，请面交给伊，或派妥人送去并望将在周先生信中所述马氏之言转告诉他。又及。

1 李永喜是李公朴同乡远亲及好友，原稿字迹有涂改。

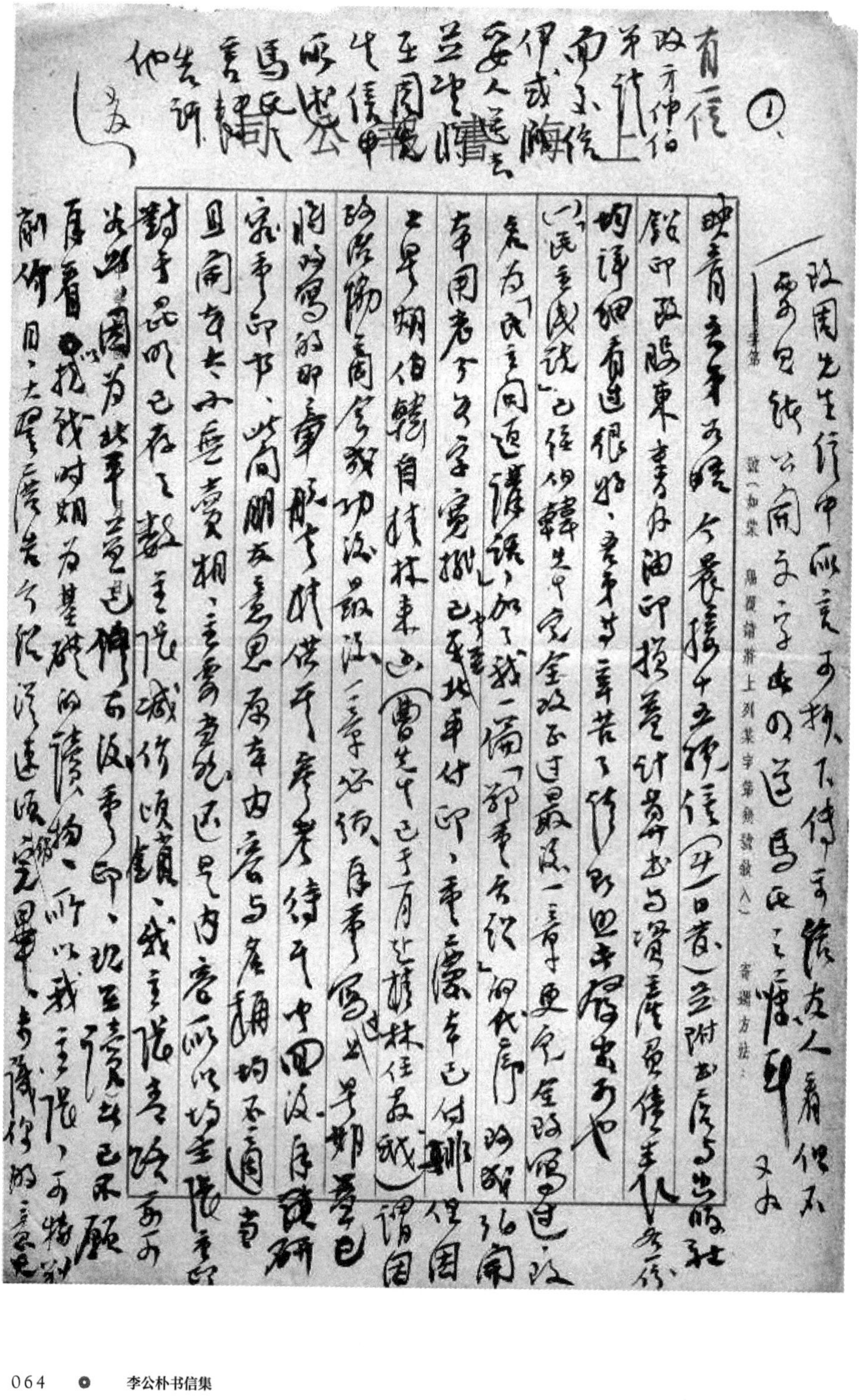

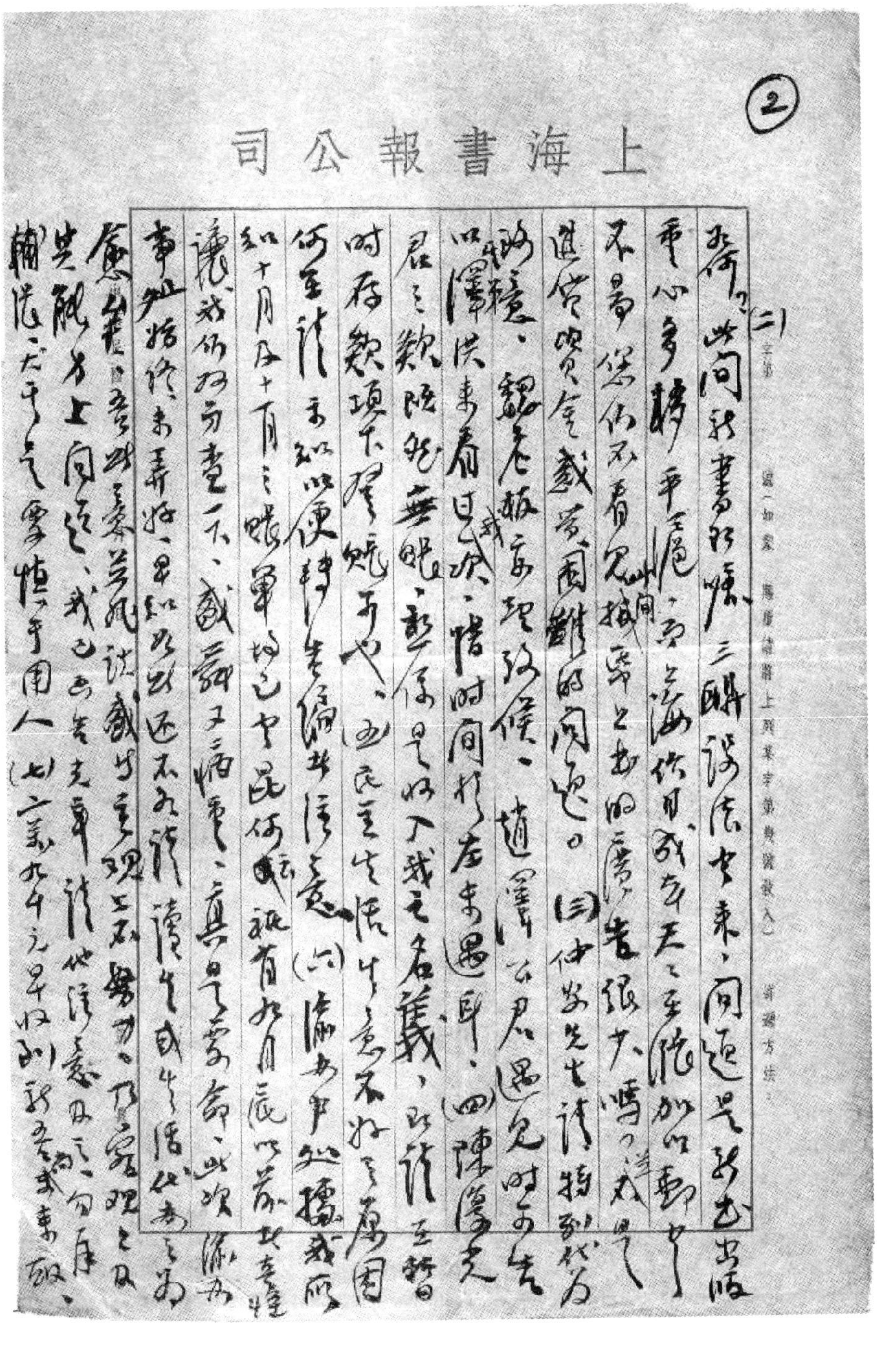

②
上海書報公司

（三）关于陶先生十周年纪念时所拟用李平凡画的封面集了，周李已来信，要我们再去，我们思乎我个人方面已用他的很多）也未出刻钱，仍应
进快设
法寿
出书才
好。
公
少南可
好吗？
我
致意

字第　號（如當專復請將上列某字第幾號叙入）寄遞方址？

（八）存德小报以后我可每期中之二三份来。（九）我要李出
李巴将存于陶先生把我之前不来的我给我原的通讯处
还有一篇读写运中写了好几陶的一篇关于新教育的
稿子是同老方写的一个民主教育一些提纲一经交陶
陶先生，后预备写那本出了小书叙出了民主教育的
我把陶先生的来稿，走传给我到与出了，稿上一册也来
应用，关于出稿，稿的他方想已经转李师的信中附
帮他一我出版的（十）有时可去看一下周先生，并且可以
知道的些书与我的书告诉他，并可将出版社事也可谈谈
他就是大平凡是我们的平津书社，且是度的出版教育
计划，我附一信给他请他。（十一）最后请你有
以前问过我京奉的事，关于一陶集信我，以便做一
体制表一件，我实在太忙了，无法时常重行看看一大半
学徒队，靠了力量请你负责了，要竭力办
寿新
六月廿四日灯下

李公朴致映青函

（1946年3月26日）

映青经理大鉴：

昨托姜先生带上一函谅已收到。我曾分别请周先生示书，与方仲伯兄代为介绍《民主生活》定户事，想你已看到，顷与三联仲经理秋元商定，拟请足下即北门书屋代收定费，并盼兄分神帮忙，此事为沈老先生所主持，务望告诸友帮忙，并望请少南弟亦帮忙代为介绍，希望李师母与潘先生等帮忙。兹寄上定户介绍单贰拾本，请即分送几本与周、方二君，余详昨函，写此并颂筹祈。

公朴

三月廿六日

关于此书□请汇至三联仲经理秋元接洽，有款亦请直接汇三联，祁仲秋元亦请多多介绍为盼，又及。

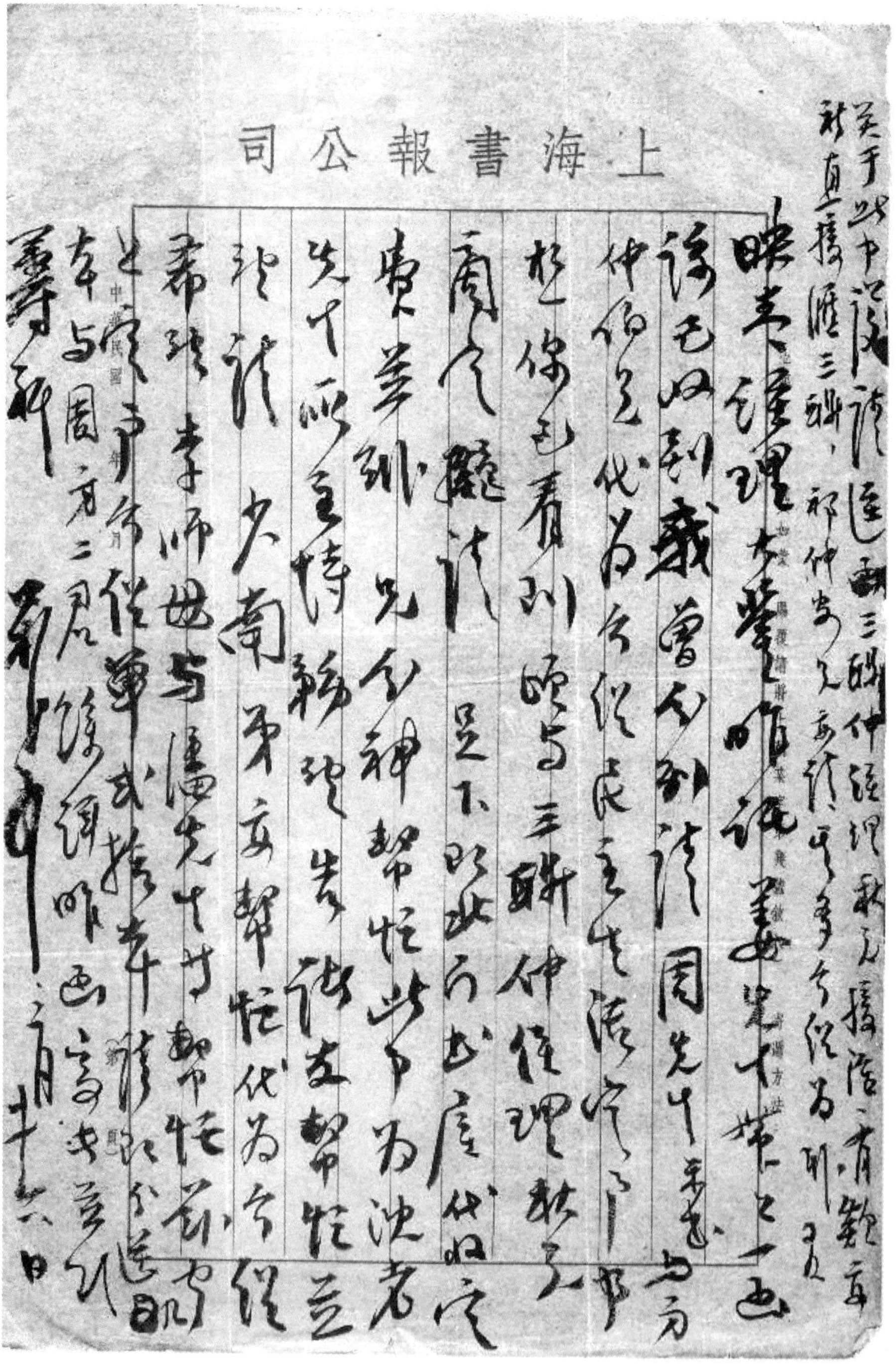
上海書報公司

李公朴致映青函

（1946 年 4 月 22 日）

映青弟如晤：

汇《青学》三万元整早收到，已付给，兹附上收条。关于与重庆各家往来，过去均由渝分社负责接洽代理批购。但自去年十一月起分社结束后，分社存书即交由三联书店代售，并兼办批购工作，但其性质则与分社不同，一是专责、一是兼差。不过因与我私人关系，三联朋友都愿多帮忙，所以我函告请直接与三联书店通信，不必由我转道手，至于《青学》是他们直接寄昆社，并未从三联转，如何可从三联付款呢？所以凡是与昆总社直接往来的，当然由总社与各家取得连（联）系。由“三联”经手的则由三联办，昆社如需要添一批书，可递函三联暂时不必汇款，我已同他们谈过了，问题在没有什么新书耳。据说各种什志都随时寄给昆社，销路情形如何？应多寄或少寄？望速与“三联”通信。现在之经理为“仲秋元”君，我们天天见面，望即写信给他可也。光年来信谓汇沪百八十余万元乃八十余万元之误，此乃今年初因欲与各出版社在上海成立联合发行，所以及需要印几本书，临时就筹到的股款中寄去的（如寄光年卅万元亦是如此）。关于这项新股款与寄出之款，吾意待返昆时再面谈，故未向总社报账，并于去年十一月以前盛舜君经手之账均已寄总社，至于寄总社之账上是否有运汉之书的一笔账则我未注意，我还以为是应该有的，容不日晤及盛舜君时再问他可也。

关于股东信已发未发清单已经收到，未发者多数已离昆，少数须由我面交置之可也。凌志扬先生为沪江同学，李师母知道的，李佑寰先生请方仲伯转，严砺成先生则可交李佑寰君转，一并托方仲伯转去可也。《大众报》已收到，甚好，惟代拉文稿事甚难，即我自己非万不得已实无暇可抽来写文章了。二月前曾为《民主浅说》增订本改名为《民主问题讲话》写了一篇《郑重介绍》的代序，（未识北平版改名《民主讲话》样本收到否？）明后日抄一份寄上，如觉可用则交《大众报》发表，请酌量。重庆已付印，不日可出书，由"三联"负责推销，我的事太忙，实无法来问出版社事。比如现在写信时间已是夜间三时半，乃是下决心写的，因明后日都另有要写的东西待写，还要预备功课也，草复并颂。

筹祈。

公朴

四月廿二日早三时半

实际上我们重庆已无分社，仅是委托"三联"代办耳。又及。

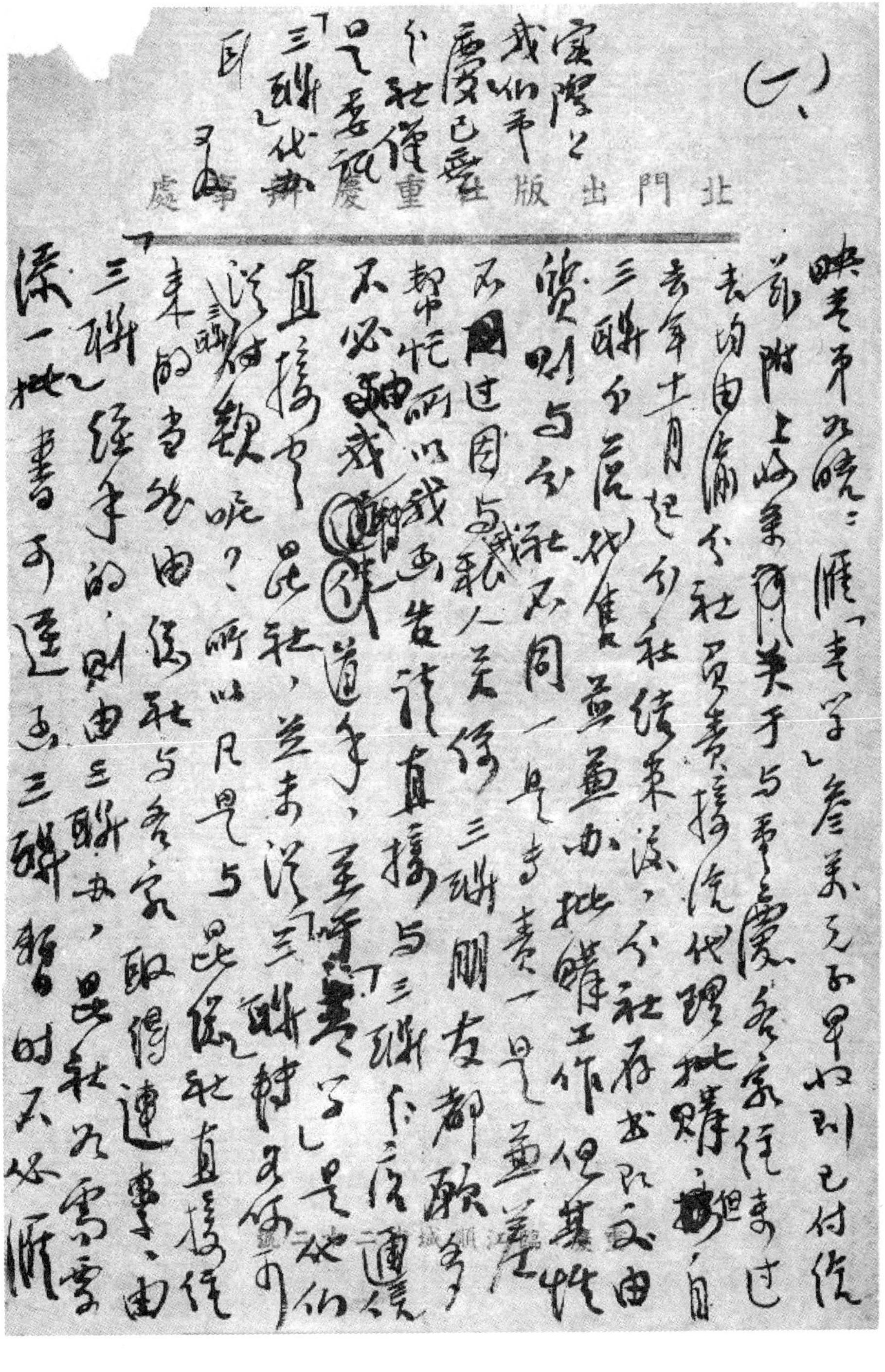

（一）

北門出版社重慶辦事處

映光弟如晤：匯來書款早收到，已付信并附上收条。关于与重庆书店往来过去均由沪分社负责接洽代理批购，自去年十月起分社结束后，分社存书即改由三联分店代售，并兼办批购工作，但其性质则与分社不同，一是本身负责，一是兼差。不过因与我私人关系，三联朋友都愿多帮忙，所以我函告请直接与三联店连系，不必经我了。这道手续，至于写信是我们直接与三联，并未经三联转手的。[illegible]欤呢？所以凡是与三联[illegible]来的书款由沪社与重庆取得连系，由三联经手的，则由三联去，是本社不需系一批书可[illegible]三联暂时不必[illegible]

实际上我们重庆已要分社停，只要三联代办即可[illegible]

七

款，我已同他们谈过了。问题至法有什么新书即
属于我们，还是都随时可归昆社，听候接
收何？应分多少或出多少书，还与「三联」通信，现
至于经理为「中联」之「君」，我们天天见面，现正
写信给他可也。光华来信谓愿以百八十余
万元乃八十余万元之股（到已汇）此外今年初因款与
参与保社，故至联合证们所以及雪印钱
本书临时就筹到的股款（另光华廿万元另已寄出）中实在向，关
于这项新股款与中出之款，意待通昆
时再面谈，好来向保社报告。至于去
年十月□以前我彝君经手之账均
已由保社，至于保社之账，只是有违

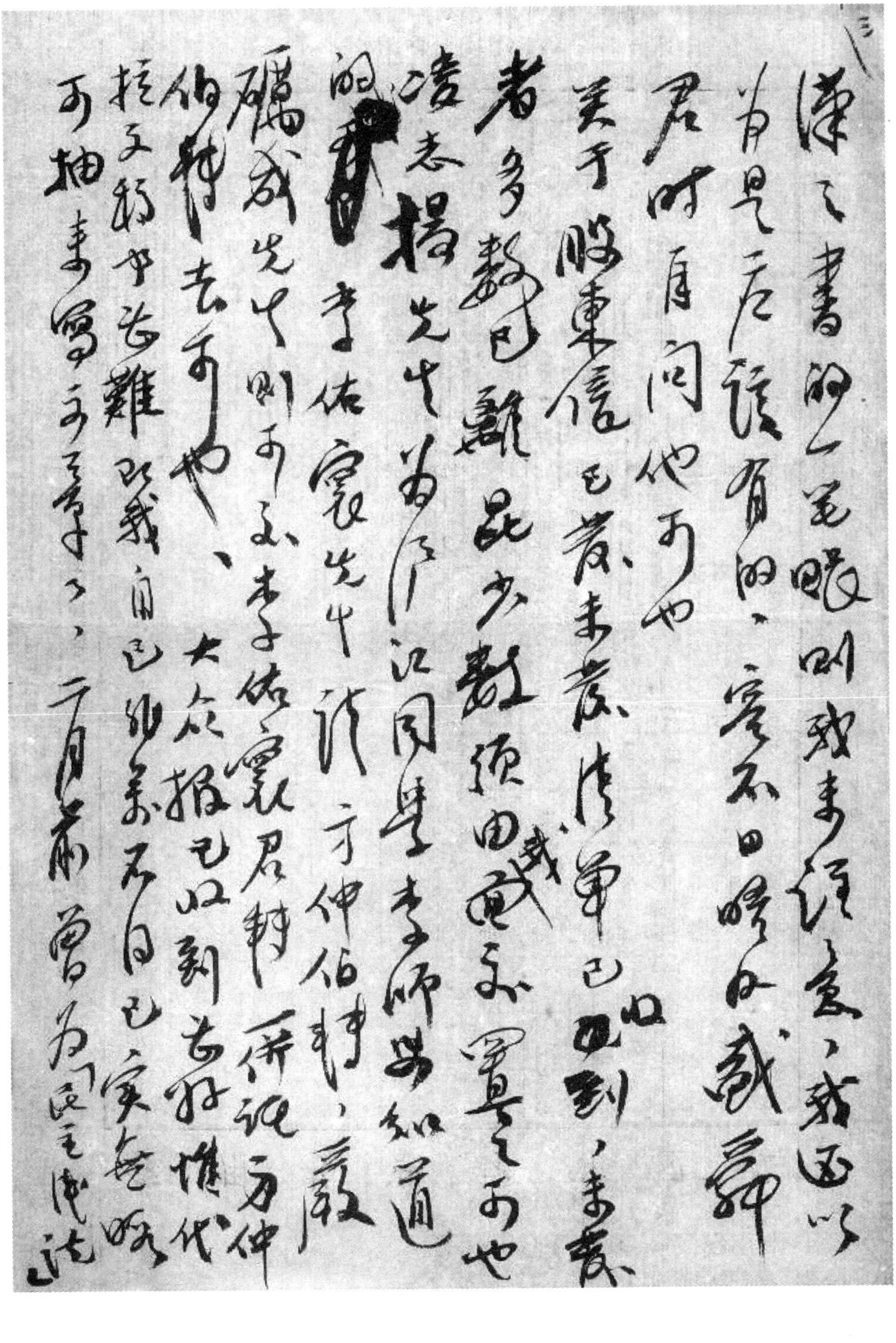

增订本自由论为「民主问题讲话」写了一篇序，郭老介绍的代序（未译）北平版社名「民主讲话」，样本因新民之时後日抄一份书之如觉可用则交大众指导丛书酌量用。重庆已付印否？同日再出。

我的事太忙，由三联负责排销，发售法东向出版社。此次现在写一篇时间已是夜间三时了，是下决心写的，因为明後日都另有要写的东西，待写，还要预备功课也。

[illegible]二十篇兹[illegible]

筹祈

[illegible]

四月廿二日十三时半

致诸友

李公朴致沈钧儒诸友函

（1938 年 10 月 26 日）

家长[1]、韬奋、存初[2]、千里[3]、行知、辰夫[4]、伯昕[5]、仲实[6]、寒松[7]均此诸友如晤：

朴此次与曼筠、则孙由重庆到嘉定，从嘉定坐黄包车到成都，沿途细察各城镇社会生产与民众教育情形，所得甚多。到成都后，又西往灌县看都江堰水利，北赴新都实验县游览，均颇有可观；明晨决定搭公共汽车赴川北，取道汉中赴西安，从陕北渡河赴晋。此次藉便看看川北与汉中后方民间情形，极感兴趣，将来离西安时当再函告秦中情形。关于

1 沈钧儒号衡山，因在“七君子”之中年高德劭，被公推为“家长”，也称衡老。

2 存初即史良。

3 千里指沙千里，也称千公。

4 辰夫即柳湜，笔名柳辰夫，救国会发起人之一。曾先后与李公朴创办《读书生活》，与邹韬奋出版《大众生活》等，并担任编委和主编。抗战胜利后，毛泽东在延安接见他时，对救国会在抗战中起的作用给了高度的评价。

5 伯昕即徐伯昕，生活书店创始人，历任经理、总经理，1944 年加入中国共产党。1945 年与郑振铎创办《民主》周刊，参与创建中国民主促进会。

6 仲实即张仲实，1924 年主办《渭北青年》杂志。1925 年加入中国共产党。1926 年留学苏联，1935 年进入生活书店，主编《世界知识》，后任生活书店总编。

7 寒松即艾寒松，1931 年应邹韬奋之邀到生活书店任编辑。

成都现状，一般说来远较重庆为优，救亡团体均能公开的自由活动，其缺点则为团体间彼此连（联）系不好，工作无中心、类多，临时点缀作品如鲁迅纪念会不但开会并能游行，今后或将以兵役等动员工作为此间救亡团体之中心工作。朴认为诸友与家长于参政会后应先后来成都一行，此间救亡同志亦极盼，大家能时来予以指示与交换意见也。行知兄会后尤盼能立来成都，庄兄有事急待面商，韬奋兄亦应亲来一视文化工作，急须有以调整也。余容兹九[1]先生面告，专此祈致抗日敬礼。

弟公朴顿首

十月廿六日午夜

1 兹九即沈兹九，是胡愈之的夫人，妇女领袖，中共党员。

家長楊秀石和千里行知諸友如晤（辰夫、伯昕、仲實、賓林均此）：朴此次与受前时如由重庆到嘉定，
游嘉定，坐黄包车到成都，游灌县，细察各城镇社会生产与民众教
育情形，所得甚多。到成都后又西往灌县看都江堰水利，
北赴新都实验县游览，均颇有可观。明晨决定搭公路汽车赴
川北，取道汉中赴西安，从陕北渡河赴晋。此次旅行，便看
看川北与汉中沿途民间情形，极感兴趣，将来写新西安
时当详告。秦中情形，参看成都，理状一般，说来远较
重庆为优。救亡团体均能之自由活动，虽缺点则为
团体间缺乏联系，各救亡工作无中心，颇多临时点缀作品以
鲁迅纪念会，不但同会并能进行，今後或将以兵役等重大工作
作为救亡团体之中心工作。朴认为诸友与家长等于参观会
後应先从事成都一行，此间救亡同志亦极盼。大家能时常
予以指导与交换意见也。朴已知会后，尤盼至成都关，莊先生有
予急待西安间。杨秀老武彦服务一观，文化工作急须有以调整也。请为致九
先生、西先生去此行后。祝好。朴。十月廿又日午夜

李公朴致沈钧儒函

（1938 年 11 月 16 日）

衡老家长钧鉴：

离成都时托兹九带上的信想已达阅，十七日的航信想亦收到。出了成都，一路上抗战的空气并不浓厚，除了公路上一些应有的点缀之外——墙上的标语口号之类一切都仍照旧。公路本来应该修得更好，但现在是下了雨就泥泞满道，车子无法通行，有的苏联的车子比较更笨大些，路上就格外难走，尤其是说广元过来这一段路，要经过几个石洞，而这些石洞相当低，高大的车子就通不过。青年的由成都来西安者，也相当困难。警察宪兵对于一两个穿得漂亮些的青年尚不大注意，然而人多了而穿得又不好，则简直就很难能通得过他们的严厉的盘查。

路上共走了九天——在广元为了等汽油与行李耽搁了三天——十一月五日到西安。目前西安的情势是很紧急的：潼关敌人是接连地放炮，陇海路的桥也已断而未能复修。然而，各方面的摩擦都依然如故，西安的报纸到了这紧急关头的现在，却以一种特异的姿态出现：西安是除了中央社的稿子外，其他的稿子即使是经过了检查也不能登出。各报要是说有什么区别的话，那就只是社论的区别。这主要的根源就是检查新闻的都是“抗战与文化社”里面的人。他们检查新闻的原则是不能批评，不能建议，只许颂扬，天窗不许开……

最近以来，西安几全被防共空气所充满，这一防共的空气在其他各地则是被掩饰着的。此间公务员以及行政人员训练所里的训话几乎是除了反共以外没有其他的话可说，甚至还说“摩擦不要紧，上面会保障你们的行动的”，惟一的工作也只是摩擦。

蒋文主任自己对此间工作也感到不够，在开会时也曾提出，然而大家都没具体的办法提出；等到别人来作时则又惧怕。最近的抗敌后援会的学生支会的改为学校支会，就是怕学生联合起来——间接也就是使它没有工作。

此间颇有造成一种积非成是的空气的趋向，连比较爽直的张溥泉也都说共产党在藉抗战而扩充军队。他们乃是有计划地制造谣言，使一般与各方较隔膜的人由将信将疑而至成见愈深，成见深则解释困难矣。周恩来来西安时，曾与蒋鼎文谈过，这样，才在表面上放出了几个青年，送到延安去，然而，根本的一切还是没有任何改变。以前还只是在四川的梓潼剑阁一带盘查青年，阻止他们去延安，而现在则更在三原、耀县阻止青年。就在十一月四五日的时候，还压(押)回了四十余青年(由逃出的一个青年告诉我的)到一个他们所办的训练班去，防止青年至此，实无可言。然而，一方面既对于自己的训练青年的办法和成绩感到不满，而同时却又偏偏把一般青年押到自己的训练班去受训，实不可解。

总之，西安的情形与我在四月间离此时已大不相同。在四月间尚可在民众团体、学校里请人演讲，在报上登载各种消息，各战地服务团还能在此活动，然而现在，则连政治部派来的抗敌剧团亦受限制而不能活动。无论在其主观上是怎样，在客观上确是在替敌人造顺民。在目前保卫大西北的门户：西安和兰州——兰州实有过之而无不及——的急迫情势下，这已不仅是西北的问题了，而实在乃是整个中国的问题。这一种增加摩擦、破坏统一、为敌人造顺民，间接地阻碍抗日的倾向，如果波及于全国，那我们抗战的前途实不堪设想。我很希望能使蒋先生[1]注意到这一点，蒋先生或不反对对共产党有所注意，但也绝不能放任其违背抗战建国纲领至此。

此次蒋铭山先生尚没有机会见到，胡宗南前日方到，大概也来不及去看他。同时，事实上这一切问题也都并不是见一面之后就能解决的。我曾与刘定五、杜斌丞[2]、杨明轩[3]、李寿庭[4]、韩望尘[5]、郑伯克[6]诸兄先谈起，很想能推动他们有所表示。一方面更不断地将这些意见提供给当局。同时，拟杨明轩先生谓将组织一个“抗战建国协会”，而且在四川、湖南、河南、南洋等地也都已有此组织。我尚不知，家长如果知道，请即告我。

在此曾遇见孙蔚如（第三十一军团长），他刚由山西来此，谈及那面的情形很好。现在全民社已派了一个随军记者同他一起去山西了。

最近朱德由汉口回延安，赴山西会阎锡山后，前日来西安——不久即将转赴晋南前方。昨日蒙来电话约谈，畅叙经过。他这一次来乃是继恩来先生之后与蒋主席、胡宗南及党政各方作进一步的谈话，主要的当然是希望能团结一致对外。从谈话的结果看来，成绩还好，但这一切是否能表现为事实，则还很难确定。朱先生又说在汉口除郭沫若、胡愈之二先生外，其他朋友都没有见到。我很希望在分别以前能有机会再去看他一次。

---

1 蒋先生指蒋介石。

2 杜斌丞是杜重远的叔叔，被国民党杀害，终年 60 岁。

3 杨明轩，民主人士。

4 李寿庭，地方名人。

5 韩忘尘，地方名人。

6 郑伯克，中共党员。

总结起来，在目前汉口失守、西北危机日益严重的现在，西安不但不积极从事于动员民众拯救这一危机中的大西北与国际路线，却反而日夕地忙于自相摩擦，而且事实上已经超出于摩擦的范围之外。这一切行动无可否认的必然会妨碍到抗日，甚至可以说简直有汉奸的嫌疑。西安已为一般“反共高于抗日”的人们所把持、所操纵。这种种从事于摩擦的现象的日益加深就必然会传染到其他的地方。因之为了国内的团结巩固，为了抗战的前途，希望家长以及其他的朋友们能密切地注意到这一问题的严重性。

连（联）络与加强前后方一切抗敌力量以及巩固全国的统一阵线为吾人过去所注意，今后更应致力于此。公朴目睹西安及其影响下，整个大西北如甘宁青之种种动态以及渐遍于全国，尤其是川云贵等后方情形，其防害抗战力量也实至大。而投入此“靠摩擦吃饭”的人也日见增多，吾人殊不能听其自然发展下去，必须唤起各方面之注意，急谋所以挽救之道。

东总最近在西安曾组织一华北战地工作指导委员会，党省委均有人参加，一个很好的统一阵线的团体。其主要工作在争取伪军反正工作及团结战区及敌后各救亡团体之工作与联系等等，并组有战地服务团即将出发赴河北各地工作也。

朴与曼筠、则孙等准于后日离安。复示请寄延安“抗大”艾思奇先生收转为盼。

此信将托友人顺便的带上，何日到达尚不可知，明日或将另发一信直接寄上，想能在此信之前达，笑也，余另之。

此致

抗日敬礼

公朴顿首

二十七年十一月十六日于西安

韬奋、行知、存初、造时、千里、俊瑞[1]、兹九、重远[2]、子婴、伯昕、寒松、柳湜、仲实诸友均此问安。

1 俊瑞即钱俊瑞。

2 重远即杜重远，早年留学日本，1931 年回国，以记者身份在各地宣传抗日救亡，应邹韬奋之邀为《生活》周刊撰写见闻通讯，后创办《新生》周刊，任主编。1935 年发生“新生事件”被捕入狱。出狱后继续为《抗战》三日刊撰稿。1939 年任新疆学院院长，创办《新芒》月刊，并为生活书店迁新疆做准备。1944 年 6 月 13 日被军阀盛世才杀害。

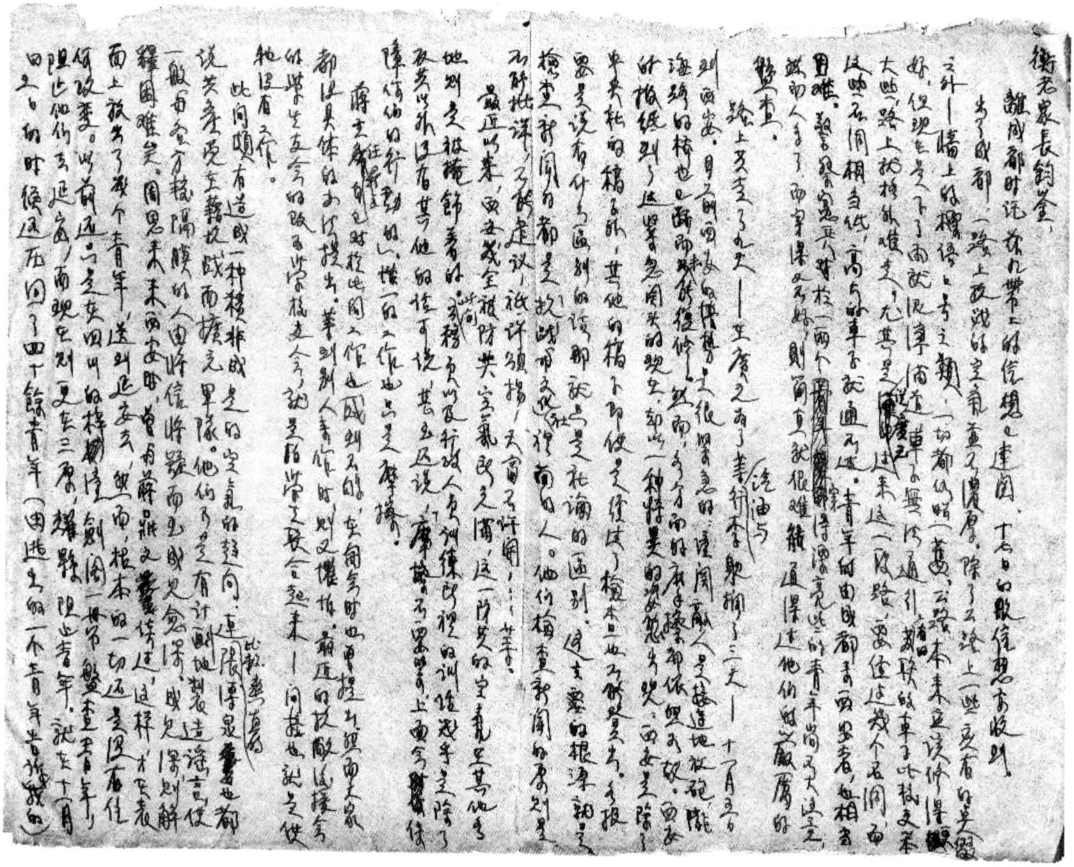

衡老家长钧鉴：

离成都时记於九号上的信想已达阅，十六日的数信想亦收到。

出了成都，一路上交通的窒息益形显著。除了公路上一些交通的关卡之外——墙上的标语之类，一切都似昨（暮）。公路本来应该修得很好，但现在是下了雨就泥泞满道，车子无法通行，有时数天的车子比数天的路还大些。路上就特别难走，尤其是汉中过来这一段路，要经过几个石山石岭，这些石间相当低，高与窄车子就通不过。青年们由成都去西安者，也相当困难。警察宪兵特务［……］得还要亮些的青年尚可大走之，然而人多了，而军队又不好，则简直就很难能过得了他们的严厉的检查。

路上共走了九天——在广元为了等行李耽搁了三天——十一月三日到西安。目前西安的情势是很紧急的，这周［……］人是接连地放炮，陇海路的情势也已断而复修了。然而，多方面的［……］都依然不放。西安的报纸到了这里急需关头的现象，却出一种特异的现象：西安是除了中央社的稿子外，其他的稿子即使是经过了检查也不能发表。各报要是没有什么分别的话，那就只是社论的分别。这主要的根源就是检查新闻的都是熟谙新文化社会理论的人。他们检查新闻的原则是不能批评，不能建议，只许颂扬，只当不许用……等等。

最近以来，西安几乎全被防共空气所充满，这一阶段的空气是甚么多地对党组织活动着的。我们务必以复行政人员训练所里的训练为手段之除了教育以外，没有其他的法可说，甚至还说"摩擦"不要忘了上面拿［……］作陈信仰的行动的心，对一切的工作也只是摩擦。

蒋主席（任职以来）对于地方工作也感到不够，在前方时也曾提出过要大家都以具体的工作提出。并到别人手里时则又怀疑。前后的政敌这样多的学生支会的改革或学校支会，就是能从这里集合起来——同样也就是使他没有工作。

此间颇有造成一种积非成是的空气的趋向。连张溥泉（比较开明的）也都说共党是在扩张而扩充军队。他们又是有计划地制造谣言，使一般不会分辨的人由怀疑而至成见，成见深则解释困难矣。周恩来来西安时，曾有蒋鼎文等陪，这样才表面上放出了几个青年，送到延安去。然而，根本的一切还是没有任何改变。以前延安是由四川的特别给签发，一般均查青年，阻止他们去延安，而现在则更来三原、耀县阻止青年。就在十月四五日的时候还扣留了四十余青年（由这里的一个青年告诉我的）

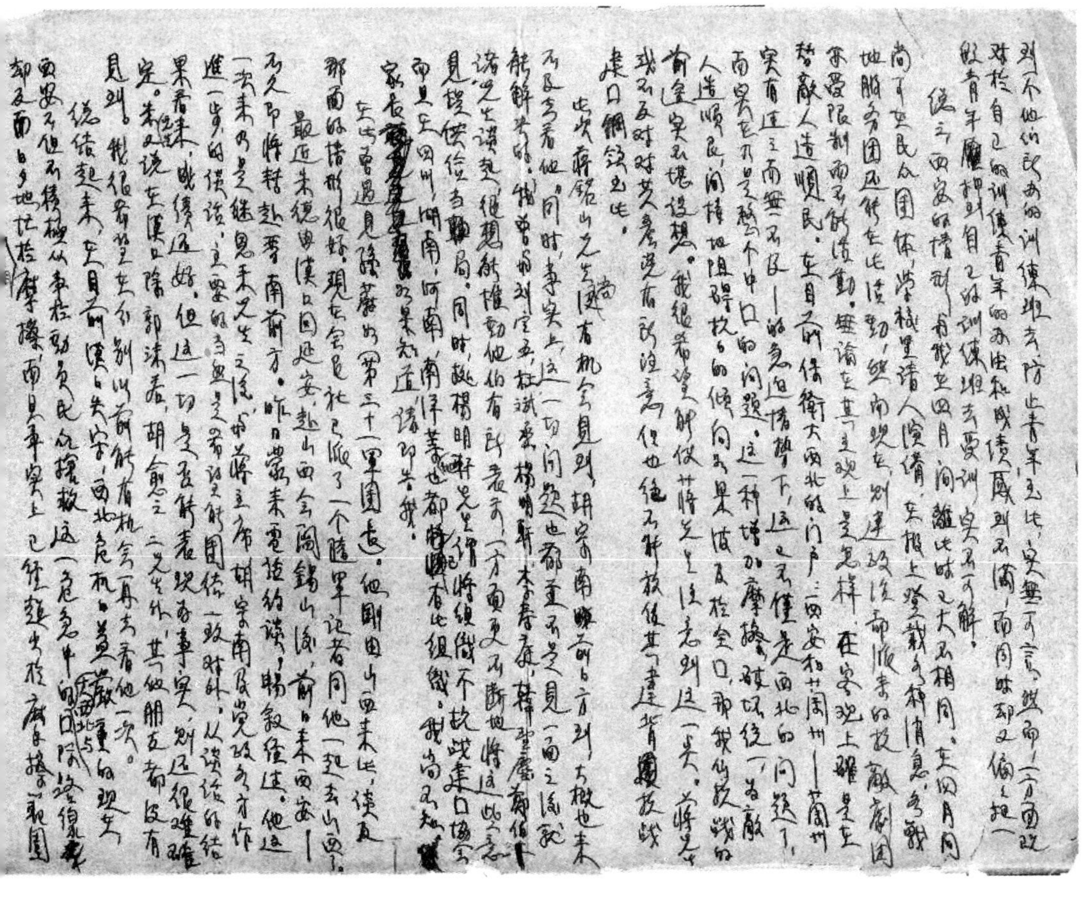

到，不他们所办的训练班去防止青年至此，实无可言。然而一方面改
善于自己的训练青年的办法和成绩，感到不满，而同时却又偏之把一
般青年压抑到自己的训练班去受训，实不可解。
总之，西安的情形，我在四月间离此时已大不相同。在四月间
尚可在民众团体，学校里请人演讲，在报上发表抗战消息，各种救
亡服务团还能在此活动，然而现在，则连政治部派来的抗敌剧团
都要限制而不能活动。无论在其主观上是怎样，在客观上确是在
替敌人造顺民。在目前西北的门户——西安和甘肃——兰州
实有过之而无不及一般急迫情势下，这已不仅是西北的问题了，
而实在乃是整个中国的问题。这一种增加摩擦，破坏统一，为敌
人造顺民，阻碍抗战的倾向，如果波及于全国，那我们抗战的
前途实不堪设想。我很希望能使蒋先生注意到这一点。蒋先生
或不反对对共产党有所注意，但也绝不能放任其违背抗战
建国纲领至此。
此次蒋铭三先生处有机会见到，胡宗南前日方到，大概也来
不及多看他。同时，事实上，这一切问题也都不是见一面之谈就
能解决的。我曾与刘定五，杜斌丞，杨明轩，李寿庭，韩兆鹗诸位
诸先生谈起，很想能推动他们有所表示，一方面更不断地将这些意
见提供当局。同时，鼓励杨明轩先生将组织一个抗战建国协会
西北至四川，湖南，河南，南洋华侨也都有此组织。我尚不知
家长[illegible]如果知道请即告我。
在此曾遇见孙蔚如第三十一军团长。他刚由山西来此，谈及
那面的情形很好。现在宋已派了一个随军记者同他一起去山西了。
最近朱德由汉口回延安，赴山西会阎锡山后，前日来西安——
不久即将转赴晋南前方。昨日他约我谈，畅叙经过。他这
一次来乃是继恩来先生之后，与蒋主席胡宗南及党政各方作
进一步的谈话，主要的当然是希望能团结一致。此外，从谈话的结
果看来，一般情况还好。但这一切是否能表现为事实，则还很难确
定。朱又说在汉口除郭沫若，胡愈之二先生外，其他朋友都没有
见到。我很希望在分别以前能有机会再去看他一次。
总结起来，在目前汉口失守，西北危机日益严重的现在，
西安不但不积极从事于动员民众挽救这一危急中的局势，
却反而日益地从于摩擦，而且事实上已经超出于摩擦的范围

之外，这一种行动，无可否认的，只能妨碍到政府，也可以说，简直有汉奸的嫌疑。西安已有（敌）"友党"高于抗日的人们所挂揭到墙上。这种之从事于摩擦的现象，将日益加深，就必然会伸展到其他的地方。因之为了巩固内部的团结，巩固，为了抗战的前途，希望家长以及其他的朋友们能够切实注意到这一问题的严重性。

速发与加强前线方面一切抗敌力量，以及巩固全国的统一阵线，为着人过去所注意，今后更应致力于此。我亲目睹西安及其附近影响下数个大的地方，若甘宁青之种种动态以及渐渐遍于全国，尤其是川中的变势。后方摩擦失的害于抗战力量也实甚大，而特别是此等"摩擦"吃饭的人也日见增多，摩擦人的不能联合的自然解除下去，当局必须注意各方面之注意，应该以挽救之道。

东线到西安（最近）参加组织一华北战地工作指导委员会，党部与各方面人参加一个很好的统一阵线的团体，作为实际工作及军事的领导军事后工作及团结战区内之敌后各救亡团体之组织与联系，并使各战地服务团得以获得河北各战地工作也。本与其前线所得联系于后方白部各地发来请求退出救亡女界可以先办一个刊物。

此行，将纸交人顺便将帝之何日到达，当示知时日，或将另寄一信。更将交给以超能及于此信之前达为之也。余容后叙

抗日敬礼

公朴

十一月十六日于西安

静宜，行知，春初，道明，千里，俊瑞，雪丸诸友均此问安

重远，子婴，伯昕，寒松，柳湜，仲实

李公朴致沈钧儒诸友函

（1938 年 11 月 17 日）

衡老家长钧鉴：

韬奋、行知、存初、千里、俊瑞、兹九、仲实、造时、子婴、伯昕、寒松、重远、柳湜诸友钧鉴：

离成都时托兹九带上的信想已达阅。我于十一月五日安抵西安，沿途除在广元为了等行李和汽油耽搁了三天外，都还很顺利。出了成都一路上抗战的空气并不怎么浓厚，除了公路上一些应有的点缀外——墙上的标语口号之类，一切都仍照旧。公路本来应该修得更好些，但现在是下了雨就泥泞满道，车子无法通行。

此间近数日来，敌机频来轰炸，潼关方面，敌炮更接连放炮。西安情形紧急，然而摩擦则是依然如故。蒋主席对此间工作也很感不够，但却又很难提出具体办法加以改进，一切的情形比起在四月间我离此时已大不相同了。

此次蒋铭山先生尚没有机会见到，胡宗南前日方到，大概也来不及去看他。同时，这一切问题并不是见一面就能解决的。我曾分别与刘定武、杜斌丞、杨明轩、李寿庭、韩望尘、郑伯克诸先生谈起，很想能促进更进一步的团结。

昨日见到朱德——他最近由汉口回延安，赴山西晤阎石川[1]先生后，前日来西安。他此来乃是想继恩来先生之后，与蒋主席、胡宗南及各方面作进一步的谈话，以精诚团结，一致对外。谈话的结果还好，我们只希望这一切能表现为事实耳。

总之，在目前保卫大西北的门户——西安和兰州的急迫情势下，这一切已不仅是西北的问题，而实在乃是关系到整个抗战前途的问题。很希望家长和其他的朋友们能注意到这一点，应使中央当局知道才好。

日前曾遇到刚由山西来此的第卅一军团长孙蔚如，谈及那边的情形很好，全民社拟派一个随军记者同他一起去了，孙已于日前返防。朱德也已于昨日赴口南前方。重庆情形如何？

东北救亡总会在西安曾组有华北战地工作指导委员会，党省委均有人参加。主要工作在争取伪军反正工作及团结战区与敌后各救亡团体。现有战地服务团即将出发赴华北矣。

家长与诸友等尚有人计划来西北的吗？此间与成都均盼家长与其他朋友能来宣传推动也，总之，帮助政府连（联）络与团结前后方一切抗敌力量，实为当务之急。吾人过去即已注意此种工作，今后更应专力致意于此耳，未识尊意以为何如？我们明日离西安将先往延安一视，然后赴山西吉县。复示请寄延安“抗大”艾思奇[2]先生收转为盼。此致抗日敬礼！昨有一函比此信较细，托友人带渝，但此信或先收到耳。

公朴顿首

十一月十七日

1　阎石川即阎锡山。

2　艾思奇即艾士齐。

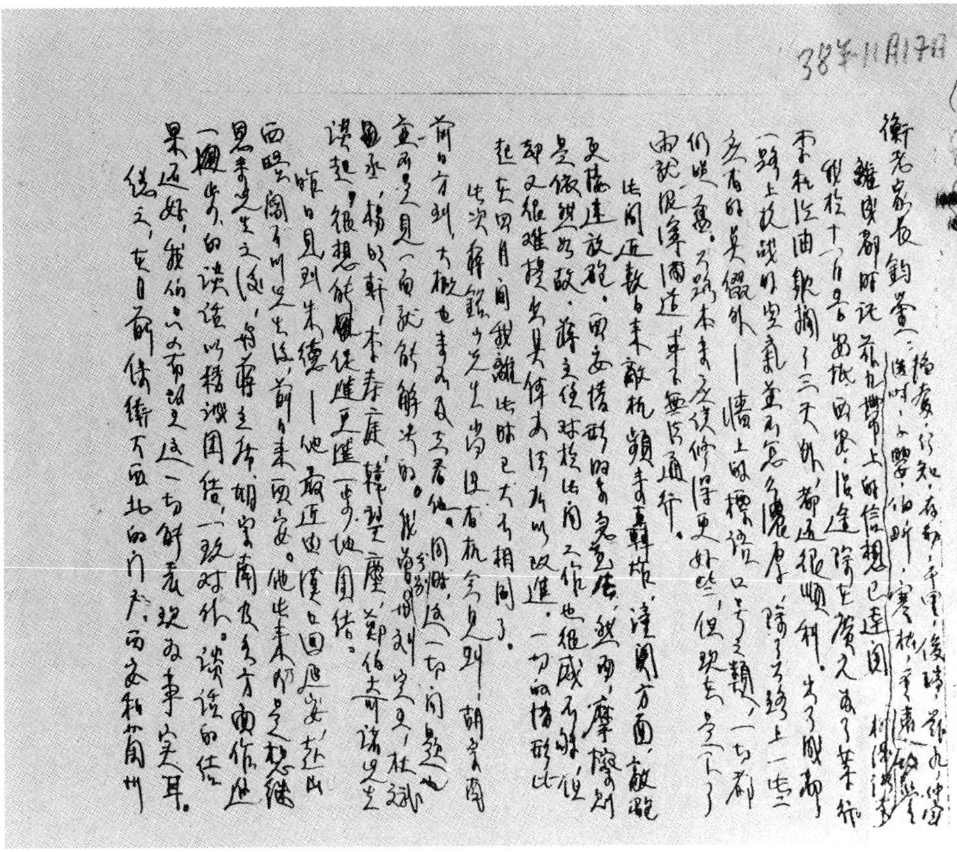

38年11月17日

(3)

衡老、家長、鈞嫂（二嫂）、浩泉、行知、存和、平凡、俊璋、鄧九、仲容、諸姊、小嬰、伯昕、寒松、雪燕、柳湜諸兄：

離渝前所託茲九帶上的信想已達閱。

我於十一月五日抵西安，沿途除在寶雞等了兩天車票和汽油耽擱了三天外，都還很順利。出了成都一路上看見的空氣並不怎麼緊張，除了公路上一些象有的是標語外——牆上的標語口號之類，一切都很照舊。公路本身及其修理也好些，但現在已下了雨，就很泥濘滿道，車子無法通行。

此間近數日來敵機頻來轟炸，潼關方面，敵砲更隔河放砲。西安情形與重慶差不多，然而，摩擦則是依然如故。蔣主任對於此間之工作也很感不滿，但卻又很難找出具體辦法以改進。一切的情形比起在四月間我離此時已大不相同了。

此次拜訪了少先生，并且在杭會見到，胡宗南前日方到，大概也要不久去見他。同濟、陝一切問題也要再見一面就能解決的。我曾訪問了劉定五，杜斌丞，楊明軒，李泰庭，韓望塵，鄭伯奇諸先生談起，很想能促進更進一步地團結。

昨日見到朱德——他最近由漢口回延安，赴山西路過此間，于先生處，前日來西安。他此來仍是想繼見當局先生之後，對蔣主席、胡宗南長官方面作進一步的談話以增進團結，一致對外。談話的結果還好，我們可以希望這一切能表現為事實耳。

鈞文，前日離衛不西北的門戶西安和蘭州

行急迫情势下，这一切已不仅是西北的问题，
而实际乃是关系到整个抗战前途的问题。
很希望[redacted]家与和廿中央地的朋友们特注意到这
一点，[redacted]使[redacted]知道好。
日前曾过见刚由山西来之第廿八军团
长孙蔚如，谈及那边的情形很好，会见杜擬派
至一个随军记者同他一起去了。孙已于日前返防
朱德也已于昨日赴晋南之前方。
重庆情形如何？
东北救亡总会在西安，曾但有华北战地工作指导
委员会，党有委员均有人参加。该会之工作在争取
伪军反正工作及团结我自与敌后之各种之团
体。现但有战地服务团，将组织赴华北矣。
宗长与该友等常有人计划来西北的吗？此
向与成都均如，宗长或可以代朋友就某方面推
动也，保证帮助的府连络与团结前后方一切
抗敌力量，实为当务之急。惟人选去问已往之党派
积工作，今后更当尽力为政治之中心平素之认识，可受
何如？我们明日离西安，将先往延安一视
山西去……
抗日的敬礼

38

李公朴致沈钧儒诸友函

（1939年10月10日）

韬奋、家长、柳湜诸友均（钧）鉴：

久未通讯渴念良深，朴所领导的抗战建国教学团出发工作以来，成绩尚能与原来估计相当，堪以告慰，兹附上我们在晋西北两中心城兴县与岢岚之工作报告——告别书两份，敬乞指正。另有《我们的工作在晋西北》长文一篇（另函寄上），甚愿诸友能拨冗一阅，“全抗”[1]如不需要，请设法介绍他刊发表，若行知兄在渝则请其阅，如《生活教育》尚继续发行，亦可交该刊发表，敬请裁夺。关于《晋西北前线一角影礼》一文亦请指正。朴率教学团十余人于十月五日由岢岚抵岚县，明日由八路军358旅派队护送，过同蒲封锁线赴冀察晋边区，约步行廿日，夜行军三四夜，始能到达冀边区政府所在地。朴精神身体尚好，兄勿念，此间各军政民团体都希望诸友等前来视察，指示工作，即边区方面有人来亦告知。朴预计十月底到达边区政府，约明年三月始能言旅。诸友等如有愿来一看者，请早二月函知，以便详告途中情形。今后通讯处可寄山西冀察晋边区政府收转。昨曾电民革社社长梁延武先生（因此间有该社分

1 “全抗”：1938年7月《全民周刊》与邹韬奋主编的《抗战》三日刊合刊为《全民抗战》。

社电台可用耳），请其就近代为通知朴之行踪，未识梁同志做到否？余容到五台后再函告。此致敬礼。乃觉一、千里、存初等诸友均请问安。

公朴谨谨

十月十日于岚县

再曼筠不久即可由延安返川，又及。

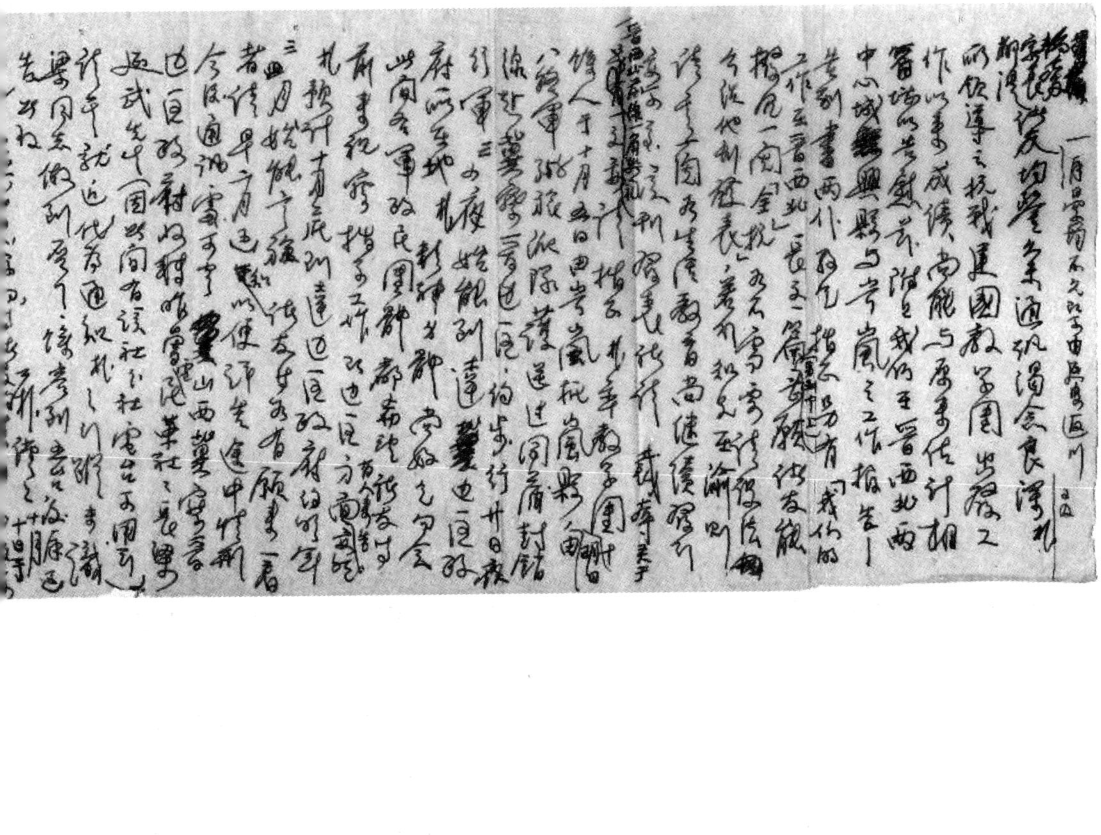

李公朴致沈钧儒诸友函

（1940 年 4 月 16 日）

衡山、韬奋、千里、兹九及留渝诸先生：

为着宪政问题，上海于三月十一日成立宪政促成会，先后致先生们有电报九通，航快五封，但不得先生们只字复音，致为骇异！如不被检查者检去，便是先生们不赞成上海之举动。现在上海工作者如宗麟、许广平等已受到死刑的威胁，他们虽不怕为争民主而流血，而做刘湛恩[1]第二，但是诸位先生对他们似乎太冷淡了。孤军奋斗是容易出岔子的，何况上海处于两重压迫之下。先生们应念他们三年来为民众运动苦斗之坚贞，应有所指示。

大琨[2]先生仍无下落。闻国母已到渝，乞就近求她为大琨设法脱险，为何！

上海一切新闻已被市党部（他们必是蔡洪同第二）诸人封锁，不能谈宪政问题，甚至不能谈苏联及八路军、新四军、江南抗日义军消息。近来更变本加厉，不准学生谈抗战了。

1　刘湛恩是刘王立明之夫，被暗杀身亡。

2　大琨即吴大琨，是救国会成员，救国会机关报《救亡情报》编辑。抗战爆发后为上海文化界救亡协会负责人之一，经济学家。

参政会对宪政问题究竟有什么结论？上海谣传极多，尤其是路透社造谣更多，甚至说参政会决定不准人民讨论宪法草案！乞速示真相！敬请导安！

公朴

二十九年四月十六日

赐书请邹先生寄交何先生为荷。

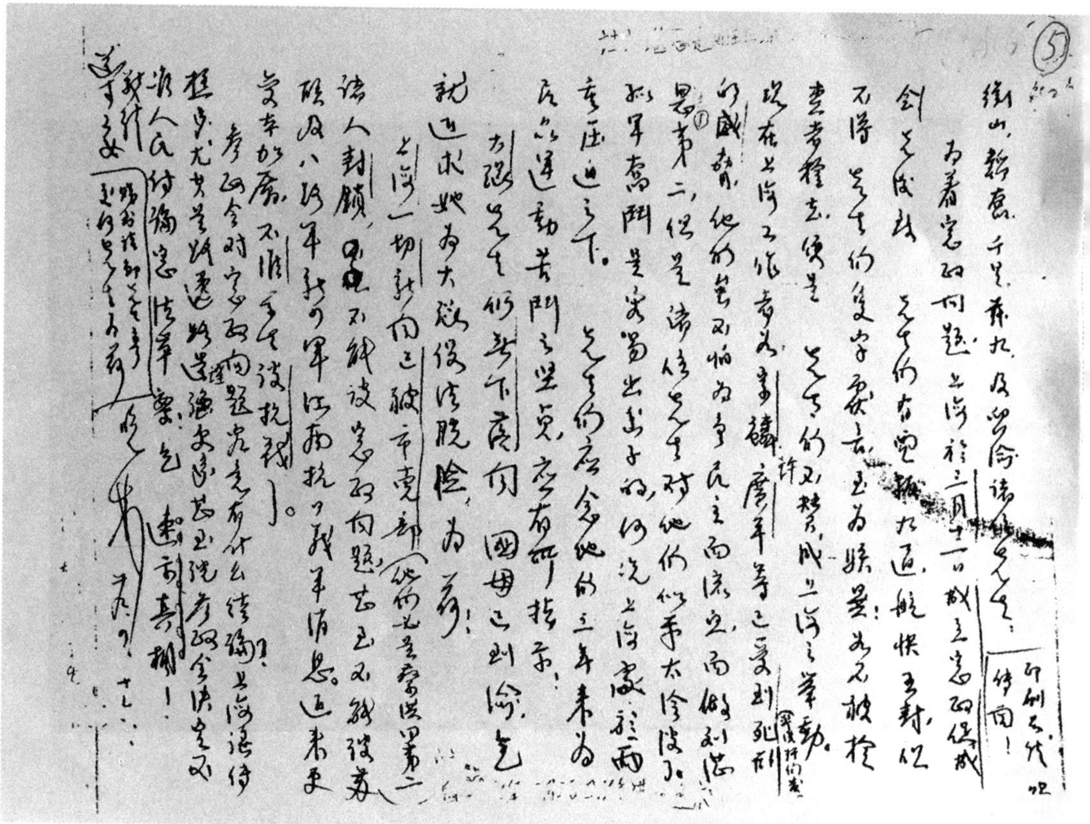

衡山、韬奋、千里、乃器、及史良诸先生：

为着宪政问题上海于三月十一日成立宪政促成会之[illegible]

[illegible]

李公朴致施方白（伯）函

（1940 年 12 月 24 日）

方白先生：

别后翌晨即启确次日下午即抵万县，在万县留一日访褚辅臣[1]先生，消磨了一日之大半，殊感快慰。廿四日晨搭民生公司之民风轮西上，于廿五日下午三时即抵渝。各方友好多已晤及，对先生均致敬佩之意。此间虽物价腾贵（米价每一老斗达伍拾元）不无影响人心。然因国际关系对我日见有利，而前方捷报又频传不绝，故整个大后方对抗战信心则固有增无减也。惟近因苏北军事问题殊为各方所关注，谅先生定早有所闻乎，吾辈投身报国在所不计，巩固团结夙具决心，际此时际惟有呼吁各方顾全大局，服从命令共谋抗战之胜利、建国之成功。尤须推诚相见始克有终。未识先生每将有以教我乎？日前于重庆市道上晤番汉先生。方知先生已首途返鄚，闻在恩施与陈主席晤谈甚洽甚慰。照相已洗出，共四帧随函寄上，打镖之像，若非胱（光）头几令人疑为摩登之黄三太也，握镖之像妙在镖光与霭容相辉映，而所立之处又极似在瓦屋之上，大有江湖奇侠传上之人物气概也。贤父子合拍之像希由你转予令郎一

1　褚辅臣：法学家，曾任上海法学院院长，号凤章。

帧，双柱堂之像极佳，及与番汉同照均拟留于番侯。

近日来终日忙碌，返渝后迄未休息，昨日返北碚小住周余后即将再返。如有来信请交重庆民生路读书出版社即可。前于紫金洞所遗之物如已送返，希代为烦神寄重庆北碚新新书店收转为盼。渝市新书不少，惟查禁者亦甚多，下次返渝时当择数本交奉。若先生需要何书请随时来函，幸勿客气为怜。雨秋现在渝市终日埋头写作，特嘱附笔致候。祈能随时来信。鄺况极所乐闻诸青年朋友请随时代我致意。德公处要有信并附给四张照片。晤面时祈代问讯，余另叙。此致抗战致礼。

弟李公朴

于廿九年十二月廿四日灯下

信封正面书：

湖北老河口，省府鄂北办事处交施主任方伯亲启

重庆北碚新新书店李缄（双挂号）

信封背面书：

卅年一月十七日复

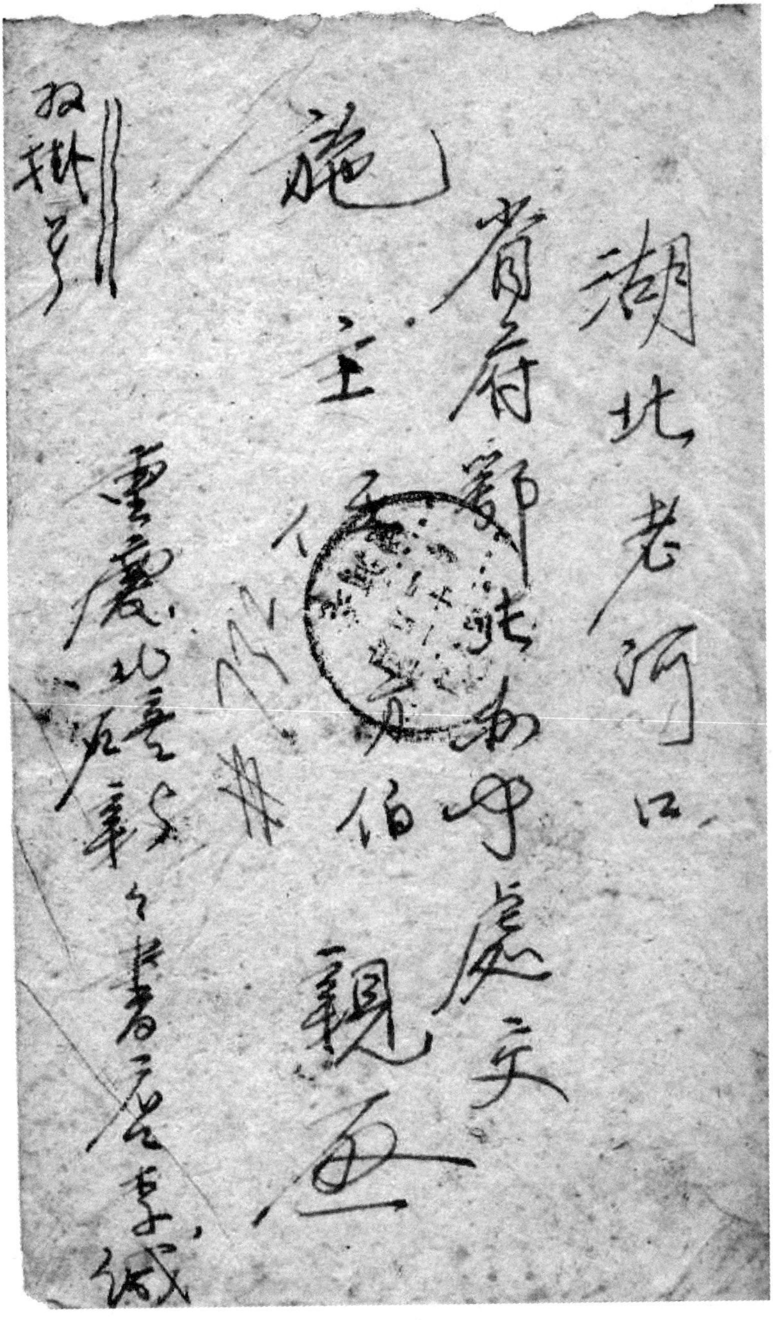

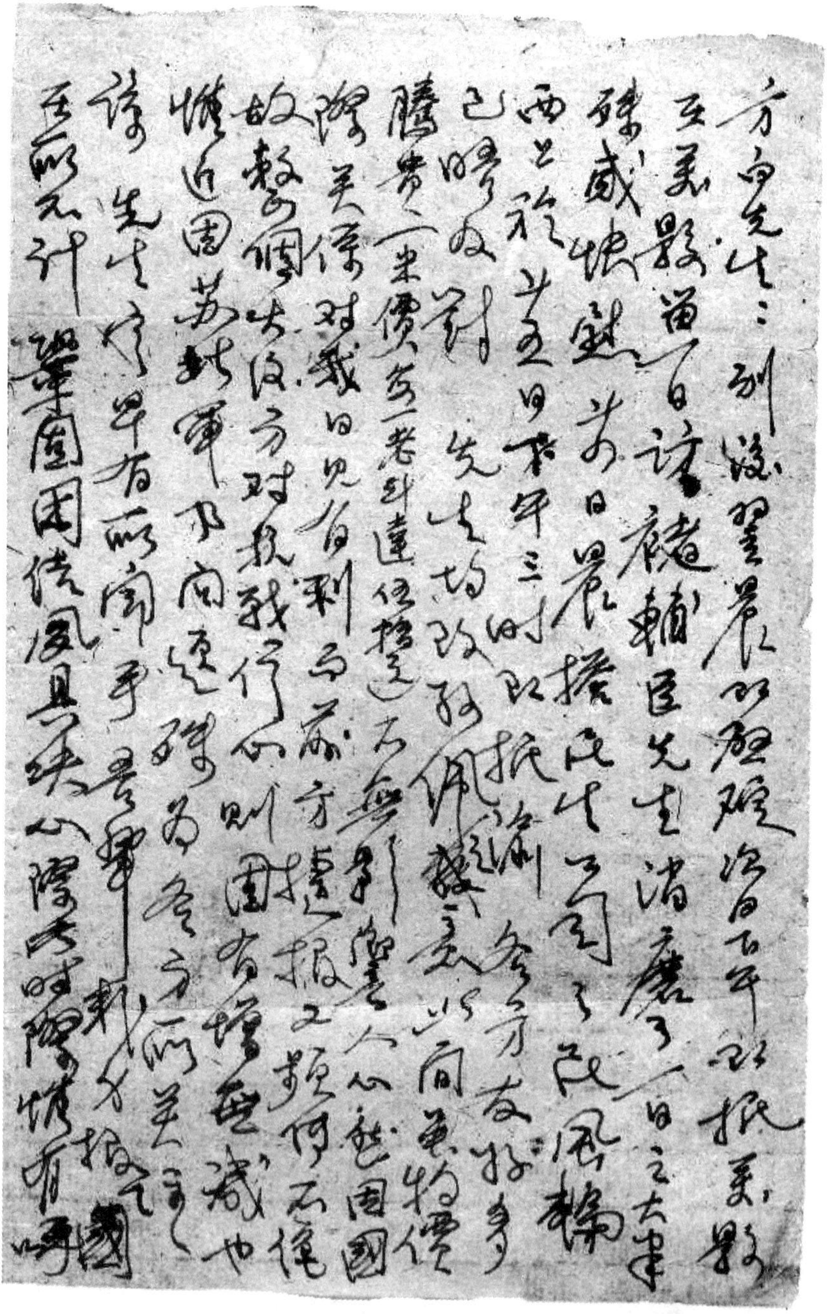

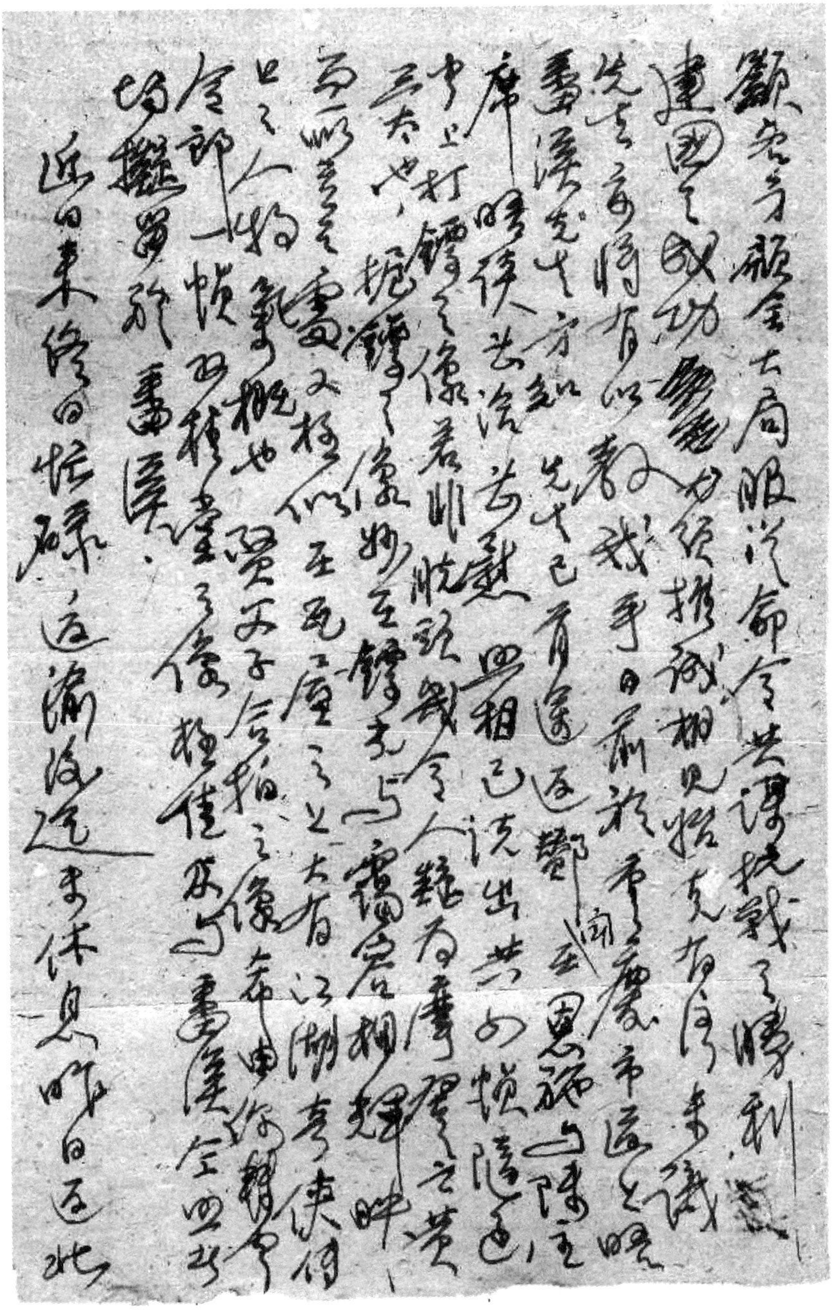

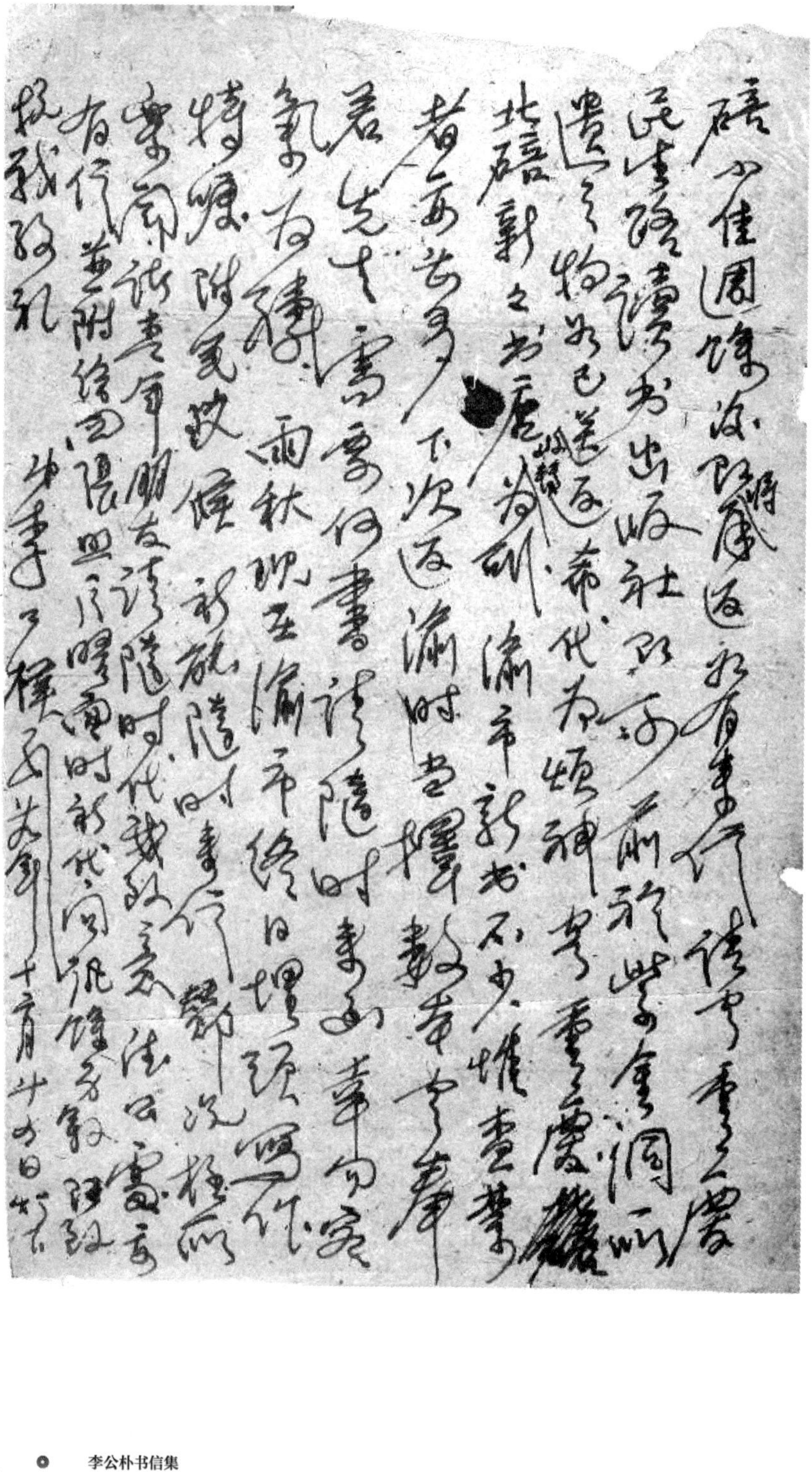

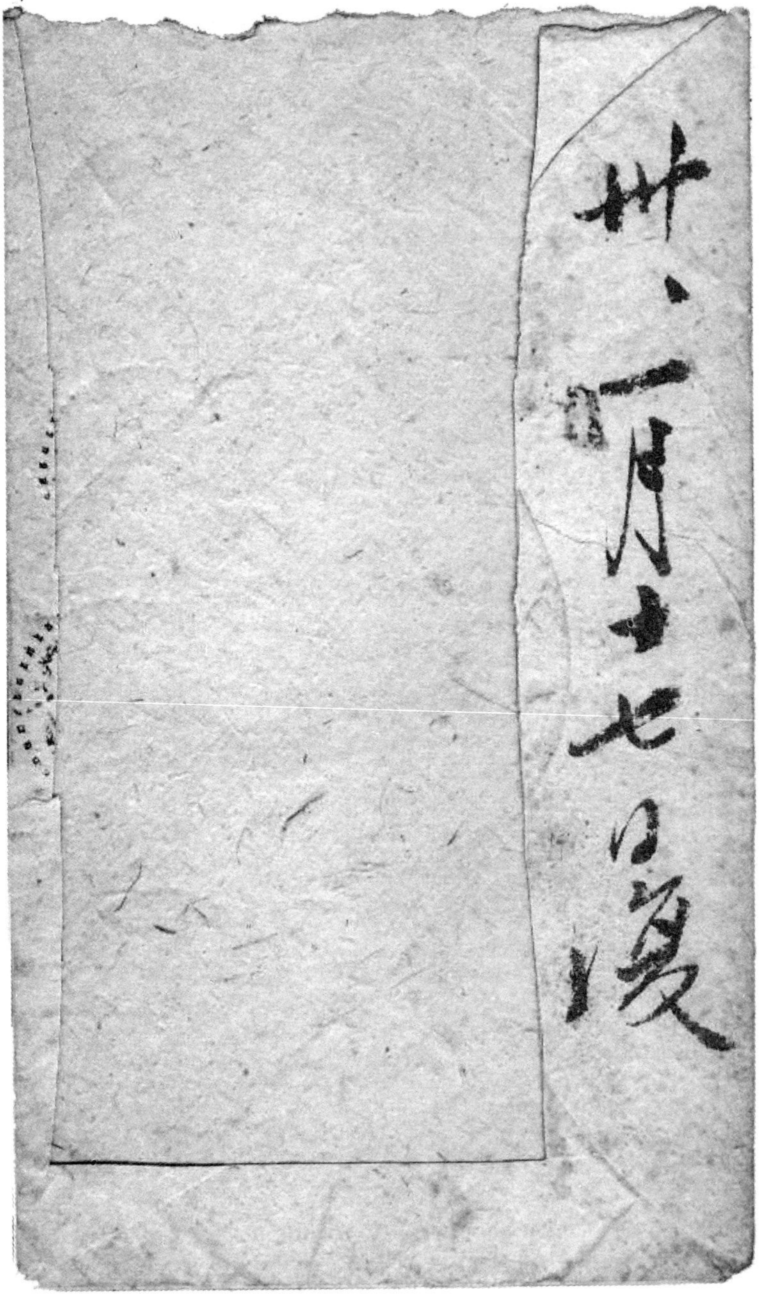

李公朴致沈钧儒函

（1941年2月25日）

衡山先生道鉴：

前曾托中央银行林君飞渝之便带上一函，未识达览否（该件乃请其交读书出版社万君转陈者）？迄未见复甚念。前寄李印老[1]转交其示，早已拜读，此间天气甚好，远非如陪都之酷热。朴因初到此间，各方多所接谈，殊不寂寞。印老努生等兄及本地文化教育界朋友亦时相见面，一星期后或将先赴滇南各产矿区个旧等县一游，约旬日能返。然后再沿滇缅路考察一切，大概在滇将要过了夏天，才能他行矣。曼筠亦将赴贵阳就医，并定便道前来此一游（并□赴大理看看君迈[2]先生也）。印老时问及衡山先生为何不出来走走见见，今日下午晤见郭复初先生，彼尚提及《淞沪协定》时，沈老先生等对我当时颇不能了解，而今应可释然矣。朴则谓吾人对事不对人，自德苏宣战后，中国如何主动的（地）加强英

1 李印和印老都是李印泉，即李根源，同盟会员，国民党元老。武昌起义后，与蔡锷等发动昆明重九起义，后参加"二次革命"、反袁世凯称帝活动和"护法"运动斗争等革命运动。1936年为营救"七君子"而奔走。抗战爆发后，积极投入抗日救亡运动，与张仲仁等倡议组织老子军支持抗战。

2 君迈即张君迈。

美中苏关系，对英美与苏联的外交的并重造成中苏英美同盟，是将为我新外长之最大任务与伟大贡献，彼谓：“此为势所必然，理所必至之途径，吾在英国时，谈及帮助中国，此固无不以英美苏并重也。”于握别时彼并嘱我函告先生等待彼抵陪都，稍事部（布）置后，甚愿与先生等领教也。朴因与郭为旧识，因往一谈，附以奉闻，以供晤面时之参考，因此信乃请舍亲陈霜杰君带渝。陈君此来对国防运输方面将向中央有所建议，尚祈随时予以指示与协助为感，未尽之言，请陈君面陈，临笔神驰，敬候教言为盼，此致最敬礼。诸友均请详告朴况，恕不一一。

公朴手之

二月廿五灯下

以后有信可直寄“昆明光华街78号李朴如收”即可，又及。

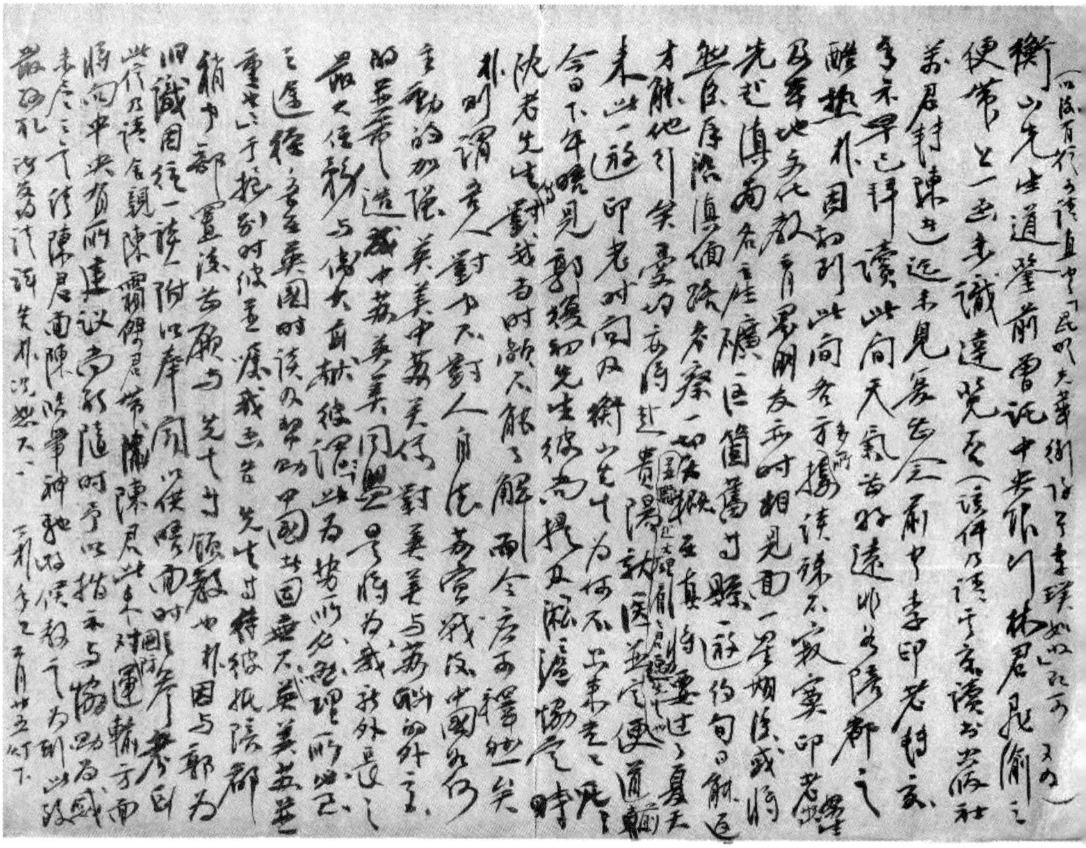

李公朴致沙千里、张申府等函

（1941年6月5日）

家长、千公、申府[1]、炳兄[2]、存初、行知、曹姊[3]等诸友均（钧）鉴：

来昆明后，即与印老晤面，旋与各方新旧知好逐渐晤谈。龙主席[4]亦与作一次长谈，所得印象尚佳，昨复于宴雷次长时，我亦被邀作陪，当时又得与此间许多军政负责人见面，蒋梦麟先生亦于是时晤面欢叙。从各方面观察，此间友好，尚不乏人，所谈问题亦较重庆易于具体明了友好，对我们生活亦颇关切，特别是许多老友，仍对我们期望甚殷，咸以在此国家民族危亟存亡之时，吾人须本过去精神，速谋挽救，发聩启聋，责无旁贷，此固令人兴奋者也。现正与此间部分知好商谈推动此间工作之办法，原则上首先从我们自己有关之朋友做起，逐渐及于他人，并本诚恳坦白之态度，站在国家民族利益立场，大公无私、不偏不倚，以冀对贤明当局有所贡献，以后情形如何，当再续告。

从印老处转来手示，已悉，以后尚希随时将各方情形见告！华北战况以及中条山情形，仅见及《大公报》之评论，其他均不得知。香港方

1 申府即张申府。

2 炳兄指王炳南。

3 曹姊指曹孟君，王昆仑夫人，救国会常委，南京救国会负责人之一。“七君子”被捕后，她和孙晓村在南京被捕。

4 龙主席即当时云南省主席龙云。

面，金仲华[1]等离开《星岛日报》，不知其究竟情形如何。重庆动向有无更坏或较好之现象表现，均盼有以示知！最近曼筠因医病关系将来昆明一行，来时当嘱其前来看您，如有信件，可交彼带来。日前之《怒涛》画册[2]，亦盼能设法从周先生处取得，交曼筠带来，由《国新》发出。

您对于加强中苏邦交之建议，已见及《仰光日报》刊出，对我们九人致史函，亦曾提及但未谈及内容。近闻重庆某些报纸如《中国人》，对此问题大肆宣传，并闻香港方面亦有刊载，以致有些不明内中情形之友好，议论亦多，此种情形，亦希望对已知此事而尚不明了我们本意者加以解释。以后来信，可寄交"昆明富春街太阳巷A六号岳质君转方正启"，内可写"朴弟"（或如侄）。此外关于来函中所谈及筑读知经理事，因遇筑时很仓促，未及同任何人晤面，现又托人关注结果如何，将嘱曼筠前来面告。此次仍与庶民[3]偕行，今后究到何处？现正办理手续，可能时，拟到此间县区作一短时视察，他去恐尚待相当时机。

我们在此生活均好，希释念！重庆时寒时热，又加警报频传，尚希珍摄保重，必要时，仍须忙里偷闲到乡间一舒心怀，对健身实大有裨益。昆明多名胜，我们常于警报中饱游风景地，评山论水，一若追怀古人而已忘却现实者，我们自命为"达观"，是乎？否乎？一笑！尚者敬祝健快。附仰光报一纸请参阅。

庶民瑾附笔问好。

朴顿首

六月五日下午五时

协和先生病仍未愈，起立尚须人扶持，附照片一张，看来精神尚好，也闻冯先生说其病愈后来渝。又及。

---

1 金仲华为文化界名人。

2 《怒涛》画册是张曼筠为皖南事变所画，李公朴为其题词。

3 庶民即方仲伯。

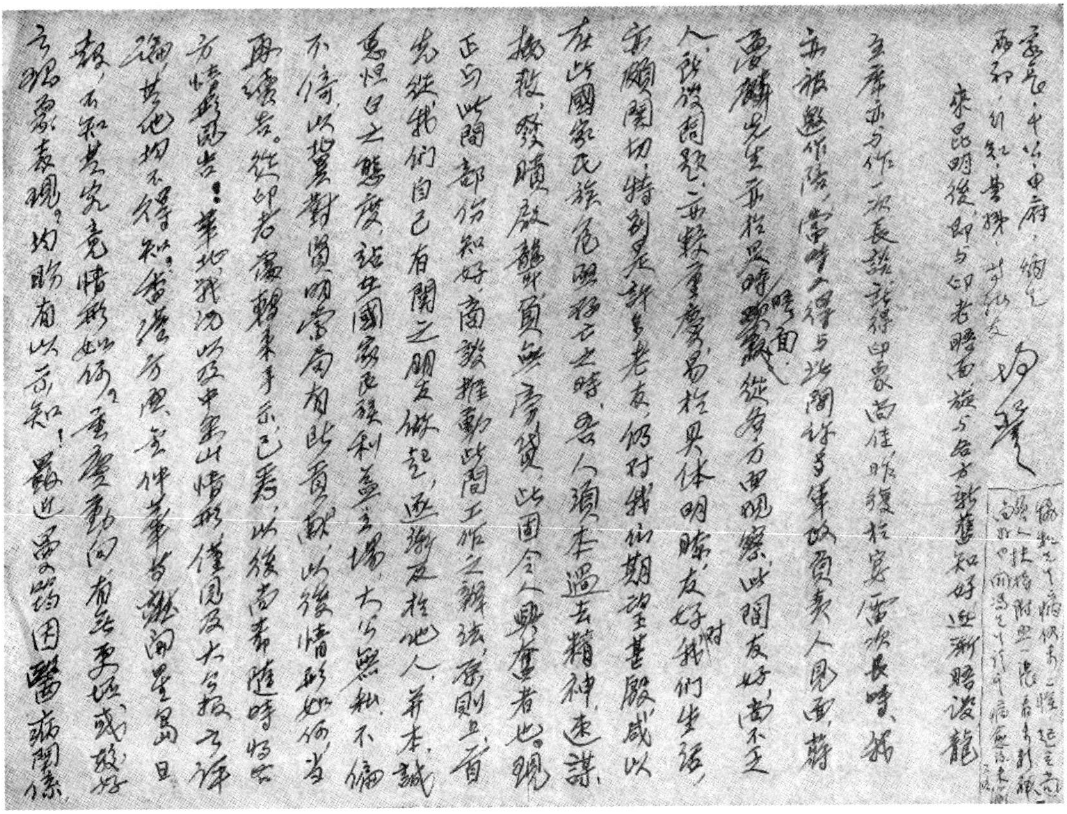

寄先、中山、中府、綱之、
再初、引知、書琛、其他友：
來昆明後，即与印老暢晤，旋与各方新舊知好逐漸暢談，
至厚亦分作一次長談，我得印象尚佳，昨復在寓留談長時，我
亦被邀作陪，當時入得与此間許多集政負責人見面，孫
慶麟先生亦在只時暗自從各方面觀察，此間友好，尚不乏
人。我提問題，亦較重要，易於具体明瞭，友好對我們生活，
亦頗關切，特别是許多老友，仍對我們期望甚殷，咸以
在此國家民族危殆存亡之時，吾人須本過去精神，速謀
挽救，發憤啟齋，負無旁貸，此固令人興奮者也。現
正与此間部份知好，商談推動此間工作之辦法，原則上，首
先從我們自己有關之朋友做起，逐漸及於他人，并本誠
意恒久之態度，站在國家民族利益立場，大公無私，不偏
不倚，以堅對黨，明當局有此貢獻，以後情形如何，當
再續告。從印老處轉來手示已悉，以後當靠隨時將我
方情形函告！華北我方此次中共山情形，僅見及大公報，云詳
論其他均不得知。香港方面，仲華兄等離開否？且
教，不知其究竟情形如何？重慶動向，有無更恆，或較好
之跡象表現？均盼有以示知！最近兩日因醫病關係，

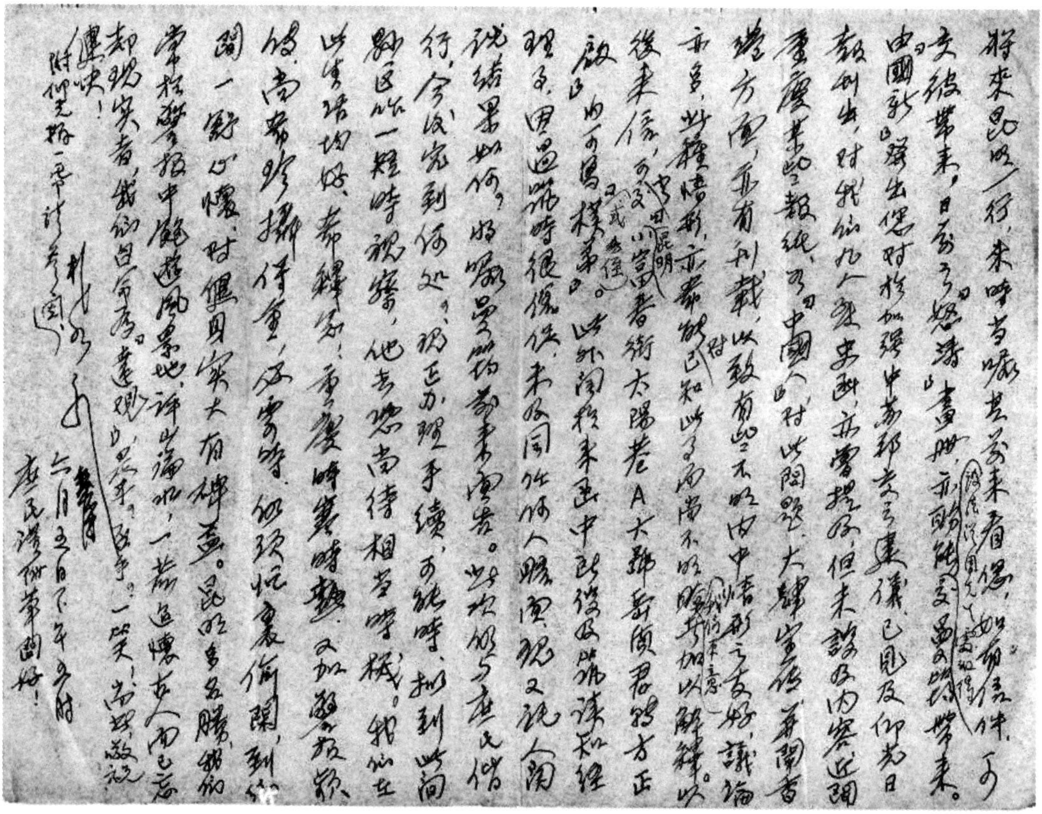

将来昆明一行，来时当嘱其家来看您，如有信件，可交彼带来，日前之[illegible]怒涛之画册，亦盼能交与彼带来。

中国新[illegible]发生，您对于加强中苏邦交之建议，已见及仰光日报刊出，对我们九人发表文，亦曾提及，但未谈及内容，近阅重庆某些报纸，对中国人之对此问题，大肆宣[illegible]，并闻香港方面，并有刊载，以致有些不明内中情形之友好，议论纷纷，此种情形，亦都知道，已知此事之内当不明[illegible]始加以解释。以后来信，可交昆明小营武成春街太阳巷A大号郑质君的方正启，内可写样弟。此外闻杨来函中说彼及张澍知经理等，因遇难时很惊慌，未及同何人联络，现又说介绍说结果如何，将嘱其将来[illegible]书告。此次彼等与[illegible]偕行，今后究到何处，现正办理手续，可能时，拟到此间勤区作一短时视察，他去恐当待相当时机。我们在此生活均好，希释念！重庆时局时势，又加整顿后，当节节撤守重，好些时，彼须忆及[illegible]，到阁一顾心怀，对于个人实大有裨益。昆明多名胜，彼们常于警报中游览风景地，评此论彼，一若追怀古人而已忘却现实者，我们自命为达观之老学者。一笑！[illegible]

健快！

朴 六月五日下午五时

附仰光报一纸计乙[illegible]

李氏诸侪兄笃好！

李公朴致沈钧儒及诸兄妹函

（1941年7月20日）

衡叔及诸兄妹均（钧）鉴：

昨晚曼筠抵昆明，欣悉大人与诸友近况，甚慰。此间现为国际交通最前方，文化教育工作则远不如商业之发达，故朴在渝地无必要时亦与叔之意相同，将暂不返川，惟此间天气甚凉爽，未识吾叔能否抽暇来此一游，若有可能则公私均有必要耳，起孟[1]兄返渝时当能详告一切也。请转告周先生，《怒涛》请即日设法寄下，朴之通讯处可寄"昆明光华街78号金碧文具公司，转李朴如（或璞如）"为盼。大公、新华报与其他印刷品尚祈用善法，经常邮寄"七七"新华已于友人处见到，甚得各方好评，闻龙主席并特派人寻了一份看也。因黄先生要上飞机，特赶写这几句，余另叙，并致敬礼。

公朴上

七月廿日

再如《怒涛》托人带昆请先航快示知，又及。

---

1 起孟即孙起孟，时为中华职业教育社社长。

1940?

衡叔、母亲及妹妹均鉴：昨晚曼筠抵昆明，欣
悉大人与诸友近况甚慰。本向现在国际
文通最前方文化教育工作则远不如前
业之发达，故朴至滇地无必要时与
叔之意相同，将暂不返川。惟兵间天气
若学业未识者，叔能否抽暇一谈。
若有可能，则于私切有必要时起子兄
返滇时当能确告一切也。诸事告周先生
思涛请即日设法要求朴之通讯处
可寄"昆明光华街18号金碧文具公司转
李朴"。如（或璞也）为副刊新华（大江）投稿与其他印
刷品，尚祈寄。新闻事业经常动员"七七"、新华
已订文人当兄则当得各项好评，询龙重三谓
特涌人寄了一份，看也因黄先生要之。报特还
写信问候，并致
敬礼
朴
日

李公朴致沈钧儒函

（1942 年 5 月 1 日）

衡老：

日前托陆兄带上已函并阿华田一小听[1]，想于十号前可以送到。因陆兄已于昨日搭车离昆，经贵阳返渝也。昨与职教社孟兄畅谈，藉悉先生安健，无限快慰，兹因有事须与老范[2]相商，故特函询请即示知谱妹[3]之桂林通讯处（详细的人名与地名），以便通函电。再前托舜庭[4]兄带上一函，谅早收到矣。朴返昆月余来，除演讲与参加学术讨论会外，大半时间在埋头教育理论问题之研究，曼筠身体亦较前进步，国友[5]仍在家庭学校读书，成绩尚好，惟缺少集体生活耳。知念谨闻印老旬日前闻曾患痢甚剧，昨闻已就痊。朴因近来在青年会与联大有一次系统演讲，故离昆明间尚难确定耳，兹附致行知一信，因不知其通讯处，烦请一转为感，以后复示请改由昆明鼎新街青年会学生部转即可。匆此

1 阿华田时为高级营养品，国外用马口铁筒装食品过去叫“听”。

2 老范即范用，时为重庆三联书店负责人，北门书屋义务出版人。

3 谱妹即沈谱，是沈钧儒之女儿。时任读书桂林重庆分社经理。

4 舜庭即盛舜，义务在重庆北门出版社分社服务工作。

5 国友是李公朴之子李国友。

草上，即请崇安！

公朴顿首

五月一日

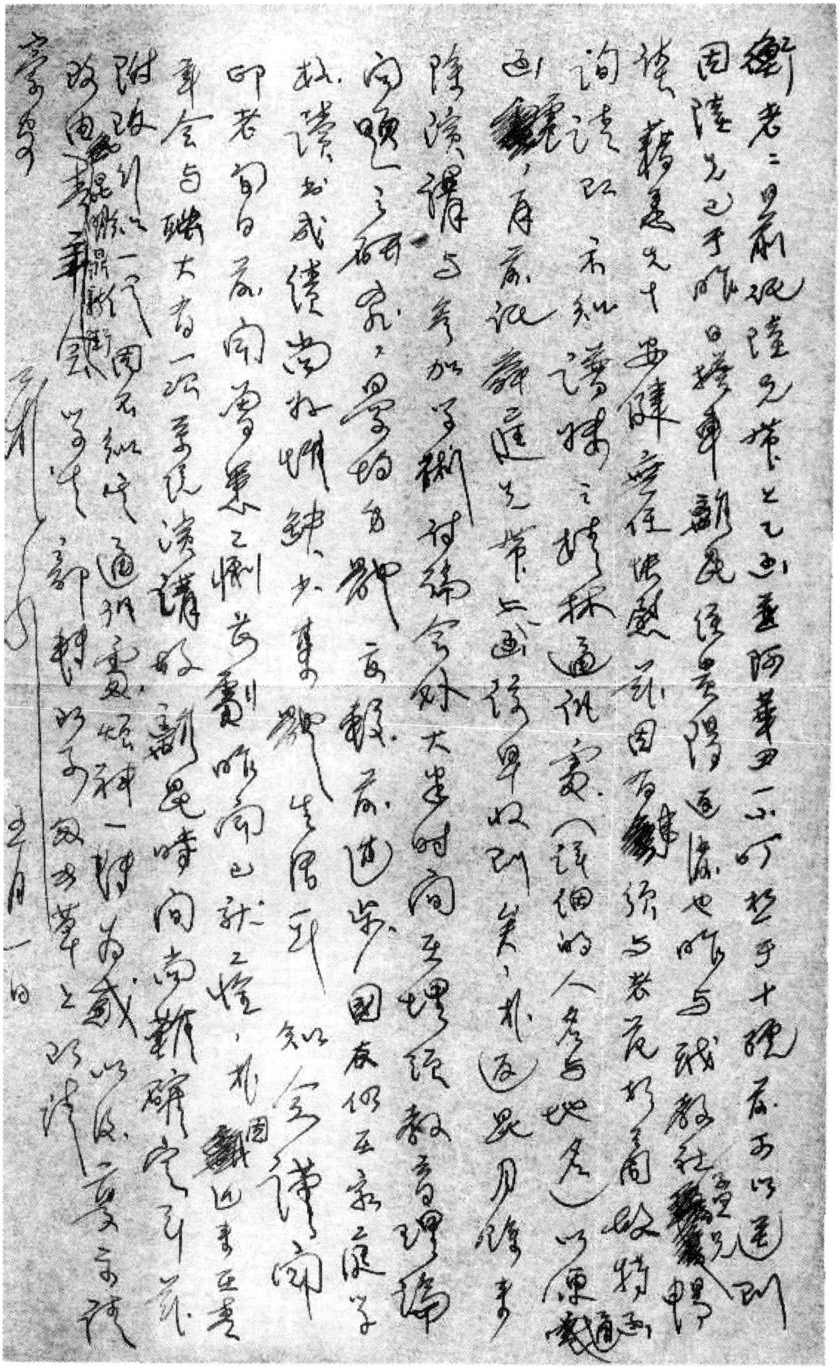

李公朴致沈钧儒函

（1943 年 6 月 9 日）

衡老道鉴：

别后朴安抵昆，从报上亦慰悉先生已奔走京沪努力和平工作，兹介绍好友陈融生[1]兄趋前领友，望予指示一切，则感同身受矣。陈君在昆时曾与努生[2]兄谈过，详情可询罗兄，余由陈君而达写此并行，旅安。

公朴

六月九日灯下

如蒙赐示，请达昆明北门街北门书屋为盼。又及。

努生兄均此，恕不一一。

1 陈融生是李公朴同乡，时为商人。

2 努生为罗隆基。

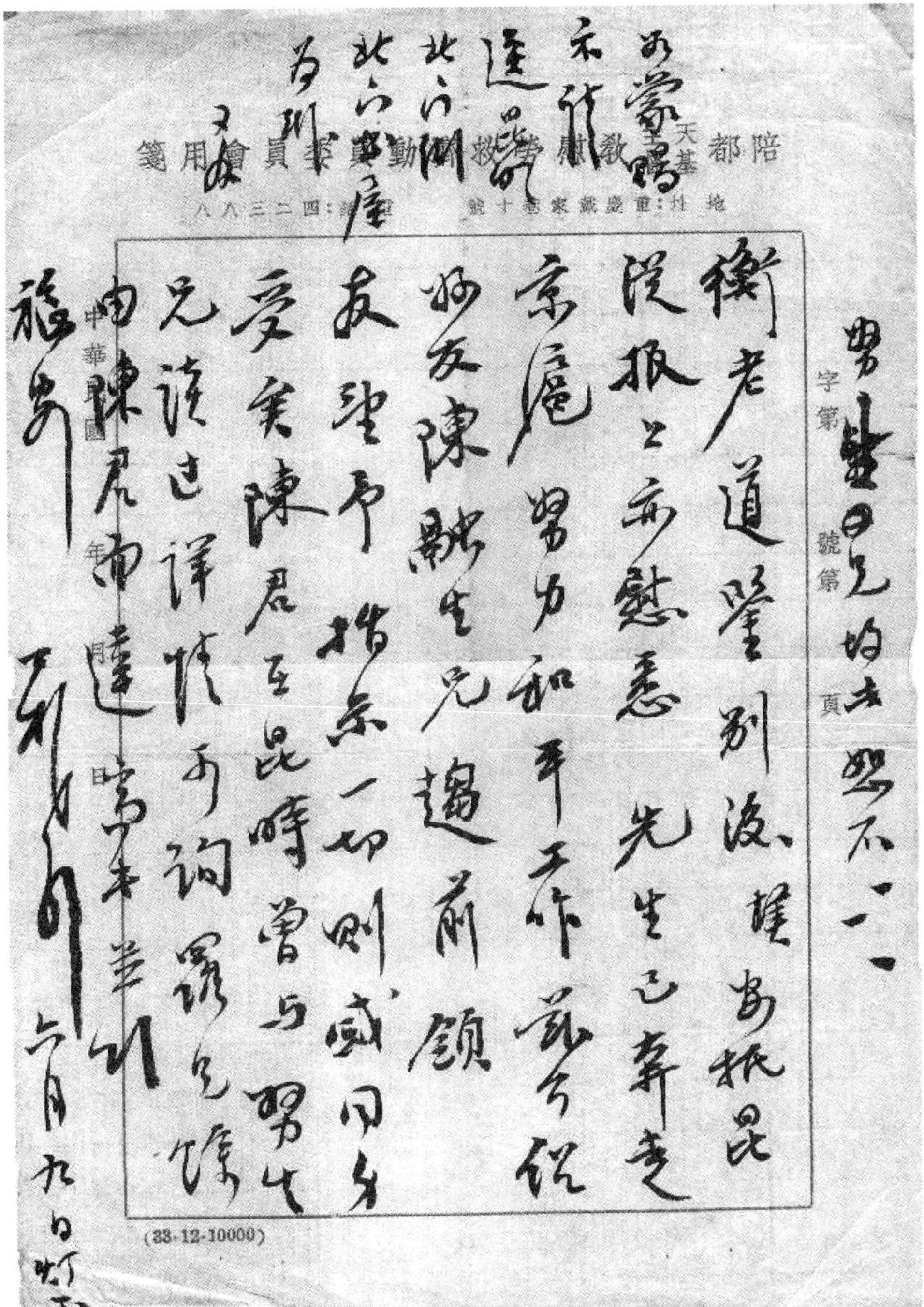

陪都天主基督教難民救濟會動員委員會用箋

地址：重慶鐵家巷十號　電話：四二三八八

字第　號第　頁

衡老道鉴：别後，據安抵昆，從报上亦悉慰慈先生已弃世，京寓男力和平工作，並介紹好友陳獻生先生趨前領教，望予指示一切，則感同身受矣。陳君至昆時，曾与男乞兄談過，詳情可詢羅兄，餘由陳君面達，專此並頌

福安

男[signature]

六月九日灯下

男生日兄均去，然不一一

如蒙賜示，請逕寄昆明北門街北門書屋為荷。又及

(33-12-10000)

李公朴致沈钧儒函

（1944年2月17日）

亲爱的衡老：

久未函候，渴念殊深，犹忆客岁在报上见及陪都友好为先生祝寿消息，颇以不能参加为憾事，乃与家岳及曼筠合作梅石与题写为寿，日前托褚凤章[1]兄带上，未识收到否？后又在报上见及百龄餐厅祝寿特写，殊感欣慰。昆明知好曾谈及先生之思想精神时，均于感佩之余应益加自勉，期能追随先进。旧历年以来，此间一切物价又突飞猛进，末日大难，殊不易预料，但朋辈自信均能冲过去，饿死则或有可能，自弃则必可决（绝）无其事，此必以告慰于长者之前者也。

二月五日，昆明市学术界人士曾举行宪政研究会成立大会，慧僧[2]先生亦出席讨论，甚为热烈，后选出徐炳昶、潘光旦、曾昭抡[3]、潘大逵[4]、姜亮夫、唐筱蓂、周新民及公朴等九人为理事，将分总务、研究、

1 褚凤章是褚辅臣之号。

2 慧僧即褚辅臣。

3 曾昭抡，科学家。抗日战争时期参加爱国民主运动。曾任中央大学、北京大学、西南联合大学化学系教授。

4 潘大逵时任云南大学教授，和李公朴是昆明的邻居。

出版三组，由公朴与光旦及筱蒉负责出版并计划出版宪政小丛书，兹已定于二十一日开第二次会员大会，会员人数已有四十余人，希望多与各处取得联络，此事将由昭抡与新民等总务组负责。望先生有所指教，并盼多寄去或介绍关于宪政问题之书报杂志。朴拟于今年将书店稍加扩充，直接向重庆、桂林添购一部分图书（去年因无资本，均自昆明本市同行批发），俾可维持扩充书店开支，现已筹集一点钱，重庆方面拟托一可靠的书店帮忙。本可托洛峰代理，因闻其忙于其他业务，未识峨嵋能否负责？兹附上第一批购书单，拟恳先生劳神代为接洽一下，并盼示复或由书店直接函复"昆明北门街九十七号北门书屋"均可。书款可否分期或按期汇交，均请代为恳商，惟决定后请告对方书款定可按时奉上，朴愿负完全责任，请代负保人之责为荷。此外，并拟组一北门出版社，去年已印了一本《海之歌》，兹请慧老带奉一本请教。这本算是尝试，今后拟继续出一些诗歌与文学宪政等书，未识先生有何意见指示也。努生先生近亦时常见面商谈推广宪政运动，彼此已较前更为了解矣，新民与孟兄之工作均甚努力，慧老为人中正和平，颇得各方之好感，未尽之言将由慧老面告为便。再日前接黄君自渝来信谓去年底，衡老曾托其乡友张君带下年书一件、照片一张等，迄今未收到，现正向张君之友人调查其行止矣。

家岳与曼筠近来时有小病，惟精神尚好，经济生活近虽更为困难，然因旧友不时资助，最近尚可维持。现计划再有一次书画展览，在展览之前则就已成立书画社方面，设法以资弥补。过去两月书画社亦有两万元收入，除去开支，对家用亦不无少补。至于书店则仅望其能应付本身开支，而其经济关系是与家庭绝对划分的。

《中鱼集》已拜读，并买了几本分赠友好，现拟由书店多进数十本以应付门市，我们希望峨嵋能同北门建立较密切的关系。

我们已早预见到政治经济的双重压迫将愈迫愈急，我们是准备一切来接受这时代洪炉的考验，恳切的(地)希望先生对朴等予以严格而坦白的指教为祷。闻存初的老太太去世，未识确否？如确，请代为表示歉意。因未接讣闻致失礼耳。诸友均请代为致意，此致最敬礼。

叔羊[1]贤伉俪，均此致意。

后子公朴顿首

二月十七日灯下

又附改洛峰一信，请阅后转交。

1 叔羊即沈叔羊，为沈钧儒第三个儿子，全家在重庆时与其父同住。

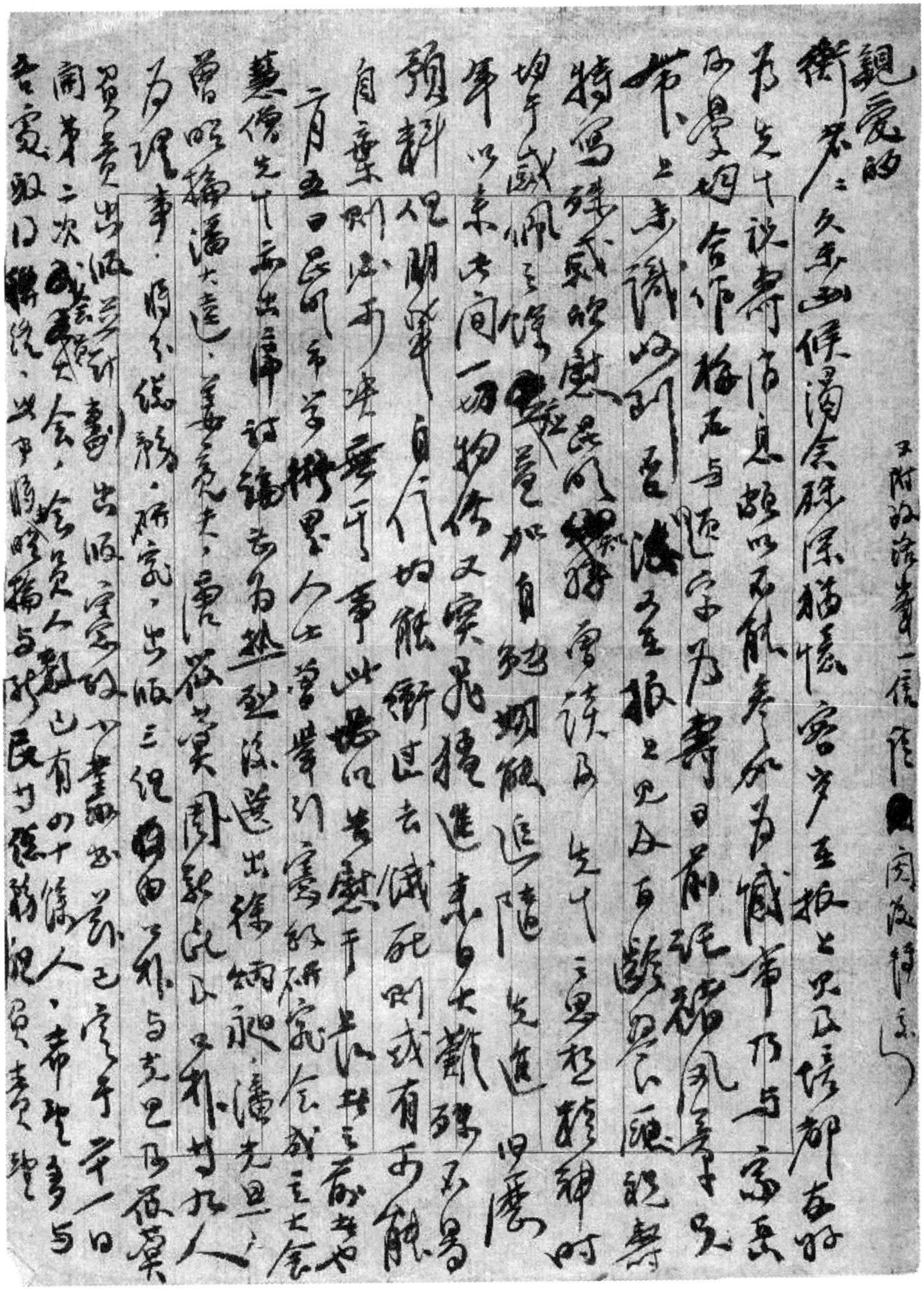

先生有所指教，并祈多寄（或介绍）关于宪政问题之书籍杂志。
非拟于今年将书店稍加扩充，直接向平、沪、港、桂林添货
一部分图书（去年因无资本，均由昆明本市同行批发），俾可维持
开支。现已筹集一笔钱，平、沪方面拟托一可靠先生为书店
帮忙，[illegible]代理同业并兼其他事务。
季识峨眉自然风景[illegible]，附上第一批赠书单，拟恳
先生劳神代为接洽一下，并示复，或由书店直接
函告（"昆明北门街九十七号北门书屋"）均可，书款可
分期或按期汇交，切请代为恳商，[illegible]
对方[illegible]按时[illegible]，愿负完全责任，请代负
保人之责为荷。此外并拟组一北门出版社，去年已印了一本
"海之歌"（[illegible]著）一本[illegible]
试。今后拟续出一些诗歌与文学、宪政等书，季识
先生有何意见，指示也。[illegible]先生近来时常见面演讲，提倡
宪政运动，使此已[illegible]，要有了解、实行，[illegible]
的书[illegible]

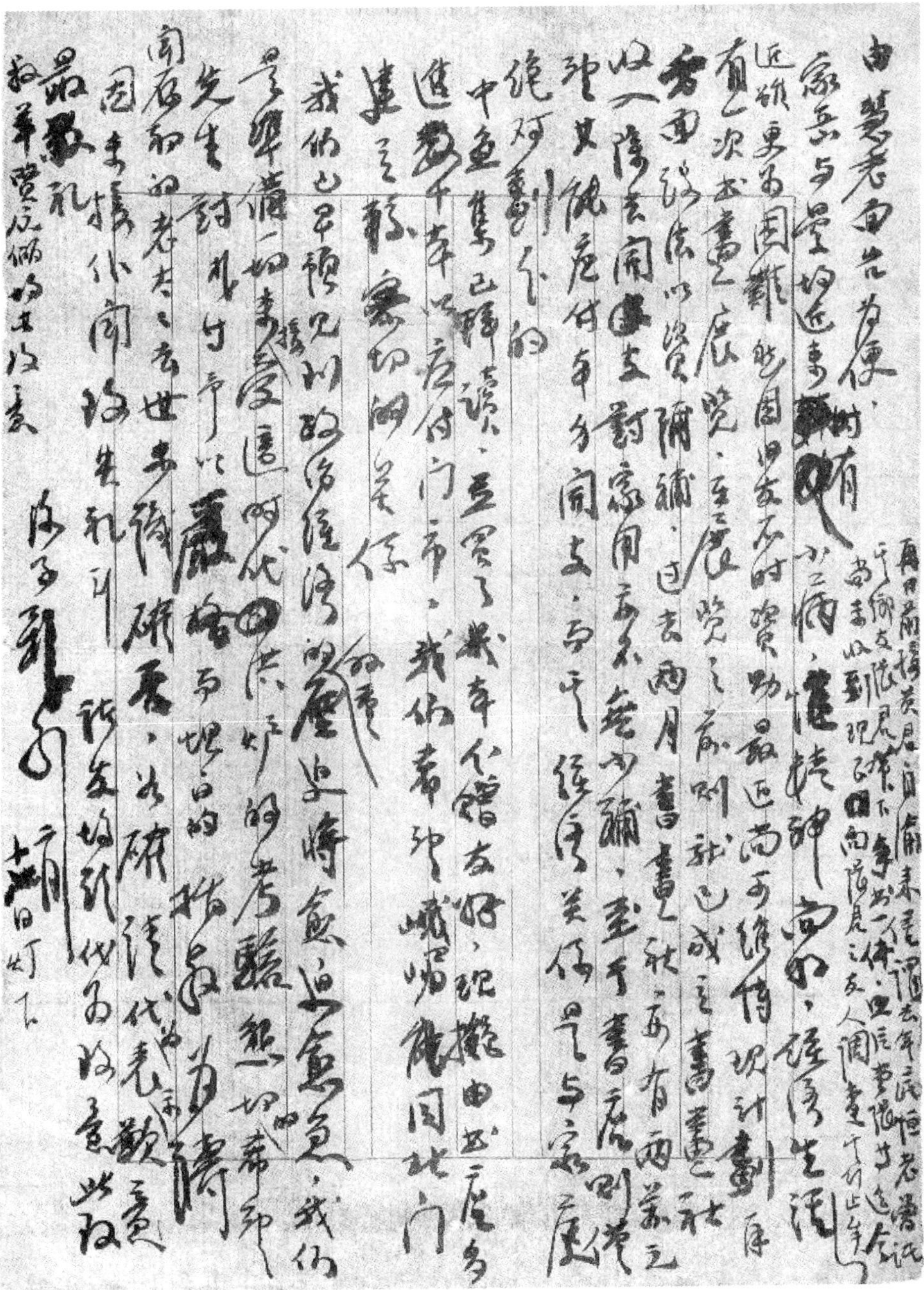

李公朴致光年、克兢函

（1945 年 11 月 30 日）

光年、克兢如晤：

想已安抵沪滨，此间情形尤其是关于出版计划，请问少甫[1]先生，我希望光年兄埋头完成预定写作包括民主作风，克兢则须另谋职业，因出版社已改变计划注全力于编辑工作，发行与出版工作已决定委托办法，余函评，即颂旅祈。

公朴

十一月卅日晚

1　少甫即吉少甫，中共党员，时任桂林、曲江新知书店经理，1945 年后曾任重庆、上海、香港群益出版社经理。

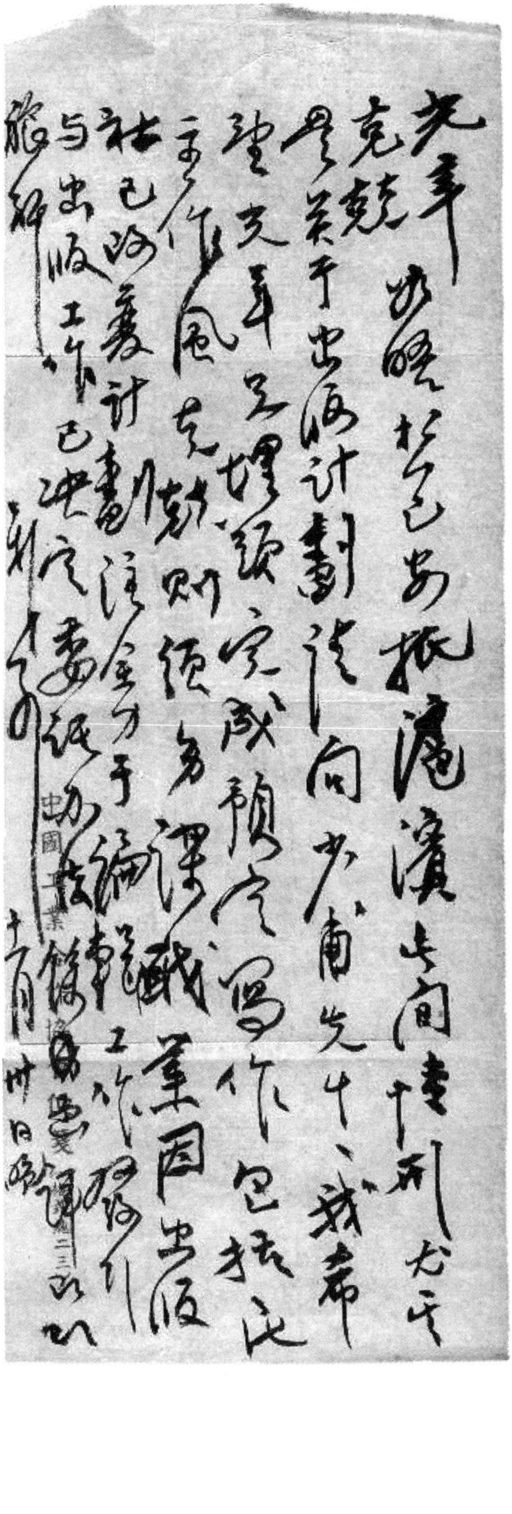

李公朴致萨空了函

（1946年5月6日）

丽兄[1]：

四月卅日手书敬悉，次日即转交新兄，并将来件示恒姑，她说曾接兄信谓最奇怪的是我为何不给你信，闻之殊觉茫然。益前函确与吾朴约盼能每周通信一次，其实吾因第一实感觉无事可报告，公司中近在停顿状态中，一切据山叔说须到上海再说，他要成立办事处，由老柳做他的总管，并要用二三职员。今晚将与留渝同人举行一话别会，至于联营号事弟只管外面推动工作，号中事吾实无此能力过问，性情亦不适宜。而重要事亦可与每日号报上公布，想你们都能见及，你说我有什么事可每周一说？在过去半月中，我是全副精神注意学校功课及其结束事，并准备整理其总结的发表，所以如无要事实无法抽暇找些琐事来笔谈的。此点说开了，应可得到你的谅解的罢！

读来函述及穷忙之情形，是我所深信并能想像（象）得到，并且由体验所及，也更能理解兄之苦况，可谓同病相怜，自亦更能同情也。弟定日内返昆，复示可请汇寄昆明旧址。老罗于前日返，定十一日返渝转

1　丽兄即萨空了，共产党员，著名社会活动家和新闻工作者，曾任中国民主同盟中央副主席。

京，返昆后始能定来港时间。我很想来港一游，如有生意可做，我甚而至于想在港住家，因曼筠颇喜该地也。当然，这也是一时想到说到，想事实上无此可能耳。惟港地如有机会，也办一像重庆之学校则亦未当不能实现此一愿望也。因为上海实是我怕去的一个地方，也不知是什么心理，若一定要说是什么，或者是由于想专心做一件事的心理而来。上海似乎是不可能一样？！请问从昆明到港的交通是否必须从重庆走？我想到昆后再看。此间朋友均已陆续离渝，山叔亦将随时赴沪，老柳夫妇已赴沪。寄复并祝穷忙安乐，方嫂[1]均此，二苦[2]代我行亲额礼！

弟公朴顿首

五月六日

又此间报纸已发表，足下与新夫人结婚之消息，友好均为之高兴，曼筠尤感兴趣，说希望能在港办一学校与你们住在一起或附近，国男[3]则说要同蔚芬[4]与苦茶等在一个学校读书，楼文则说可否到港来赏字画，弟只有苦笑，甚感殊非易事也。又上海亦急待我去，现因飞港反较去沪易，又因兄提故想来看之后再赴沪，先到沪恐一时又走不开了耳。又及。

来信将附四号写成附六号，险些收不到！又及。

1 方嫂即方菁，画家，萨空了新婚夫人。

2 二苦指萨之二女，苦茶和苦荼。

3 国男是李公朴之女张国男。

4 蔚芬是笔误，应是多芬，为名作家贺孟斧和方菁之长女，贺孟斧病逝后，方菁与萨空了结婚。

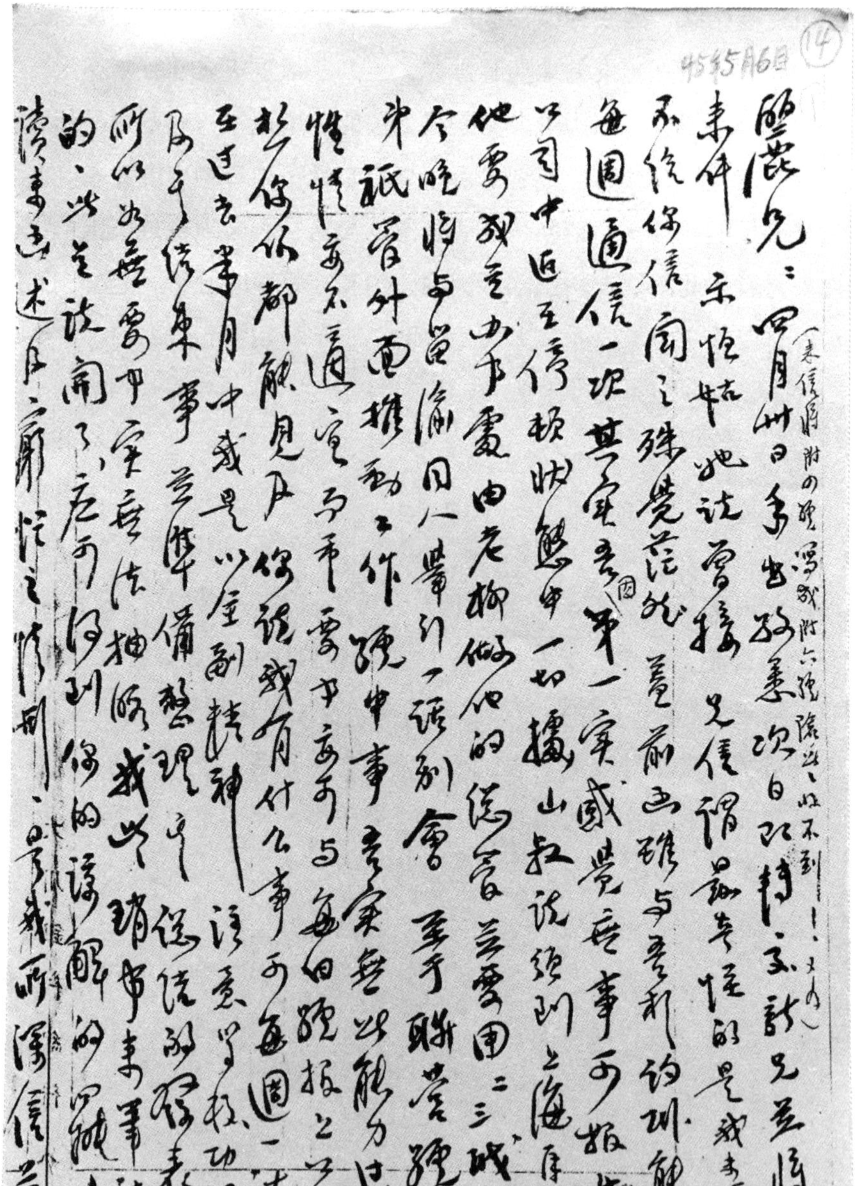
45年5月6日 ⑭

明澂兄：四月卅日手书敬悉。次日即转了许先生，并将（来信将附的照[illegible]寄我附去[illegible]，以不到！又[illegible]）
来件示悟[illegible]。他说曾接先生信，谓最奇怪的是我来信[illegible]
不给你信，闻之殊觉茫然。[illegible]前西[illegible]与我[illegible]能
每周通信一次，其实我第一实感觉无事可报告。
公司中近来[illegible]颇[illegible]状态，一切[illegible]山叔说须到上海[illegible]
他要我去办事处，由老柳做他的继[illegible]，并要留二三城[illegible]
今晚将与留渝同人举行一话别会，至于联营经理
只祇管外面推动工作，现中事[illegible]实无此能力过问
性情亦不适宜，而平要我[illegible]与每日[illegible]报之[illegible]
于你，你都能见及。你说我有什么事可每周一谈
至过去半月中，我是以全副精神注意学校功课
及[illegible]集事[illegible]准备整理之[illegible]发表
所以并无要事实无法抽暇。我此[illegible]本来[illegible]
的，此意谈开了，应可得到你的谅解的吧！
读来[illegible]述及[illegible]之情[illegible]，日前我所深信[illegible]

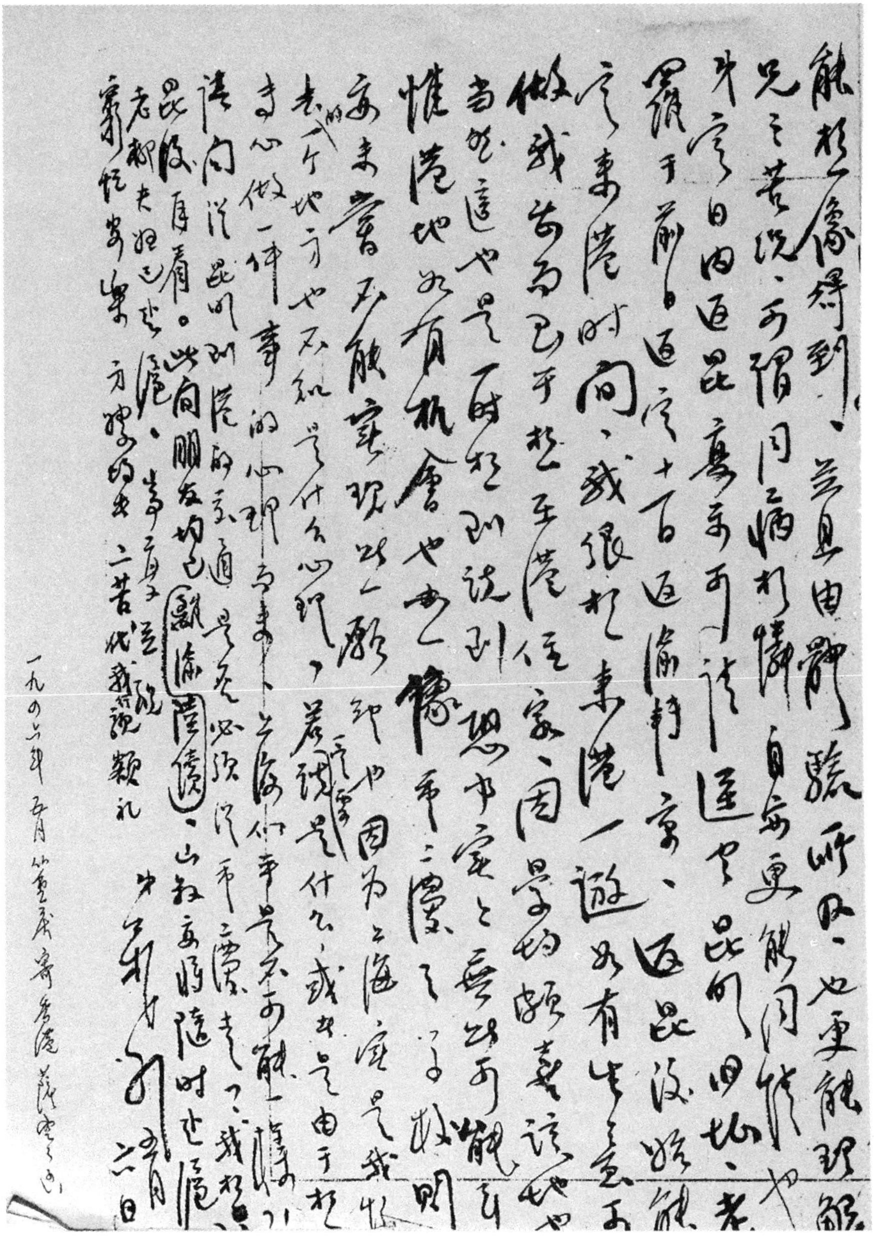

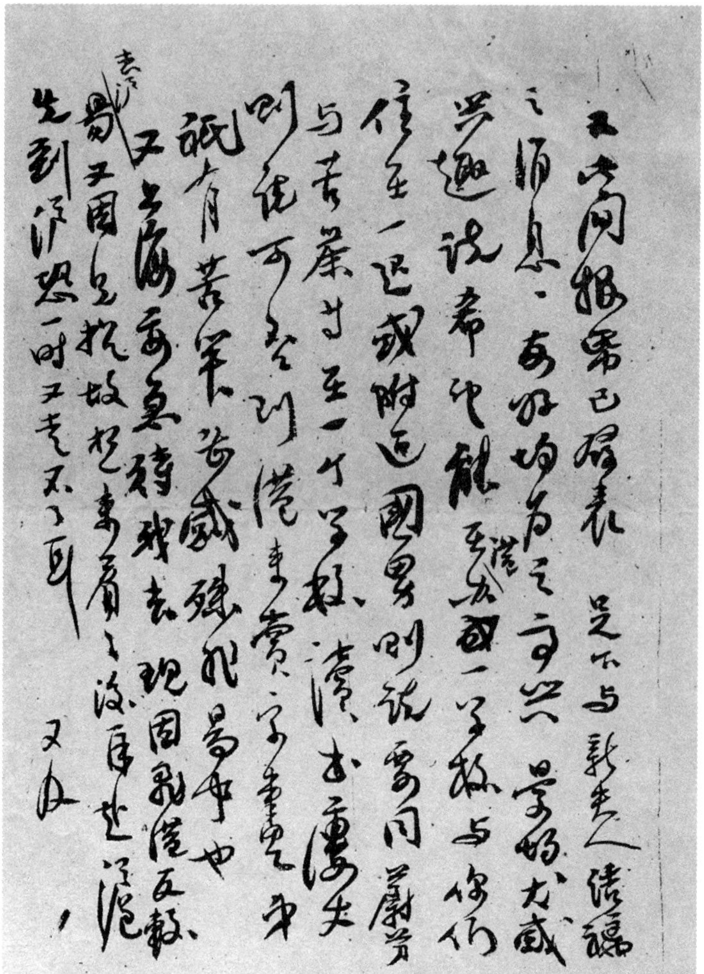
又此间报端已发表足下与新夫人结婚
之消息，家姊均为之高兴，婚姻尤感
兴趣，说希望能至港国一游，与你们
住在一起。我附近回国则能要同萧劳
与吾家等至一个学校、读书，求学去
则能可到港来，实可兼顾学业
祇有若干学校，我家殊恐易毕业也
又上海每年息请我去，现因乱港反复、
刚又因是机故想来看之后再决港沪
生到沪恐一时不可能
又及

李公朴致萨空了函[1]

（1946 年 7 月 5 日）

丽兄：

六月廿日自粤返港后复示甚慰，我打算个人先来港一游，因过去你曾一再函约也，曼筠与小孩子是无法动的，须待我在外布置就绪始能言行耳。楼丈[2]因岳祖母在京[3]决于一月十五日左右离昆。我到港的目的完全在看看朋友并与大家商量一下关于筹设社会夜大学事（我的工作中心仍是在办学校方面）。前致函思慕[4]询问未见其复。我盼望能于月底月初飞抵港，一榻之地亦请预为注意为祷，请立刻见复，如兄觉不必来，则即赴沪矣，起当抵港否？赛德大使日记已托友带交蔚芳[5]矣，寄复品筹祈。

弟公朴顿首

七月五日灯下

---

1 1946 年 7 月 5 日，李公朴殉难前 6 天从昆明寄给香港萨空了的函。

2 楼丈即李公朴岳父张筱楼。

3 京即南京。

4 思慕即刘思慕。

5 蔚芳即陆蔚芳，是萨空了好友，曾在北门书屋担任会计。

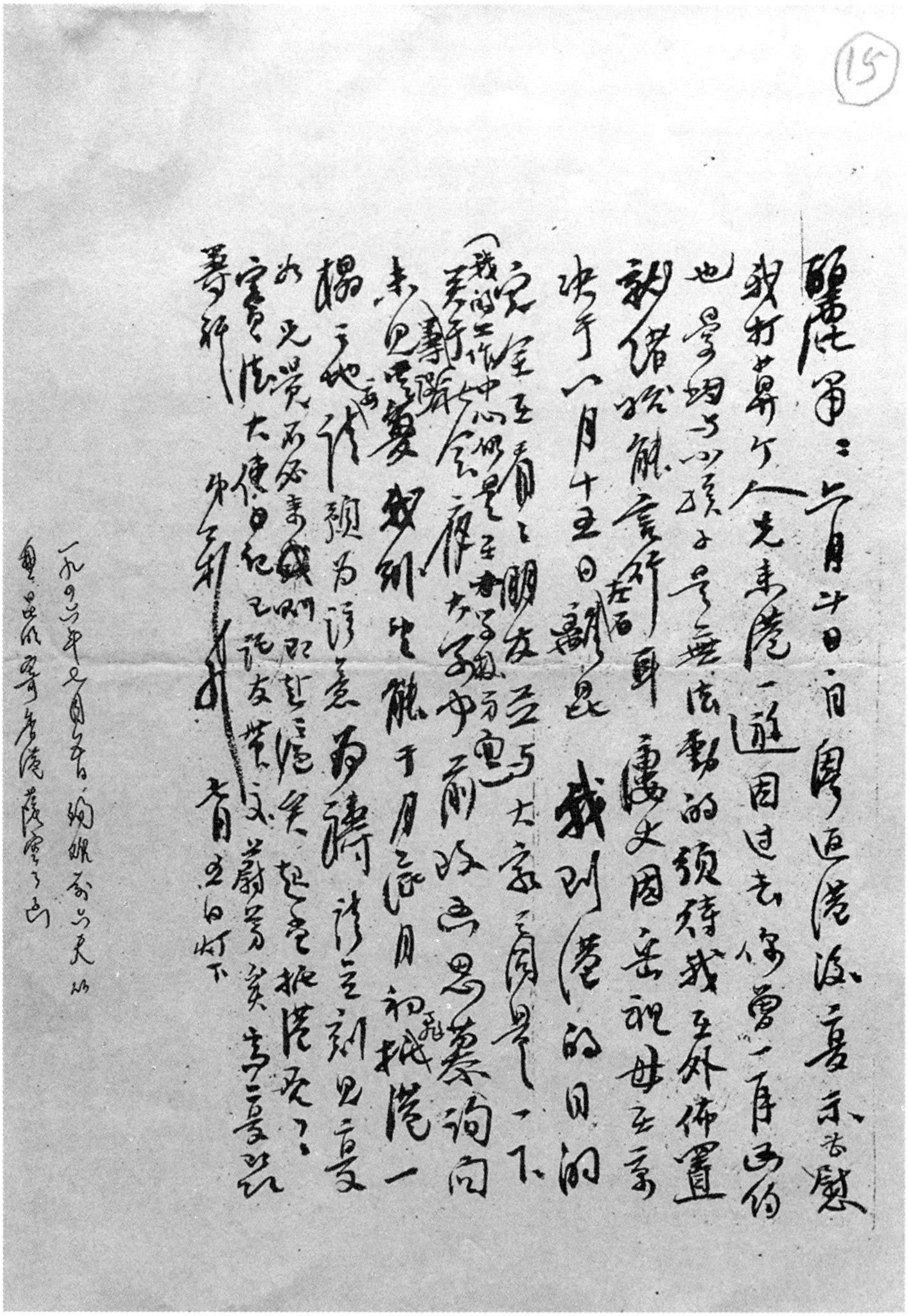

醒伦兄：六月廿日自粤返港后，喜示奉悉。

我们卅几个人先来港一游，因过去你曾一再函约

也。要均与以孩子等无法动的，须待我在外布置

就绪始能实行（左右）耳。尽要又因要视母亲至豪

决于八月十五日动身。我到港的日期

完全在看看朋友，并与大家交谈一下。

（我们工作中心仍是在香港）关于会务，大家面商，前路如何思想询问

未见寄来，要我到此能于九月初飞抵港一

谒，一切代预为洽意为祷。诸至到见言谈。

如兄觉不必来，我们即赴沪矣。总之把港及

寄信太便，日记已托友带交，[illegible]言之甚记

寿祥

弟公朴

七月五日灯下

一九四六年七月[illegible]日[illegible]

[illegible]寄香港[illegible]

湖北省公益学术著作出版专项资金
Hubei Special Funds for Academic and Public-interest Publications

荆楚全書·第一輯

經濟文集

（元）李士瞻 著
王齊洲 點校

長江出版傳媒
湖北人民出版社

圖書在版編目（CIP）數據

經濟文集 / (元) 李士瞻著；王齊洲點校. — 武漢：湖北人民出版社，2023.12

ISBN 978-7-216-10598-9

Ⅰ. ①經… Ⅱ. ①李… ②王… Ⅲ. ①文集－中國－元代 Ⅳ. ①Z424.7

中國國家版本館CIP數據核字（2023）第011895號

責任編輯：朱小丹
封面設計：劉舒揚
責任校對：范承勇
責任印製：肖迎軍

出版發行：湖北人民出版社	**地址**：武漢市雄楚大道268號
印刷：武漢郵科印務有限公司	**郵編**：430070
開本：787毫米×1092毫米 1/16	**印張**：8.75
字數：144千字	**插頁**：1
版次：2023年12月第1版	**印次**：2023年12月第1次印刷
書號：ISBN 978-7-216-10598-9	**定價**：36.00元

本社網址：http://www.hbpp.com.cn
本社旗艦店：http://hbrmcbs.tmall.com
讀者服務部電話：027-87679656
投訴舉報電話：027-87679757

校點説明

李士瞻（1313—1367），字彦聞。先世居河南南陽新野，後徙居漢上（今湖北荆門）。曾祖父之敬、祖父文亮、父壽椿，均居荆門，是爲荆門人。士瞻生於元仁宗皇慶二年（1313）二月一日，幼英敏好學，頗有文名。古代文人進身主要靠科舉，而元朝初年雖有科舉之議，也有制度設計，但因各種原因未予實行。元仁宗延祐元年（1314）舉行鄉試，延祐二年（1315）舉行會試，科舉纔得以全面恢復。元惠宗（順帝）時，因丞相伯顔擅權，執意廢除科舉，故至元二年(1336)和至元五年(1339）兩届科考未能舉行。至元六年(1340)伯顔黜死，十二月始恢復科舉，仍然每三年一届。按制，凡在大都有恒産且居住有年者，聽就本路科舉考試。士瞻至正初來大都，以布衣遊公卿間，朝中大臣以王佐許之。度支監卿柳嘉薦爲知印，歷十九月，考滿，任將仕郎。於是士瞻以大興府東安州安次（今河北廊坊安次）籍參試，中至正十年（1350）庚寅科舉人、至正十一年（1351）辛卯科進士，署萬億廣源庫知事，歷二十四月。中書辟充右司掾，歷刑部主事，升員外郎、樞密院經歷，出僉山南憲。入爲吏部侍郎，遷户部行永平總管府事，升本部尚書。出督福建海漕，以功就拜福建行省中書左丞。召入參議中書事，進參知政事。一年，入翰林，爲學士，階升榮禄大夫、知制誥、同修國史、知經筵事。遷遼陽行中書左丞。再入爲中書參政，改樞密副使，拜翰林學士承旨、知制誥、兼修國史，進封楚國公。未幾，以病卒，時至正二十七年（1367）十一月二十七日，享年五十五歲。葬於大興府大興縣（今北京大興）臘八之原。配何氏，累封楚國夫人。子男四人：長守成，後名延興，字繼本，以字行，中至正十七年（1357）丁酉科進士；次守恒，遼陽行樞密斷事官經歷；次守峴，太尉掾史；次守岷，國子生員。《元史》未爲立傳，僅《順宗本紀》載“至正二十二年，樞密副使李士瞻上書極言時政，凡二十事”，並具列其目。

士瞻平生著述留存不多，《經濟文集》六卷爲其曾孫李伸編輯，曾孫李侃，玄孫德恢、德仁校訂。所收詩文始於其爲右司掾時，而迄於奉使閩中，故《元史》所載時政疏不在集中。名爲《經濟文集》，意謂集中詩文多爲國計民生而作，是經世濟民之作。《四庫全書》集部收入此集，《總目提要》以爲集中“所載往來簡札至七十餘通，幾居全集之半，雖多屬一時酬答之作，而當時朝政之姑息、兵事之乖方、藩臣之跋扈，多可藉以考見。其彌縫匡救、委曲周旋、拳拳憂國之忱，亦不在所上時政疏下。《元史》於順帝時事最稱疏略，存此一集，深足爲考證之助，正不徒重其文章矣”。所論頗爲中肯。如卷三《上中書左丞相》，即對當時泉州亦思巴奚兵亂一事多有所補，便是證明。

《經濟文集》有《四庫全書》本，爲浙江鮑氏家藏本。有沔陽盧氏慎始基齋《湖北先正遺書》本，此本乃借江安傅氏雙鑒樓舊鈔本影印。有明正統九年（1444）刊本，今藏南京圖書館。又，明吉安知府張廷璽曾將《經濟文集》與士瞻子延興《一山文集》合刊爲《濟美集》，今未見。本書以《四庫全書》文淵閣本爲底本（校記中稱原本），參校《湖北先正遺書》本。《湖北先正遺書》本雖多有缺字和錯字，但也有少量《四庫全書》文淵閣本誤而《湖北先正遺書》本正確的文字，更有《四庫全書》文淵閣本所缺之篇目，如卷首李伸《經濟序》、卷五《贈戴氏序》，今依《湖北先正遺書》本補全。

目　録

李仲序[1]

家君舊傳先曾祖翰林承旨楚國公所著文集[2]，題曰經濟。蓋當時大夫稱美其才德足以經邦而濟世也，故以之而名其文焉。然其平生所爲詩文，所上章奏，至爲不一，烽火之餘，僅存什一於千百中耳。今去先曾祖之没垂百年矣，家君收其遺文於家，不異萬金之重也。頃者仲取而讀之，其簡間爲蠹朽，其字多致缺，惴惴焉以不能久傳是惧。輒用謄其舊本，而重爲新帙，各分其類，於以昭先世之德業，於以俾後人之繼承也。曾祖之姓名載於《元史》，述於行狀，兹故不贅。

正統九年歲次甲子後七年之吉，曾孫仲頓首百拜謹書。

【校記】

〔1〕原本無此序，據《湖北先正遺書》本補。

〔2〕承，《湖北先正遺書》本作“丞”，誤。

卷　一

書

上中書丞相書爲右司省掾時辦濟寧省官作

蓋聞賞罰者國家之大柄，是非者人心之至公。賞罰無章，雖堯舜不能以爲治，況後世乎！是非混殽，雖智者不能以有爲，況庸人乎！我國家自太祖皇帝肇基朔方，世祖皇帝奄有區夏〔1〕，皆未始有尺地專城之藉。一旦乘斯民雲霓之望，乃能揮霍八極，席捲中原，一舉而蹙殘金，再舉而躓南宋，一時將相大臣，又能丕闡皇猷，聿宣至化，遂使海内之人爭效臣妾，豪傑之士奔走慕義，翕然如雲龍風虎之相從者，此無他，賞罰明而是非公故也。承平以來，百年於兹，禮樂教化，日益不明，紀綱法度，日益廢弛，上下之間，玩歲愒日，率以爲常，恬不爲怪。一旦盗賊猝起，茫若無措，總兵者惟事虛聲，秉鈞者務存姑息，其失律喪師者，未聞顯戮一人，玩兵養寇者，未聞明誅一將。是以不數年間，使中原雲擾，海内鼎沸，山東、河北，莽爲丘墟，千里王畿，舉皆騷動，而終未見尺寸之效者，此無他，賞罰不明而是非不公故也。近者天子以兩丞相爲元老舊臣，命總萬幾，今日之事，政宜開誠布公，振作綱紀，明示賞罰，號令天下，使六軍之衆，鼓舞踊躍，忠義之氣，振彩揚精，一新天下之耳目，以盡掃前日之宿弊。庶幾盗賊可平，四海可定，中興之事業，可計日而待也。今巨寇在邇，敗軍滿前，其雷霆之威邈乎無聞〔2〕，而姑息之風愈勝前日，但聞今日取一招，明日送刑部，切爲閣下惑焉。今姑以一節近事言之。如哈喇巴圖爾等所犯[3]，最爲容易處置者，乃至遷延到今，未有定論。中外之人，謂聖君賢相作事猶且若此，安得不觖望乎？《傳》曰："賞不踰時，罰必當罪。"斯言是矣！何則？蓋哈喇巴圖爾官雖知院[4]，其職則總兵也。右丞阿克塔齊[5]、參政賈惟貞名雖省官[6]，其職則供給也。在律，主將所犯，宜處重刑；供給所招，應得杖流。今哈喇巴圖爾雖有特赦免死之文，不過聖上寬仁，少延其死耳。然法者，祖宗之所授，天下之名器也，雖天子不能以自私。是故舜爲天子，皋陶爲士，瞽瞍殺人，彼爲舜者，惟知竊負而逃耳。漢薄昭，太后之母弟也，昭有罪，文帝終不忍貸之以死焉。夫虞舜，大聖人也；漢文，賢主也。而其所爲若是，誠以恩不足以掩義，私不可以廢公。古者制敕一下，事有弗順於人而礙於理者，在百官有司猶且三復還奏，不即奉詔。未聞宰相秉國之鈞職，當繩愆糾繆，而徒以承顔順旨爲事者也。必不得已，其總兵官既已特敕免死，則分省官正應坐以本罪[7]。如此，則輕重纔適其均。後世猶懼爲公道之玷，安可使冠履倒置，輕重失倫，以啓將來紛然之議乎？況濟寧密邇賊壘，竊恐此聲一聞[8]，將必使賊人有窺測朝廷之淺深，以懈惰諸軍之心者，誠非國家之福也。丞相聰明絶人，識見高遠[9]，則此三人之罪，宜公是非，以厭天下之望，不宜依違兩端，以滋人心之惑。此所謂關治道之大者，宰相之事也。若夫規規於簿書之末，瑣瑣於錢穀之務，而昧夫經國之要，不圖爲長久之計者，此非僕之所敢知也。僕一介草茅，濫叨掾屬，顧唯職在簿書，叨司法守，固不敢偷容取合，以賣法誤國；亦不敢畏避詭隨，以陷閣下於不義。此不忠之甚者，非曰弗能，寔所弗忍，伏惟閣下亮之。進退惟命，干冒威嚴，不勝戰慄之至。

【校記】

〔1〕"我國家"句，《湖北先正遺書》本作"我國家有太祖皇帝，奄有區夏"，有缺誤。

〔2〕雷霆之威，《湖北先正遺書》本作"雷霆之戒"，誤。

〔3〕哈喇巴圖爾，《湖北先正遺書》本作“哈剌八都兒”。
〔4〕“哈喇”句，《湖北先正遺書》本作“哈剌八都官兒雖知院”，有誤。
〔5〕阿克塔齊，《湖北先正遺書》本作“阿塔赤”。
〔6〕賈惟貞，《湖北先正遺書》本作“賈唯貞”。
〔7〕正應，《湖北先正遺書》本作“止應”。
〔8〕竊恐，《湖北先正遺書》本作“切恐”。
〔9〕識見高遠，《湖北先正遺書》本作“識見高明遠”，“明”爲衍文。

上中書總兵書爲刑部主事時軍前作〔1〕

夫用兵之要，貴於察敵情，量彼我，審緩急之宜而用之。不務出此，雖有管、葛之智，韓、白之能，僕未見其可也。請姑以目前之勢論之。今賊人之形，出没難知，我軍羈縻，動爲所制，此政兵家所謂形人而我無形〔2〕，則我專而敵分。我專爲一，敵分爲十〔3〕，是以十攻其一也，則我衆而敵寡。今我勢反分，賊反專，我形易知，敵形難測，此所以彼勢日張，我力日屈，而疲於奔命者也。然賊前日攻陷濟南、德陵之時，使能舉全齊之衆，乘破竹之勢，諭拙速之機，擣我無備，鼓譟長驅，則勝敗存亡，未可知也。彼迺計不出此，方且圖爲固蔕自全之慮〔4〕，此賊之失計，我軍得志之時也。釋此不慮，且復徵調遠兵，近救目前之急，此賊前日之失計，未必不爲今日之得計也。今日賊必度我援兵俱駐西南〔5〕，其直沽之兵雖設守備，尚且巢壘未堅〔6〕，類皆無足畏者。止謂真定以北，涿州以南，必有備禦，而又以努都爾噶太尉、伊蘇知院等軍〔7〕，俱係敗衂之兵〔8〕，志喪氣餒，雖散屯於御河、單家橋等處，其鋒已挫，皆無足恃也〔9〕。况又有陵州、長蘆、青州之寇以綴其後，不敢動摇〔10〕。此賊所以深知我之虛實、我之形迹，而但取京師東南一角，水陸并進，首尾相啣，有直向長安之意，其志豈小小哉！所以東西二路，多設疑兵，多張聲勢，以撓我救援之師，此寔批亢擣虛之意也〔11〕。何則？蓋賊兵之進，必分爲三路。其一路畏直沽分院在後，慮有腹背受敵之患，必先發海舶數百艘，往來海口并永平等處，以爲東道之疑兵，綴我直沽之軍馬，則我軍之左臂不敢動矣。其一路畏今哈喇布哈副樞及平章之軍馬[12]，有横衝邀遏之患，故今但出霸州之背，直抵後衛右衛，交横侵掠，以爲西道之疑兵，綴我霸州、涿州之軍馬[13]，則我軍之右臂不敢動矣。布置既定，其大寇必取水路，沿靖海而下，以出直沽之右，而達河西務以及通州，取陸路自東安州而上，以出青、潤之背而望京邑，日使驅迫之民喧闐於前，巨寇之衆鼓譟於後，比及諸道勤王之師至，而京師旋募之兵出，則大事去矣。愚前所謂宜審緩急之勢而用之者，此也。且朝廷但知平章之兵一出，將大有所倚仗，謂其必能捨緩就急，隨機應敵，遂爾不遑遠略，儻或因循如此，豈不深爲誤事也哉？况各處居民，驚惶四散，曾無定志。王畿州縣，悉皆空城，有司不才，誰肯死守？且邦家之本，在於百姓，王畿州縣，所以藩屏京師者也。今百姓之流離如此，州縣之不完如此，有司之不守又如此，此誠危急存亡之秋，不可不慎也[14]。僕竊爲今日計，其目有六：

一者，平章宜統本部軍馬，於固安、霸州上下[15]，權且深溝高壘，多設疑兵。於青、潤、後衛、右衛左右，晝夜廣張旗幟烽火，以疑賊心。賊雖能深入我境，然其心不能不懷疑懼。我軍當乘其窠穴未定，急發精騎攻之，少挫其鋭，使賊無必向之志。急調副樞哈喇布哈軍馬[16]，直趨青州，擣賊不意，則進有擒敵必尅之勢，退無牽連掣肘之患矣。

二者，調發諸道援兵，地遠一時必不能到。又丞相台哈布哈軍馬[17]，控制大河以北，京師西南諸郡，不爲不重，若大營一前，則彰德、衛輝必爲曹、濮之寇所有[18]，是山東全齊之地不獨失之於前，而河北諸郡又復失之於後。且海濱距河東西，綿亘二千餘里，舉齊、魯、衛之地以抗燕、趙，豈不危哉？宜急咨達朝廷，大發府庫并各投下所有珍玩財貨，就大都内外募選驍勇之士，計旬日可得十餘萬。再别選精鋭騎兵，計見在可得五萬。使馬步錯進，作三運而行。一運姑存護京師，二運姑存備非常，三運急引當前敵。仍分爲二道，且徐徐而發，視緩急如何，以圖大舉。一道出自涿州，向固安、霸州[19]，以斷賊之左肩。一道出自通州，向河西、靖海，以斷賊之右肩。其東西則連引直沽分院與平章、副樞軍馬，相爲犄角，則賊之前鋒挫衂已甚，而京師無虞矣。

三者，宜急催請太尉、伊蘇知院收集各枝軍馬[20]，除撥軍守禦單家橋等處以捍陵州之賊，其餘精兵，急令各官統領直趨青州，以助副樞之兵，出賊腹背，截賊歸路，使賊進無所前，退無所據。則已驕之賊兵，不虞我師之衝擊，將如猛虎跳跌，必有自斃之勢。兵法乘勞，此其時也。

四者，近郊之攻既寧，則始可以舉我全勝之師，議討濟南、益都之賊。蓋兵貴我爲主而敵爲客。今主客之勢既分，便當行遠取近攻之策[21]。分調我之大軍，自陵州、長蘆、青州、河間而下，以攻賊之北面。次調左丞察罕特穆爾軍馬[22]，自黄河而下，以攻賊之南面。又次調國珍、王瑄、顧稷等軍馬，自莒、密、穆陵關而上，以擣賊之東面。又次調丞相台哈布哈、楊孟等軍馬[23]，自濟寧、東昌而進，以衝賊之西面。分布既定，速令各軍分揀精鋭之兵[24]，立爲二，一居陣前，一居營後。在内則東起靖海，西至東昌，以備曹濮[25]；在外則南連淮海，北接濟寧，以狥河北。各軍所駐之營星羅碁布[26]，使烽堠相連，聲勢相接。每於要害之地，必立大營，深溝高磊，練兵訓農[27]。居陣前者，則選精鋭，以從征討；居營後者，則選老弱，專事農作[28]。近畿州縣守令之不才者，必严法制以黜之；才堪任使者，不拘於資格以用之。使所在多方招集，與民團練，修城濬池，與民死守[29]，耕桑課農，毋失其時。如此，則民無轉輸之勞[30]，軍無匱乏之患，邦本既寧，藩屏亦固。彼三齊之孱寇，直猶釜中之魚，苟延殘息耳，夫何虞哉？近日乃欲調左丞察罕特穆爾、副樞哈喇布哈等兵來屯涿州[31]，捍禦京師，謂之耀兵則不武，謂之勤王則不力[32]。何則？蓋此等義兵，雖精悍有餘[33]，而持重不足。況遠來之兵，不習水土，人懷鄉井，各無奮心[34]，於事何濟？又百姓但聞遠兵一來，已有驚悸内潰之勢，此近日耳目之所見聞[35]。傳曰："大軍所在，荆棘生焉。"亦其勢然也[36]。

五者，朝廷急宜側身修行以回天心，振作綱紀以答人望，專併總兵以一軍權，徹去遥制以責成效，汰冗官以給軍食，節浮費濫賞以助國用，庶幾天怒回於上，人怨銷於下，士氣鼓舞，而人思自奮矣。

六者，宜作急住罷京東南分司農衙門，併入有司。其一切概有已種、未墾係官田地，或召諸色人民，或募流移百姓[37]，或驗口數，或驗丁力，隨宜取便，撥付佃種。已熟之地，比依常例，權且增倍徵收。未墾之地，照依常例，止令二十取一[38]。仍傳諭此等百姓[39]，隨宜就便團結，非惟少固民心，抑且有助國用。即日三春將盡[40]，隴無人耕，土無宿種，失此不救，則時不再來。興喪安危，在兹一舉。

凡此數事，皆今日之急務。所懼者，姑見是害[41]，優游不斷。若能决而行之，則不必上煩睿駕親征，而天下之勢已可以逆料之矣。横槊之暇，特賜觀覽，甚之轉而上聞[42]，則愚者千慮，必有一得[43]，閣下其毋以爲嫌而略之。且閣下平日智術出於衆人，名聲揚於中外，而又博通前覽，練達時宜，而况適丁此難，負兹重寄，亟宜虚己授人[44]，廣攬英豪，恢弘遠略，毋爲嫌疑所憚，毋爲小節所拘，識時觀變，鋭意决爲，將見指日可以建不世之功，樹不拔之業，播休烈於歌聲，勒駿勛於金石，豈獨俾方叔、召虎專美於前哉！某日者叁侍掾屬，過蒙知奬，今兹實當從事，敢不剖心悉慮，以答萬一。第愧病在枕席，未獲跪誦。昨辱寵命，倍切驚惶。夫尊爵重禄，所以網羅俊彦，優禮有功。無功冒授，是謂貪榮。切恐軍士聞之，必有離心解體者，甚可懼也。僕雖不才，寔所不敢。今將所賜札付一道，謹同此納上，非敢爲是矯情以干譽也，亦宜也。伏望鈞慈，俯垂矜亮，宗社幸甚！生民幸甚！

【校記】

〔1〕題序，《湖北先正遺書》本無“時”字。

〔2〕此政，《湖北先正遺書》本作“此正”。

〔3〕敵分爲十，《湖北先正遺書》本缺“十”字。

〔4〕圖爲固蒂，《湖北先正遺書》本作“固爲固蒂”。

〔5〕“今日”句，《湖北先正遺書》本缺“必”字。

〔6〕“尚且”句，《湖北先正遺書》本缺“且”字。

〔7〕努都爾噶太尉、伊蘇知院，《湖北先正遺書》本作“太尉、也知院”。

〔8〕“俱係”句，《湖北先正遺書》本缺“岈”字。

〔9〕皆無足恃也,《湖北先正遺書》本作“皆無足持也”。

〔10〕不敢動摇,《湖北先正遺書》本作“不敢動”。

〔11〕批亢擣虚,《湖北先正遺書》本作“批元擣虚”。

〔12〕〔16〕哈喇布哈,《湖北先正遺書》本作“哈剌不花”。

〔13〕“故今”句,《湖北先正遺書》本作“故今但出灞州、涿州之軍馬”。

〔14〕不可不慎也,《湖北先正遺書》本作“不可不懼也”。

〔15〕〔19〕霸州,《湖北先正遺書》本作“灞州”。

〔17〕〔23〕台哈布哈,《湖北先正遺書》本作“太不花”。

〔18〕曹、濮之寇,《湖北先正遺書》本無“寇”字。

〔20〕伊蘇,《湖北先正遺書》本作“也速”。

〔21〕遠取進攻,《湖北先正遺書》本作“遠交近攻”。

〔22〕察罕特穆爾,《湖北先正遺書》本作“察罕帖木兒”。

〔24〕“速令”句,《湖北先正遺書》本作“速令各軍分揀選選精鋭老弱”。

〔25〕“西至”二句,《湖北先正遺書》本作“西至黄河,以達河南”。

〔26〕“各軍”句,《湖北先正遺書》本作“東西南北結爲連珠營寨”。

〔27〕“每於”四句,用《湖北先正遺書》本。原本爲“每於要害之地,加謹巡視,御衆以寬,練兵則嚴”,上下文氣不暢。

〔28〕“居陣前”六句,用《湖北先正遺書》本。原本作“居陣前者,則選精鋭以從,庶能一以當十。其餘羸弱,專事農作”,上下文氣不暢。

〔29〕“近畿”八句,用《湖北先正遺書》本。原本作“近畿州縣守令之不才者,以及丞尉佐貳之不堪任使者,不拘於資格以用之,使所在董率無或因循怠惰,修城濬池,與民死守”,語義含混。

〔30〕則民無,原本作“則糧無”,據《湖北先正遺書》本改。

〔31〕察罕特穆爾、哈喇布哈,《湖北先正遺書》本作“察罕帖木兒”“哈剌不花”。

〔32〕不力,《湖北先正遺書》本作“難恃”。

〔33〕“蓋此”二句,用《湖北先正遺書》本。原本作“竊觀特穆爾、布哈等慓疾有餘”,文氣不暢。

〔34〕“况遠”三句,《湖北先正遺書》本作“况遠來之兵,一旦使之久駐於此,其氣必挫”。

〔35〕“百姓”三句，用《湖北先正遺書》本。原本作“百姓但聞遠兵一至，驛騷驚動，鷄犬不寧，皆駭於耳目之所見聞”。

〔36〕“亦其勢”句，用《湖北先正遺書》本。原本作“寧可不慮歟”。

〔37〕流移，《湖北先正遺書》本作“流離”。

〔38〕二十取一，《湖北先正遺書》本作“三分取一”。

〔39〕傳諭，《湖北先正遺書》本作“收集”。

〔40〕即日，《湖北先正遺書》本作“即目”。

〔41〕姑見是害，《湖北先正遺書》本作“姑息是害”。

〔42〕甚之，《湖北先正遺書》本作“且乞”。

〔43〕必有一得，《湖北先正遺書》本作“百有一得”。

〔44〕虚己授人，《湖北先正遺書》本“授”作“受”；“己”二本均作“已”，誤。

與察罕平章書

前因使者中嘗録夫麴生秘方[1]，計徹左右。此大有佳處，不敢不爲公獻之也。陜州之别，甚悉雅喻。僕於此行，凡遇耳聞目擊之際，多所宜處。當時鄙意，政謂不即奔走上告，必致處置乖方。人非聖賢，何能盡肯低首俛聽[2]，以安臣節？比到京師，不圖業已輒先施行，勢難中止。又以走也出使無效，遂無置喙之地。此固不能無少失處[3]。然考其初意，不過欲暫那三晋之地，少安彼軍之心。彼軍既離，則雲中一帶自可輸之京師，以實國本[4]。而山西之糧，既路遠一時難運，其勢亦當少緩。根本稍定[5]，然後合兩軍之衆，併力東南，則門庭之寇，庶可指日而靖[6]。何意使轍未還，遽致自相魚肉，暴横如此，良可慨也。愚者誠不足論[7]，公爲當今賢者，天下之寶，安得不爲天下惜之？大抵臣子之於君父[8]，惟求其所當盡[9]，不責於人，然後天下之爲君臣父子者，由是而定。彼其反怨日深，則是非日起，是使瞽瞍終無底豫之期，申生終無待烹之理。此非見道分明，所養素定，何以臻此？三代而上，孝莫如舜，忠莫如周公。古今天下，此兩人之外，固不多見。自是而下，其能處富貴而不移，當常處而不惑，卓然無所繫累，一出乎千萬人志慮之表，亘古今不可擬議者[10]，近代惟郭汾陽爲然耳。汾陽公事業冠當世，聲名垂後來，用捨進退，皆庶幾乎聖賢中庸之道[11]。僕前謂後之殷監無出於是，當時閣下亦嘗笑而許之。今乃背馳，若秦人與越人然[12]。夫以閣下之識見如此，忠義如此，事功又如此，乃至使人不相信遽如此，然則將何時何人而可信乎？謂閣下之志在公耶？則閣下之事業，乃天下之事業也；閣下之土疆，乃國家之土疆也。於閣下何與焉！謂閣下之志在私耶？彼以桓、文之義舉，猶不足以服當時、信後世，况欲如曹將軍、桓司馬之爲哉！僕知閣下之志，有不在是矣。閣下處衆人之中[13]，獲天下之盛名，四方諸侯，環堵而側目者，一以公爲盛衰。自冬徂春，兩軍交惡，謗書迭積，至煩天子遣宰周公之使，至今兵不解而使不返焉，其跡則類乎拒命[14]，其心則近乎要君。自是以來，閣下之名聲遂不能不損於前日。吾恐《春秋》之責，不在彼而在公矣。天下苟有桓、文之君，倡義而呼之，閣下其能堪耶？且入幕之人，未必皆居州，安知無郗生之徒以伺君之隙乎？麾下之佐，又安知無田神功之輩，以叛君之命乎？閣下聰明過人，料事如算[15]，凡此數事，宜在所慮矣。慮弗及斯，寧不爲之寒心哉！方今山東之寇，相繼狐疑[16]；淮、魯之孽，久持觀望。公不以此時提兵東向，克終前業，方且效兩虎交鬥，擁兵相持，此所謂謹其小而遺其大，快私憾而棄公義，安得不見笑於藺相如乎！旦夕將有酈生之徒，奮袂中起，掉長舌而下之，則閣下之能事解矣，天下之人，其以公爲何如人耶？且易失者幾會，難得者事功，時乎時乎不再來，僕爲閣下惑焉。彼黄口之子，久當自斃[17]，烏足以爲公敵哉！某平昔於閣下，無袍綈之交[18]，徒以舊歲河南一見，有半面之雅，而辱公知待之厚，迨今念念其存[19]，故不避言深之忌，而妄意陳之，雖獲罪左右無憾也。宿藏墨一長笏，聊致左右。惶恐惶恐。

【校記】

〔1〕“前因”句，《湖北先正遺書》本作“前因使者中嘗録去麴生秘方”。

〔2〕盡肯，《湖北先正遺書》本作“書肯”，誤；俛，《湖北先正遺書》本作“俯”。

〔3〕無少失處，《湖北先正遺書》本缺“失”字。

〔4〕以實國本，《湖北先正遺書》本缺“實”字。

〔5〕根本稍定，《湖北先正遺書》本缺“本稍”二字。

〔6〕庶可指日而靖，《湖北先正遺書》本缺“靖”字。

〔7〕“愚者”句，《湖北先正遺書》本缺“誠”字。

〔8〕“大抵”句，《湖北先正遺書》本缺“抵”“於”二字。

〔9〕求其所當盡，《湖北先正遺書》本缺“所”字。

〔10〕擬議，原本作“議擬”，據《湖北先正遺書》本改。

〔11〕“皆庶幾”句，《湖北先正遺書》本無“聖賢”二字。

〔12〕“若秦人”句，原本“秦”作“泰”，據《湖北先正遺書》本改；《湖北先正遺書》本無“與”字。

〔13〕衆人，《湖北先正遺書》本作“萬人”。

〔14〕類乎，《湖北先正遺書》本作“類於”。

〔15〕料事如算，《湖北先正遺書》本作“料事算如”。

〔16〕相繼狐疑，《湖北先正遺書》本作“相繼授受”。

〔17〕久當自斃，《湖北先正遺書》本作“久當自斃焉”。

〔18〕袍綈，《湖北先正遺書》本作“綈袍”。

〔19〕“迨今”句，《湖北先正遺書》本作“迨今悠悠具存”。

與泉南左丞書

小生近自朝廷而來，到此未久，以公事紛糾，未得往諭德音，豈勝悵惋[1]。主上眷念藩臣，賜以尚醞，恩寵有加，德至渥矣。今遣從事官某頒下，逮可領也[2]。夫泉南爲郡，控帶番、廣，海舶之所集，珍貨之所聚，視七路尤爲要衝[3]。比年以來，四方多故，道路梗塞，加以閩省去天萬里，僻在海隅，故朝命之及，不能常繼。閣下以雄傑之才，爲國家右族，攄忠效勞，保守無虞。聖天子德度寬仁，皇太子春秋鼎盛，賢宰相定策廟堂，論功行賞，嘉賚萬方，不吝爵賞，以勸忠義。是用輟臺階之位，錫符章之寵，以待閣下，其恩亦不輕矣。三代封建諸侯，歲貢方物，以覲天子。齊桓責楚不貢包茅，《春秋》偉之。况我元車書混同，尺土一民，無非所有。公能體諸侯歲貢之心，效齊桓責楚之義，罄竭衷懇，以報國家，何往不可？况今中原底平，江南欵附，獻俘奏凱，無日無之。乾坤再造，日月重明，太平之基，近在目下。公不以此時勉圖報效，努力脩名，他日太平，雖有長才，將無所施矣。某被命來閩，惟鹽一事，課額所出，貴處頗多。近知閣下已行陸續起運，不勝忻喜。然凡百利益，更煩從宜處畫，比及年終運到，尤爲萬荷。其一切脚價，並依常例撥還。此外，彼中但有堪貢之物，如青段之類，煩爲出銀買過，即便照價酬納，亦無不可。明年首夏風便，使吾舟先兩浙之運，早達直沽[4]，上慰宸衷之望，則閣下之功當居第一矣。朝廷公論，豈無謂乎？

【校記】

〔1〕悵惋，《湖北先正遺書》本作“惋悵”。

〔2〕逮，《湖北先正遺書》本作“達”。

〔3〕“視七路”句，《湖北先正遺書》本無“尤”字。

〔4〕早達直沽，《湖北先正遺書》本作“早達直活”，誤。

與普大夫書

近辱教音，既審鈞候萬福，而勤拳之情，上爲國家，下爲故舊，又無一弗至，其爲感荷，奚罄名言。僕自戊戌春首誤爲良公所引，叨贊機權[1]。當時承别之際，荷閣下諄諄之諭，逮今言猶在耳。佩服拳拳，日慎一日。所以虚譽日隆，謬膺峻用者，皆前日相愛之賜也。區區本非識時之英，誤塵公選，兹者之來，惟懼弗克。然私心亦時復自喜，幸得與左右聯事，頗謂有鈞陶之托[2]。到此之日，不圖軒從已先往，此雖士君子出處之常，其如方面何？其如故舊何？近者仰奉綸音，欽賚御酒，賜馬賞功，勸勞甚謂。願得旌節少留，俟子實公至日，許以起任，爲方面之計。聖天子明見萬里之外，賢宰相洞曉人情，謂公聞此舉，必不肯苟然自安。所以急發使者，宣諭德音，良爲是耳。豈意風汛愆期[3]，率負聖意，走之獲罪萬萬曷言。本擬親拜下風，一吐衷曲，但到後每事頗費料理，今雖粗舉大略，然次第未覩成緒。又承尊命，許以勿往。特遣從事某，欽奉前項頒賜禮物，及本省公文，前詣行府。伏丐欽領，爲千萬荷，凡百進止，惟命是裁。人旋，幸乞賜教。原理僉憲，與僕爲鄉曲，交契骨肉，平日氣節、學問、政事[4]，不待言説。近日由番、廣冒險間關而來，伶仃一身，其復仇雪耻之念，同青天白日，良可喜也。今詣麾下，必有以處之。檢校唐仁，三十年父子交通之舊，忠厚老成，朋友中無與爲角[5]，異姓骨肉也。往昔雖蒙與進，然迄今無成，流落海表，尤爲可憐。今差建寧立碑，來此又不得一見。碑亦瑣事也，聞鐫刻已見次第，旦夕欲發一帖呼之，幸分付早還爲荷。是言也，毋乃多乎。特爾格皮條並哈達罕一付[6]，聊表鄙懷拳拳之思，伏丐笑納。

【校記】

〔1〕叨贊機權，《湖北先正遺書》本作“叨贊機務”。

〔2〕鈞陶，《湖北先正遺書》本作“蘇夫”。

〔3〕“豈意”句，《湖北先正遺書》本缺“汛”。

〔4〕政事，《湖北先正遺書》本作“政書”，誤。

〔5〕朋友，《湖北先正遺書》本作“朋布”。

〔6〕特爾格皮條並哈達罕，《湖北先正遺書》本作“帖哥皮條并罕答海”。

與燕平章書

疇昔叨厠簿書之末，幸得攀奉左右，朝夕侍教，與進良多。爾後不承顔色[1]，倏忽數年。今秋江南人來，具審動定之詳，宣布德雅，爲方面增重，有光朝廷倚注之隆，可謂利器有别矣。八閩爲海表孤藩[2]，勢尤嚴緊，非得雄才重望[3]，何以繫軍民之心哉！國家之意，固有在也。區區不才，謬膺器使，受命之後，日夜懷慙。幸得遇平章故人，相與共事，私心政自不能不喜耳。但海洋中風汛所誤[4]，以十一月十四日方達福州，中間艱阻，不可名言。又兼善臺端久往延平[5]，省中諸公皆皇皇無措，日來惟望旌節早降而已[6]。今因員外郎華善禮請之便[7]，聊爲先容咨文就此付上[8]，御酒、賜馬已托尚書徹爾托里領去[9]，伏丐鈞照。

【校記】

〔1〕顏色，《湖北先正遺書》本作"顏來"，誤。

〔2〕"八閩"句，《湖北先正遺書》本作"八閩爲海外孤藩"。

〔3〕"非得"句，《湖北先正遺書》本無"得"字。

〔4〕風汛所誤，《湖北先正遺書》本作"風所誤"。

〔5〕又兼，《湖北先正遺書》本二字缺。

〔6〕"日來"句，《湖北先正遺書》本缺"旌節早"三字。

〔7〕華善，《湖北先正遺書》本作"忽先"。

〔8〕"聊爲"句，《湖北先正遺書》本缺"就此"二字。

〔9〕徹爾托里，《湖北先正遺書》本作"徹通理"。

再與普大夫書

昨遣小頑往頒恩禮[1]，且奉禮狀左右，稽留之罪，所不能辭。近日特員外、大都郎中繼至[2]，具悉鈞候起居多福，甚慰懷想。非意之干，良可深笑，何煩相恤也。但前日留鎮之文，若使驟然早下，則閣下進退，必有牽制之累，終於隱密，則是倚閣君命，非愛人以德之意也。且子實公消息尚遠，軒纛又未出境，如近日之事，足爲殷鑒，不得不致慮耳。妄意延、邵等路，係行鹽地面。欲煩左右留情，就彼指揮諸鎮，少爲鹽事之助，豈徒足以應命塞責，其於事功不亦大有所補耶？以故專遣焦掾士温賫文前去稟候，伏望鈞裁曲賜寬恕而已。僕爲此事，頗費心力，今雖創置數局通商，變易大段，根本虛少。泉州之場，近固有一二到來，然船運極爲艱澀[3]。上路雖皆發鹽之地，尚慮未悉邇來彼中事情，若止就此株守而待[4]，又恐失於拘泥，良爲誤事。熟思再三，未得其策。兹就去人所在，掛榜召募客商。若客商流通，則諸貨自集[5]。隨後又擬分遣官屬，次第轉運而上。咨煩諸鎮，不限方物[6]，共成其事。多方周旋，將千慮必有一得。但鄙人孤立無與，兼之才識寡陋，須藉鈞算爲之號令鼓舞，則談笑之間，必可立覩其效[7]。况都省亦有札付本道[8]，憲司添力之文，大夫端揆諸司控制四省，即名義俱正，誰敢弗從？顧肯仰體上心，則無不了之事。某受命以來，日夜憂惕，自以君相軫念兹事，擬將朝夕發至。不圖到此，幰蓋先往，可謂缺所望矣。言發衷情，不覺過多，豈勝悚息。

【校記】

〔1〕昨遣小頑，《湖北先正遺書》本缺“遣小”二字。

〔2〕近日特員外，《湖北先正遺書》本缺“特員”二字。

〔3〕船運，《湖北先正遺書》本缺“運”字。

〔4〕“尚慮”二句，《湖北先正遺書》本缺“情”“若”二字。

〔5〕諸貨，《湖北先正遺書》本缺“貨”字。

〔6〕不限方物，《湖北先正遺書》本缺“方”字。

〔7〕必可立覩，《湖北先正遺書》本作“必有立覩”。

〔8〕“况都省”句，《湖北先正遺書》本無“亦有”二字。

與汀州陳參政書

走與足下處南北之間，平生風氣不相接，顏色不相識。到此之日，忠義之譽，日益聞所未聞。如登太華，忽見秋隼；如理盆盎，忽遇罍洗。以謂於今不復見古人者[1]，乃今復見之，私心安得不樂然一快哉！吾黨承國家百餘年太平雨露之恩[2]，其所教育，其所栽培，千萬人之内，豈無一人焉？亂離以來，舉天下節義之士，固不爲少。崛乎而起草萊者，非驕將悍夫，則庸人竪子。毅然爲豪杰之稱者，屈指數公而已。足下天資高，見道明，不憚死亡，爲一方捍禦，爲國家殺賊，不邀功，不責報，恬然安其下，非端亮忠義之士，其能若是乎？雖然，夫爲臣能如周公忠矣，而君子猶論其過[3]；爲子能如曾子孝矣，而孟氏尚言其可。而今而後，公能益勉其所不及，益行其所未至[4]，則周公其人也，曾參其人也，何古人之多讓哉[5]！即今明良在廷，將相輯睦，獻俘奏歘，無日無之，行賞論功，嘉賚四海。所以遣某來此[6]，督辦鹽貨，易換方物，以備勞來之費。凡爲臣爲子，政宜奔走效勞，少慰君親之望，尚懼已晚[7]，忍坐視不究[8]，付之默默而已耶[9]？但走也才識疏短，不能人百其身，政當與諸君子共成事功，分任其責，亦善善之意也。治下所轄之地，多行鹽產物去處。又閣下平日作事，擬於古人。走故以忠義相托，欲煩周旋之耳。朝廷公論，於賢者良獨爲欠，是在吾輩而已。兹專經歷某，將賫微禮，前詣左右，亮之亮之。

【校記】

〔1〕見古人者，《湖北先正遺書》本作“古見今者”，誤。

〔2〕國家百餘年太平雨露之恩，《湖北先正遺書》本作“國家百年雨露之餘恩”。

〔3〕“而君子”句，《湖北先正遺書》本作“而君子猶論其爲有過”。

〔4〕益行其，《湖北先正遺書》本作“並行其”。

〔5〕“何古”句，《湖北先正遺書》本作“何古之人多讓哉”。

〔6〕遣某來此，《湖北先正遺書》本作“遣其來此”。

〔7〕尚懼已晚，《湖北先正遺書》本作“尚懼晚”。

〔8〕不究，《湖北先正遺書》本作“不救”。

〔9〕默默，《湖北先正遺書》本作“嘿嘿”。

答普大夫書

喇實鼐鎮撫至自行館[1]，猥辱惠書及厚貺，良拜嘉也。走以不才，重承介念，曷以堪此。近者遣人奉狀執事者[2]，冀爲借重之助，中心雅無他也。迫人於險，羊叔子不忍爲之，豈復有鴆人李某耶？望賜心亮，則所幸至矣。兒輩在麾左，過辱鍾愛，望遣之早回可也。言語不次，萬乞亮督[3]。履端伊邇[4]，伏丐善加愛護，以迓泰來之慶。人旋，因以謝不敏。區區奉狀，不宣。

【校記】

〔1〕喇賓鼐，《湖北先正遺書》本作"剌速納"。

〔2〕遣人，《湖北先正遺書》本作"焦行"。

〔3〕萬乞，《湖北先正遺書》本作"望乞"。

〔4〕伊邇，《湖北先正遺書》本作"伊爾"。

再與燕平章書

年前華先員外行便[1]，嘗奉興居狀，海汛叵測[2]，不審曾徹左右否？日來心旌摇摇[3]，無念弗至。近者人來，遽審軒從已在中途，計可不日而達，私心所喜，實爲無量。此間鹽事，極費心力。初到之日，舊存具已支費[4]，在倉無千引之數。大夫既先赴任，其他皆非切己疼熱之人。而執事又卒未到，區區只得違冒衆怒，自爲區畫。逮今稍見一二之緒，但恐風汛難延，事干上慮，兹因人便，先此奉候。餘冀早降，共成兹事，曷勝幸也。使舟垂臨[5]，又當專人遠迓。區區奉狀，不宣。

【校記】

〔1〕華先，《湖北先正遺書》本作"忽先"。

〔2〕叵測，《湖北先正遺書》本作"巨測"。

〔3〕心旌，《湖北先正遺書》本作"心旋"。

〔4〕具已支費，《湖北先正遺書》本作"且已支費"

〔5〕使舟垂臨，《湖北先正遺書》本作"使使舟垂臨"。

與邵武魏參政書

僕平生無他所長，惟於忠孝之人，喜親炙而樂道之。以謂所就者小，所關者大。雖聖賢與人，良不是過，况夫立勛名以顯其親，安得不謂之大孝乎？足下以中州人寄跡海嶠[1]，承一方擾攘，奮身草萊，殺賊靖難，不愛一死，以報國家，其立志已偉。既而不幸敗績，母子俱陷，乃能夤緣賊中[2]，不受僞署，周旋脱難，寧捨親以就大義，不忠而能之乎？義聲一聞，卒使賊人感動，終送母氏以歸足下，不孝而能之乎？只此二事，賢於諸公遠甚。去年，予自海上來，每聞衆人言及斯事，未嘗不擊賞之[3]，可謂後世有王陵矣。邇者大明當天，群邪竄伏[4]，太平之基，尅日而復。國家不吝重賞，以勞賚諸軍，故遣予來此，督鹽易物，以助賞賚。公平日大節過人，甚欲嘉與同志，樂成其事，亦《春秋》善善之意也。今專提舉某運去鹽一千引[5]，作二次起攢，不限米糧金銀諸物，但可以充内府之用，一聽相公從長規措派賣而已。具數節次賣訖，見數陸續解送，而來歸日，第功上達。此則區區之事，公論所在，定不誣也。微禮表忱，幸乞情亮，不一。

【校記】

〔1〕寄跡海嶠，《湖北先正遺書》本作“寄跡海跡海嶠”，疑衍。

〔2〕夤緣，原本作“夤緑”，誤。據《湖北先正遺書》本改。

〔3〕“未嘗”句，《湖北先正遺書》本無“之”字。

〔4〕群邪，《湖北先正遺書》本作“郡邪”，誤。

〔5〕專提，《湖北先正遺書》本作“耑提”。

與建寧阮參政書

士瞻頓首[1]，欲馳狀奉候，一布上德，少伸朝廷慰藉之意。遞中遽辱遣幕屬介問，書貺兼厚，愧先施矣。走與足下邈然南北，而忠義之聞，不覺冥冥而相契過於平生，雖不睹芝眉，猶真見也。朝廷大賚諸方，太平新造，政君子竭身死事之日，建勛立業之秋。走當承乏被命，惟懼弗堪，欲煩賢者助我不及，贊成其事，或亦可以因事建功，一表衷腸，以破覆盆之暗，宜無不可。咫尺北上，安敢不一一第此功能首爲公道之陳邪？今專檢校某來[2]，使某通發鹽一千五百引，船運前去，不限方物銀段，一惟足下從長規畫。而去官留否，亦在所處也。作事貴乘機會，是所望耳[3]。閩中去天特遠，於閣下公論，頗自欠缺[4]，是在區區爲之也。部下其他軍功，望具手抹而來，或别有所貢之需，當與同舟而往。微薄之禮，聊致左右，情亮是幸。諸餘不能一一。

【校記】

〔1〕士瞻頓首，《湖北先正遺書》本作“上道比首”。

〔2〕檢校某來，《湖北先正遺書》本無“來”字。

〔3〕是所望耳，《湖北先正遺書》本作“士所望耳”。

〔4〕頗自欠缺，《湖北先正遺書》本作“頗是欠缺”。

與周淑亮書[1]

計八年前奉違執事者，今想慕風采，宛然如復一日。前日辱書下問，故人之懷，何可多得也。鄙人疏懶，不能先施，爲愧甚矣。履端方始，體況何如？計車從趨，期未晚也[2]。鹽事方殷，其成尚未有涯。顧惟才淺，極費心力，會須賁然早來，胥與共成茲績，歸日第功而上，亦盛事也。走以承乏，謬膺器任，偶叨前列，無益公私，曷勝慚悚。不既。

【校記】

〔1〕周淑亮，《湖北先正遺書》本作“周叔亮”。

〔2〕期未晚也，《湖北先正遺書》本作“期未爲晚也”。

與延平趙僉院書

年前陳照磨還，已具卑悃。近日華理問回[1]，傳致雅喻，感悉無量。老耄平日無他才能，至於待人接物，未嘗有一語之妄。足下氣節英爽，亦曷能受人之欺？咫尺之間，恨不得一見傾倒，安能以此一事，過欲相疑，猶使人鬱悒而不展耶？彼此當肝膽相照可也。所發鹽一千引，今已遣張宣使子固、都事子長押前去，令交割見數回還。必欲用者，姑留焦士温在彼聽候亦可。其事一惟賢者從長規畫。得銀爲上，布帛次之，早得先期完滿，可無憂矣[2]。福州係置絲處所[3]，非仗四遠諸商[4]，何以盡得發落？望賜通加照略，俾上下流通，無少凝阻，必大有遂願之期。尤望知契，一切作成之也。今專從事某奉去白銀若干[5]，聊表區區之情，切希亮含[6]。其他在去人口覆，未中千萬保愛。不宣。

【校記】

〔1〕華理問回,《湖北先正遺書》本作“忽理問回”。

〔2〕“早得”二句,《湖北先正遺書》本作“早得先期早備，不無憂矣”。

〔3〕置絲,《湖北先正遺書》本作“置總”。

〔4〕四遠諸商,《湖北先正遺書》本作“四方商”。

〔5〕今專,《湖北先正遺書》本作“今嵩”。

〔6〕亮含,《湖北先正遺書》本作“亮言”。

再與普大夫書

華理問、張都事至，傳道盛意，敢不拜嘉。壽帕之賜，足見懸情，何以堪此？是蓋閣下平日聰敏過人，所以綜理周密，豈易以庸人俗子同日語哉！節前值時事擾擾，不得專一介行李往叙節意，動爲高明所先[1]，感愧曷已！兹專從事某馳狀奉候，兼謝不敏，聊具柔毛魯酒微禮，以表區區之忱。此外不能作詩爲壽，專上壽帕一角[2]，爲後天之祀[3]，亦獻芹之念也。惶惶恐恐。比軒纛西上，又當作歌，走呈左右，以壯行色。鹽事依命發去，但彼處及建寧皆客旅必經之地，而此間置局，乃大節所係，若復少有所阻，彼得此失，必致乖隔。遠望薄加一指揮勸導之力，使上下客旅流通無礙，則能事諧矣。諸葛頗廉敏諳練，此事悉經其手，一日不可離散，以此復[4]。雅斯哈候子實至[5]，一如所命，不致誤也。區區奉狀，不宣。

【校記】

〔1〕動爲，《湖北先正遺書》本作“勛爲”，誤。

〔2〕專上，《湖北先正遺書》本作“耑上”。

〔3〕爲後天之祀，《湖北先正遺書》本作“爲浚天之祝”。

〔4〕“一日”兩句，《湖北先正遺書》本作“一日不可離，敢以此復”。

〔5〕“雅斯”句，《湖北先正遺書》本作“亦思哈候子寔至”。

與泉州左丞相書

區區到此兩月有餘，既不蒙遣一价來問，差去之人，久無一言回報，不知何所阻也？過節以來，倏爾又將一月，彼處鹽貨，雖已陸續起運，然屈指不及百分之一。縱然儘力攢運，比及春暮，運得幾何[1]？閣下果有真實報國之心，必須乘時多方，以爲猶慮不及。其見運之鹽，便盡數到來，一半作官，一半脚價。其脚價之鹽，又須就此變易，已是襯貼大課[2]。而又於還官之外，中間所得一半而已。以此校之，必作畫餅。則閣下平日報效之心，有名無實，誠爲文具，是豈臣子所爲哉？予今爲閣下計，莫若將見運五萬之數，盡寔作官。其脚價之費權且就彼代過，候正數齊足，却將餘鹽補償，諒無不可。此外，更望多出勘合執照，發來總省招商，就場支撥，尤爲便益。其餘舊數，仍煩就彼爲買段子諸物，先且打發船汎赴都，則閣下亦得以安枕而卧。如此，抑豈不可以見閣下先公後私之心，皎然如青天白日者乎？不然，則人將得以指議之矣。愛人以德，乃君子之事[3]，走誠不妄，敢爲閣下言之，毋煩星夜遣人來道可也。不宣。

【校記】

〔1〕運得幾何，《湖北先正遺書》本作“渾得幾何”，誤。

〔2〕大課，《湖北先正遺書》本作“六課”。

〔3〕君子之事，《湖北先正遺書》本作“君子之德”。

卷　二

書

與延平趙僉院書

犬子近日回，傳道雅意，及陳德高照磨繼至，又領惠書厚禮，并辱許以分辦鹽事[1]。公務私情，一舉兩得，感佩曷已。去秋乘差之際，此間方面及各鎮功賞，力尤可以提説者[2]，無不與之周旋。況公以中州右族，每於屠縣尹家人魏三處頗聞其詳，所以校之他人，特盡鄙懷之私。又以足下氣節英爽，非庸夫愚子所可同語[3]。僕雖未識其面，聞其名亦可以想見其爲人矣。及昨到此，毁譽交並，與前所聞，判然兩途，中心雖不能驟爲所惑，然亦未免不能驚怪。大丈夫志行落落，恒不爲時輩所容，理固則然。加以居常怏怏[4]，不得一展千里之足，受制於庸皂之手，此韓子所謂“凡物不得其平則鳴”，其公之謂耳。雖然，明者不以淺智自私，賢者不以小忿自快。廓江海之量以納細流，忘彼我之跡容之度内，將見毁言日鑠，譽聲益彰。是前日之毁譽，猶蜉蝣撼大樹[5]，安能爲公輕重哉！方今明良在廷，將相輯睦，威靈氣焰，照耀天地，論功行賞，有萬里之明。僕所以披露肝膽[6]，願得與諸君子分建事功，共圖忠義，以報王室，聯勛方虎之後，夫豈不毅然大丈夫哉！亦豈不爲他日世契之好哉！相愛及此，不覺叨叨，惶恐惶恐[7]。陳生來言，具悉盛意。鹽數如命，旦夕運至，勉爲他鎮倡之。不傷財，不擾民，不限方物，先事預備，得趁春運，滿載而歸，上慰宸衷之望，是所願也。脚價所費，不敢多愛，惟閣下從長區畫而已。旦夕尚容别遣官屬[8]，少致微禮，以謝不敏。其麾下將佐，凡有所囑，詳具手抹而來，當一一爲意也。區區不宣。

【校記】

〔1〕分辦，《湖北先正遺書》本作“分辨”，誤。

〔2〕尤，《湖北先正遺書》本作“凡”。

〔3〕愚子，原本作“餘子”，據《湖北先正遺書》本改。

〔4〕怏怏，《湖北先正遺書》本作“快快”，誤。

〔5〕撼大樹，《湖北先正遺書》本作“城大樹”，誤。

〔6〕“僕所以”句，《湖北先正遺書》本無“所”字。

〔7〕惶恐惶恐，《湖北先正遺書》本作“惶惶恐恐”，誤。

〔8〕遣官屬，《湖北先正遺書》本作“遺官屬”，誤。

與平陽周同僉書

自古立功之士，有同一世或終身不得一相見者。及其志慕之相期，氣節之相與，盡忠死孝之心若出一律，雖古今人無異也。年前於當宁諸公處，粗聆足下一二之示[1]。比過閩粵，遂得大有所聞。夫以平陽蕞爾之州[2]，僻處海嶠，無雄藩巨鎮之倚，無葭莩螘子之援，阨於虎狼之吻，提白徒之兵，效死弗去，歷數年之久，與諸方相抗，非惟不敢近，至不敢垂涎而睥睨焉，其志亦可憐矣。平居無事，又常欲效野人之芹，搜索纖芥之有，以遺君上，居江湖而憂朝廷[3]，不賢而能若是乎？且浙東、西連地數千里，連城數百郡，未聞有一人如公者。非特不能如公，至有甘爲臣僕而不羞，樂爲服勤而不憚，及有從而指示鄉導，悖逆朝廷者，奚犬豕奴隸若哉[4]！主上嘉公賢勞，賜以殊禮，别遣使者，前往頒諭，旦夕須至，必有其説。走以承乏，誤叨奉使。夫尚書寔天子喉舌之寄，喉舌之職，咨謀是周。到此之日，凡得兩人焉，而足下其一也。其一人恬静寡欲，特出君子之右，非膚言可狀，良不易得。其他諸公，並有所長，亦皆在所採録。要之，俱豪杰之士耳。王師大舉，所向無前，已有指日戡定之兆。國家傾帑藏以勞諸軍，故遣喉舌之官，專督鹽貨，以易諸物，備賞賚之助。近已多公之能，銘在心肺，敢不樂與同志分樹修名，上報當代，下垂將來乎？閩郡實首綿所産之地[5]，今專令親主簿陳某、候官縣主簿何某，齎文并奉狀左右，煩爲借銀代買粗細首綿二萬疋，粗者居半[6]，細者次之，染色者又次之。如數買畢，仍煩差官管押同來，當照元數撥還可也。敢不具名申達，以報公之德耶？僕不食言，冀足下亮之亮之。如欲專价赴都[7]，或外有委屬之事，當同艅相上，亦幸事也。微礼表忱，慎勿多辞。不宣。

【校記】

〔1〕示，《湖北先正遺書》本作“侶”。

〔2〕藼爾，《湖北先正遺書》本作“叢爾”，誤。

〔3〕居，原本作“者”，誤，據《湖北先正遺書》本改。

〔4〕“奚犬”句，《湖北先正遺書》本作“奚犬承奴隸若是哉”。

〔5〕“閩郡”句，《湖北先正遺書》本“閩”作“貴”，無“所産”二字。

〔6〕粗，《湖北先正遺書》本作“壯”。

〔7〕專，《湖北先正遺書》本作“耑”。

與泉州左丞相書

二十三日府判來，承華翰及厚貺，何以克堪。走奉朝命而來，理宜遣禮勞問，反辱先施，爲愧多矣。新正審鈞候起居百福，不勝欣慰。書中論及閣下自備脚力，運鹽一萬引，但同知長押之數，到今不滿二千。今次時奉彼處新舊鹽課，該數十餘萬引[1]，若止擬攢運一萬，比至南臺，又押一半[2]，中間百不及一。此事係國家正課，不過煩閣下添借氣力，運載到來而已。然其餘未盡之數極多，足可酬還脚價。若左丞實有報國之心，莫若照依分省元報五萬之數，先時一半儘官存留，一半慢慢準還脚價。如此，庶幾公私兩便，不誤風汛，足顯報效出自本心，不爲文具。

回還之日，當從實一一開寫，具報朝廷，豈不美哉？若惟視爲已有[3]，徒持空言[4]，失誤事機，是損從前之美名也[5]。此外更乞多發執照，勘前總省名商，詣彼支撥引鹽，亦足以爲攢運之助。又，區區另外自顧脚力，煩賽參政差官起運官鹽一萬引，就賫提舉司執照，赴場支撥。專望閣下早早發付前來[6]，以備换爲妙。惟冀閣下從長思之。不宣。

【校記】

〔1〕十，原本作“千”，據《湖北先正遺書》本改。

〔2〕押，《湖北先正遺書》本作“抽”。

〔3〕“若惟”句，《湖北先正遺書》本作“不惟視爲已有”。

〔4〕持，《湖北先正遺書》本作“恃”。

〔5〕“是損”句，《湖北先正遺書》本作“落後從事前之美名也”，有誤。

〔6〕專望，《湖北先正遺書》本作“達望”。

與燕平章書

近望旌節之臨，中心如渴，所以不憚煩瑣，連狀奉聞。鄙忱所契，當徹神明，必有能達之者。鹽事僭越，薄有分毫之緒，然心焦力殫已止此。旦夕惟伺賁臨，冀必少得眠食而已。此念不晚當復得一遂也。城内及諸鎮，逮今帖然，無煩介意。無根之言，左右恐不能免，當一切屏之度外。但所審在初，一存大體，芒角之嫌，悉無所累。先使上下安恬，然後次第而舉，則何事之有？近者泉州之鹽，已有定議，只此亦儘可以作成區區此行矣。貴舟一到河下，當星夜出郭遠迎，儘有其説，不敢不盡舊日參侍之好也。晤對有期，尚冀順時調攝式副倚任之隆。不宣。

與泉州左丞相書

胡員外便中又嘗附書，計不晚當到[1]。近日伯杭宣使泉南還，具道雅意，知感知感。奈風汛在即[2]，光陰不待，若非先事預圖，趂時急辦，倘機會一失，中間雖費無限之心，徒爲文具。區區今者自行措備脚力，顧到舟隻，煩賽參政委人管押，前去彼處起運一萬引。到日，望早支撥前來爲妙。其泉州見運之鹽，尤望星夜催攢。即日實到之數，前後不滿千餘，然一半作官，一半給付脚價。又候賣還脚價，然後回載，不惟公私兩誤，抑且大課侵襯，一時難以發落。務望閣下審量從長爲意[3]，將前運五萬之數，就彼代備脚價，從實先儘官數，攢運一半到來，换易諸物，餘鹽存下，緩緩補還船户。如此，庶爲得濟[4]，不誤事機。此外，更望就彼多出勘合執照，作急發來總省，以憑公文去支爲便益[5]。凡此數節，悉望閣下裁度，早遂報效之願，是所望也。前差從事人等，發付早回幸荷。今因海内知交修誠[6]，申候未中[7]，切冀善加保愛。不宣。

【校記】

〔1〕當到,《湖北先正遺書》本作“當道”，誤。

〔2〕即,《湖北先正遺書》本作“既”，誤。

〔3〕“務望”句,《湖北先正遺書》本作“達望閣下怎生從長爲意”。

〔4〕庶爲,《湖北先正遺書》本作“庶幾爲”。

〔5〕公文,《湖北先正遺書》本作“招商”。

〔6〕海内知交修誠,《湖北先正遺書》本作“海内知回”。

〔7〕申候未中,《湖北先正遺書》本作“聊此奉候未中”。

答興化分省沙參政書

去冬離京時，彦明、師曾輩切切托僕致懇。到此，不圖節鉞移鎮莆田，咫尺之間，不得一覩芝眉，良用憮然。然逼歲伯益侍郎來，遂得一罄所聞，令人酸鼻。晚節受此磨折，不知何以堪之也。公餘景嚮，無念曾釋。俟子實公旦夕至，當得爲意，非敢食言。近於傅西軒處獲見小帖，足見相愛。年前承書，兼辱厚貺，敢不拜嘉。第以彼中多故，遂稽裁謝。

今專傳宣使持狀，並禮花銀五兩，聊致區區之懷。未中切希燭亮。不宣。

與絅之應奉書

逼歲伯益父子至，辱書下問，且悉以疏懶見怪，衷心不敢不服。當時政以公私叢冗，又以尊執知故人來此，可謂特出望外，必遠來相勞。詎意世故不偶，及致乖角如此，誠爲罪人。走與令先府君一門父子，自謂相爲知己，當時祭文俱存，神明昭昭也。去秋離都，頻到台廷[1]，屢召令季，百方纔得一面[2]，臨行之言，逮今令人墮淚。昨囑巴延照磨[3]，已發書阮參政[4]，差往崇安，催督伊蘇收拾行裝[5]，計必與偕還，然後爲可。彼中紛擾，必不能爲懷，不知賢者何以克堪也？區區不勝馳慕，便翔毋吝教楮，以慰懸懸。未由晤對，尚冀順時節哀自愛。不宣。

【校記】

〔1〕廷，《湖北先正遺書》本作“庭”。

〔2〕一面，《湖北先正遺書》本作“一方”。

〔3〕巴延，《湖北先正遺書》本作“伯顔”。

〔4〕阮，《湖北先正遺書》本作“院”，誤。

〔5〕伊蘇，《湖北先正遺書》本作“也先”。

與汀州陳參政書

來使近至，辱書暨嘉貺，却之不恭，留之增悚，何以堪也。賢者當兹擾攘之日[1]，與勍敵相角，乃復留意我輩，感愧多矣。前遣額森特穆爾經歷致書左右[2]，謾以鹽筴一事嘉與足下，同脩報稱。及見書旨，令人懷慙。此意甚篤，敢不拜教。夫頒爵授賞，本方面體朝廷勸功之意，乃至堅辭力却，再三無已，美則美矣，毋寧不近人情乎？不近人情，則人難繼矣，此豈聖賢中庸之道耶[3]？近者，主上發使勞憫於足下[4]，豈得自謂無知[5]？第丈夫出處，當使名義俱正，名不正則事不成。而麾下將佐，豈得保其一一如公之心哉？其速受之，以安衆人之心，可也。子固都司，文學故人也，到日必有其説。回即見教爲幸[6]。未中，冀萬萬爲軍民持重。不宣。

【校記】

〔1〕“賢者”句，《湖北先正遺書》本無“玆”字。

〔2〕額森特穆爾，《湖北先正遺書》本作“也先帖木兒”。

〔3〕中庸，《湖北先正遺書》本作“申庸”，誤。

〔4〕勞憫，《湖北先正遺書》本作“勞問”。

〔5〕自謂，《湖北先正遺書》本作“中謂”。

〔6〕爲幸，《湖北先正遺書》本作“爲惟”。

與安坦參政書

張照磨近日還，遽領嘉貺及雅諭，具悉感意，何以堪此！春初計履用清健，良慰遠懷。走到此如坐深井，事冗如毛，遂致缺狀上問，爲愧多矣。壯行之期，敢不拜教，臨時當得再約也。走也材劣任重，尚未有涯，凡百幸相見教。不宣。

與元帥朱明叔書

予到閩後，甚悉台名之稔，計足下必一來相見，縱不自來，必煩使者過問。既而寂然，不曉何謂也。多故以來，四方之人非陷身爲寇，必倡義殺賊，非此二者，必陰懷顧望[1]，有幸灾之心[2]。此神明所不容，豪傑所不齒[3]，復安在所論哉！大凡爲人臣子，當先明逆順之義，審强弱之權而已。夫逆順弗明，不足以言忠；强弱弗審，不足以言智。失是二者[4]，而欲與衆抗衡，是動諸方之兵也，其能堪之耶？其不能堪之耶[5]？予聞古田爲賢者桑梓之地，雲仍相接[6]，家世清白，耕田鑿井，爲時齊民，承國家雨露之恩[7]，何忍不復追念，乃至睽離自處，不相臣屬，其亦可悲也已！予叨天子命，職在宣布，誠欲足下忻然内從，盡去無益之蓄，以就有道之正，不使虚生斯世，復覩太平之天，於賢者慮至熟矣[8]，至忠矣，幸毋疑而忽之可也。今專治中福童運鹽四百引，煩相發落，冀亦足以表足下報效之心，實君子愛人以德之意也。白金五兩，聊致酒殽之慰，達可領也。不宣。

【校記】

〔1〕陰懷顧望，《湖北先正遺書》本無“顧”字。

〔2〕幸灾之心，《湖北先正遺書》本上有“一”字，衍。

〔3〕“豪傑”句，《湖北先正遺書》本無“傑”字。

〔4〕二者，《湖北先正遺書》本作“二肴”，誤。

〔5〕“其不能”句，《湖北先正遺書》本無“不”字。

〔6〕雲仍相接，《湖北先正遺書》本缺“仍”字。

〔7〕“承國家”句，《湖北先正遺書》本無“家”字。

〔8〕於，《湖北先正遺書》本作“子”。

與汀州陳參政書

近因人旋疊以狀復左右，其爲傾慕，無任懸懸。頃聞江右陷賊之人[1]，懷公威德，争先款附，捷書踵至，良爲稀有。平章沙公以參政沁布阿咱爾乃父向由忠義[2]，著名章貢，思念其父必属意其子[3]，爰命集兵聚糧，取道於汀，相期與公戮力，共圖恢復。前遣提舉黄肅計議，已荷金諾。兹專掾屬馬立讓再伸前好，萬望執事上念國家方面之重，思建太平勛業，慨然肯從，使得歃血與盟，則焚舟之捷，豈獨孟明專美於前哉！况平章公爲人開朗，加以便宜行事，賞功酧勞，在所不吝，執事其毋惑焉。咫尺風帆北指，復命有日，敢不以執事之忠義爲當路告乎？未間切祈以時加愛。不備。

【校記】

〔1〕賊,《湖北先正遺書》本作“城”。

〔2〕沁布阿咱爾,《湖北先正遺書》本作“全齊庵撒里”。

〔3〕屬意其子,《湖北先正遺書》本無“其”字。

與阮伯剛參政書

前唐士元還,始能備道聞望之詳,喜欲傾耳諦聽,不覺亹亹忘疲。惜乎其不得相與對床風雨,傾倒於一夕之頃也。春來計履用安恬,兼荷連領教言[1],曷勝傾慰。日來風信遽臨,歸興如燎,人情伊阻,事未有涯,不知足下亦嘗念及否也?近見書中無一言掛之齒頰,其然乎?其不然也?鄙之初意懇托至堅,而肝膽相契,神明可知,足下必能悉此區區之懷也。况朝廷之事,尤吾黨所當爲者,奚待多言?但恐船運到晚,有乖盛意之望。然肯置之方寸中,何愁不了之事,第煩左右一轉手之勞耳。兹專鄒元凱奉到烏帽一頂,折禮白銀十兩,并陳總管角弓一張,賈元帥雙背弓一張,少伸慰藉之勤,并乞慨然分任爲幸[2]。前運七百五十引,想規措已畢。近見脩敬宗來言,聞已差人先此解納,今尚未到。兹就朱子元等再運七百五十引,糞貨粳糯米糧諸物。外差鄒元凱照磨别運横收鹽三百引,煩爲織造進上呈樣段疋,并買細布、茶芽等項,爲報效先容之地。此亦人情所不能免者,悉望屈意而周旋之。竊惟賢者以一方豪傑[3],度越諸公遠甚,故予敢以心膂相告,幸毋以憚煩爲嫌可也。果有附貢之物,并所欲言者,千萬毋惜教音。不一。

【校記】

〔1〕教言,《湖北先正遺書》本作“教裁”。

〔2〕分任,《湖北先正遺書》本作“分領”。

〔3〕竊惟,《湖北先正遺書》本作“切惟”。

與趙允昇僉院書

新春以來,疊辱惠書,凡事推稟而行[1],甚感甚感!余亦不敢自愛,輒用赤心相告,豈敢陷人不義?賴賢友聰明,肯下心俛聽,其遠大之就,當未易量也。遞中政欲脩狀差人,聊具菲禮,以伸慰藉。廿五日,忽承王照磨至,兼領華牋及禮意之厚,何以堪此。但前之所受,義所當然;今之所遺,佀爲重復。夫禮貴適當[2],勿在厚薄[3],苟於義未備,是爲黷貨[4]。予雖不材[5],安敢奉命?尚冀亮之爲千萬[6],幸少恕。前以朝廷鹽事相托,荷慨然,第以溪水不便,到日頗遲。伏聞麾下先此規劃已久,想不食言。鄙之初意,相托至堅,一切惟命是處。但風訊已臨,歸心如灼。今專鄒元凱照磨催稟[7],兼致勞謝之敬,達望笑而留之,不勝多幸。已賣之物,尤望日下起解前來,比五月初,準擬發程也。其餘具在前言[8],併以此復。人至,亟圖示報。匆匆不能悉。

【校記】

〔1〕稟,原本作“票”,誤。據《湖北先正遺書》本改。

〔2〕貴,《湖北先正遺書》本作“遺”。

〔3〕勿,《湖北先正遺書》本作“弗”。

〔4〕黷貨,《湖北先正遺書》本作“瀆”,無“貨”字。

〔5〕不材,《湖北先正遺書》本作“不才”。

〔6〕尚冀亮之,《湖北先正遺書》本無“亮”字。

〔7〕專,《湖北先正遺書》本作“耑”。

〔8〕其餘,《湖北先正遺書》本作“諸餘”。

與魏彦名參政書

前遣楊提舉奉書及勞禮,冀達左右。暨運鹽五百引[1],煩爲發落,易換物貨米糧以表共事之心，想能具曉鄙意也。余叨奉朝旨來閩，天子托以喉舌之寄，諮謀度詢，職之所繫，有非一端。然不蒙發遣一价來問，其然？豈其然哉！今專鄒照磨前詣催辦[2]，兼致角弓一張，以表鄙意懸懸之私，幸冀亮之。仍望慨然措辦完備，早爲起解前來，庶功效有歸。比五月初得遂回期之願，幸也。未中千萬慎重。不一。

【校記】

〔1〕五百，《湖北先正遺書》本作“五伯”。

〔2〕專，《湖北先正遺書》本作“耑”。

與劉思忠僉憲書

人來自建陽者，皆樂道部使者盛名之盛，賢於暴公子遠矣。近脩敬宗至，審日來貴體慾和，已臻勿藥，其爲喜慰，未易形容。走以鹽事縈心，日就衰朽，人情乖阻，事未有涯，風信伊邇，歸興浩然。端望接臨之下，添力慫恿[1]，早遂克諧之願，式副朝廷責望之隆，不既多乎！王儀保解，便中付下爲感。未間千萬加愛。不宣。

【校記】

〔1〕慫恿，《湖北先正遺書》本作“從臾”。

與彥周憲使誠之士安憲僉元哲幕府書

走以客歲到閩，值公務紛糾，遂稽奉候。遞中遽辱惠書，兼領禮貺之厚，愧先施矣。日會伯防，具悉雅意勤拳，就審履況交勝，喜慰無量。區區以庸劣晚進，猥叨承乏，任大體重，日夕憂惶，思所以教載俛助不及，冀有賴於斯文，而山川阻脩，無由趨謁[1]，病痛既多，就正斯缺，爲愧深矣。諸君子寄跡隣壤，不得不抒内蘊以報國家[2]，此心此念，天將有以從之者。江右實當代聲名文物所在之地[3]，太平伊邇，行當見之，安敢不爲諸執事之賀乎？爲我愛者，冀煩獎勉諸公，早成鹽事也。因風敬不敏。不宣。

【校記】

〔1〕趨謁，《湖北先正遺書》本作“親炙”。

〔2〕不得不抒内蘊，《湖北先正遺書》本作“不得一展素蘊”。

〔3〕當代聲名，《湖北先正遺書》本作“歷世衣冠”。

與阮参政書

日來連得公數書，甚慰懷想。但鹽事未見成緒，差去人又皆落落無謂，甚可怪也。鄙意托公甚深，凡百悉望無嫌無疑，一惟從長規措。此間久已二次減價，務求官民兩便，期貨早得到手，不誤回程，此區區之意耳。以足下相知，想能具曉也。此間坐守，度日如年，憂勞積慮，如鋒攢體，足下亦嘗念之否乎？關外之慮甚加，已嘗慫恿江右官屬[1]，不日西行，行當會見，必有其策。來使馬管勾一病幾危，近方少愈，旦夕回還。朱掾子元頗解事，可與言論。年前作一書，備述公去秋建上功績，多所分辦[2]，良不易得。奈本省當要頗持雷同之論，以故不能盡如所慮。無稽之論，萬無此事，流言止於智者可也。予嘗留之，聽候運鹽，以織造上位段疋之事委之。奈其事頗費周折，因其遷延到今[3]。旦夕朱掾與鄒照磨坐押前去，達望力與作成，莫大幸也。後運鹽七百五十引，已令照磨潘遂良另項管押，計不晚當達，幸乞情亮。具由尚容元凱同朱掾到日詳陳，及有纖須之禮，以表區區也。不一。

【校記】

〔1〕慫恿，《湖北先正遺書》本作“從臾”。

〔2〕分辦，《湖北先正遺書》本作“分辨”。

〔3〕遷延,《湖北先正遺書》本作“迂延”。

與阮參政書

高宣使近旋，謹已奉狀裁答區區之懷，計閣下洞見肺腑也。日來景仰，益用懸懸，而神明攸相[1]，介兹多慶，良深抃慰。頃以鹽事日見憂迫，而前後之運，道塗艱滯，不得卒遂所懷。而先運到後，計荷發落，然迨兹未沐回報。若止以常法，惟待客旅一節變换，恐終緩不及事。須煩多方派賣，捨緩就急，仍減價直，以便民商。人心既順[2]，則事必易集。幸毋胥動群言，不相信托而誤大事，可也。外煩織造御用段疋一事，亦須先此派散機户，比鹽到日，庶得兩濟。此報效中第一事也，尤望慨然樂成之。幸甚幸甚！鄒元凱行，謹附烏紗單帽一頂，白金拾兩，馳狀奉謝，惶恐惶恐！其詳去人能覆。未中情亮。不宣。

【校記】

〔1〕神明攸相,《湖北先正遺書》本無“明”字。

〔2〕人心,《湖北先正遺書》本作“人人”。

與趙僉院書

王照磨來，辱書既嘉貺，禮意勤渠，感愧交集。而區區之懷，已於照磨狀中諄諄甚切[1]，計能復也。日來具審，横槊之暇，履新多福，甚慰懸懸。鹽事告勞，有煩神用，感羡良深。兹專鄒元凱照磨[2]，聊具烏紗單帽一笠，白金十兩，冀伸勞藉之好。慨然是留，不勝幸也。前後所托鹽數，并魏參政所發之鹽，悉望作急催趂而來，身先諸鎮，是所願也。其詳之囑，前已告陳照磨，今元凱能悉也。

【校記】

〔1〕照磨,《湖北先正遺書》本作“王生”；甚切，《湖北先正遺書》本作

"其切"。

〔2〕專,《湖北先正遺書》本作"耑"。

與章右丞書

客歲承令季來,兼領書貺,感愧交并。繼後連辱問候,知以軍儲告急,即與區處,折而爲二。走亦俯念方面,别惠百引,已付來者領去,想能具悉鄙意也。日來江右音問絡繹相繼而來,前士庶之陷賊中者,望官軍如雲霓。日久坐視,遂孤來蘇之望,而重罹塗炭,亦可憐也。諸公皆江右名族,事皆在彼,乘機取勝,實惟其時。走叨使在此,已嘗僭妄慫恿主將引領西上〔1〕,竚聽捷音耳。所貴者師克在和,各盡己分,不責於人,則事無不濟。深願足下亮之,而已少懇。有王恂者,前兵部郎中王幼達之子也。伊父昔由廷選江西,不幸去世,就彼丘葬。其子前年因往取骸骨〔2〕,流落在閩。人誰無親,而其人若此,亦可念也。今因閣下揚兵江上,天其眷佑我師,行將直擣南昌,殲厥渠魁,以復故土,俾此子得以蠅附驥末,以遂孝誠之感,實生死而骨肉也。然必先令參一宣使,預先借數月氣力而去,不勝之幸。斯言毋乃多乎?至祝。薄有角弓一張,聊表微忱,笑留是幸。未中,冀萬萬爲軍民持重。不宣。

【校記】

〔1〕慫恿,《湖北先正遺書》本作"從臾"。

〔2〕骸骨,原本作"體骨",誤。據《湖北先正遺書》本改。

與普大夫書

久不奉狀,已墮踈懶之罪,然此心無日不勞寤寐也〔1〕。事冗如毛,無緣得似往年,一倚左右,爲銀山鐵壁,坐收漁人之功,是用慊慊耳。蘭都事來,備道盛意之厚,上爲國家,下爲故舊,曷勝傾慰。政兹洶洶中，舊態復作，蘭生遽至，可以破蛟雷矣。風信密邇，憂思如焚，緬思其事，若少煩指揮之力，便可一鼓而成其獎勸之功，未易以言説而既也。知感知感！大夫平日志慮清明，氣節英爽，近日江右捷報，所謂吉人天相者也。可賀可賀！未涯披奉，伏丐以國家柱石自愛。不宣。

【校記】

〔1〕“然此心”句，《湖北先正遺書》本作“然必日逐孤立弗與”。

與阮參政書

鄒照磨去後十二日，蘭都事至，具悉盛意，一破憸説。雖王事賢勞，多所煩慮，然臣子之分，亦所宜然。君子愛人以德，良用是耳。江右之事，捷音踵來，關界無虞，亦自可喜，此豈不可見天意悔禍之時乎！乘時立功，猶懼已晚，哲人君子，安得不炳於幾先耶？本分之内，當不加毫髮。前者人所傳劉僉院之事[1]，甚非所宜，損令名，虧雅道，切爲公等惜之。走前此於部下諸校立功之事，已不一言而足，乃獨不肯見信，豈尚以我非羊叔子耶？恨不得與足下一見，盡剖胸中之見而告之。前後鹽貨及所織段樣，尤煩介注，先期而預備之，蚤賜發下[2]，以備打角，爲幸多矣。恃愛敢告，幸以情恕。不宣。

【校記】

〔1〕劉僉院，《湖北先正遺書》本無“院”字。

〔2〕蚤，《湖北先正遺書》本作“早”。

與陳子奇院判書

近因鄒照磨附去角弓，聊表賢勞，鹽事介煩，良用懷減。蘭都事近至，首審貴職高遷，甚副公論。但以地遠事牽，不及爲賀，良用憮然。

聞足下及復辭謝，足見恬退之心。隨奉大夫之命，俾復厥職，處置甚得其當。況鹽事總在一路，幸以朝廷重事爲念可也。前後運鹽到彼，遲疾不同。望與阮大參同力派賣，早得完備，起解前來，先期打角，不誤風信，吾之願也。不一。

與趙允昇僉院書

鄒元凱去後十二日，藺都事經至，所領鹽事，深荷介意，不日解下，踴躍過望，甚慰懸懸。丈夫作事慷慨，信有徵矣。走雖無緣一面，而吾友之心則洞見矣。但慮建寧阮公處發鹽太多，近知其爲人頗欠爽快，恐爲所誤。貴治之下，若可以發落，則彼路後運七百五十引内，經過延平時，望就斟酌撥留五百引，曲賜成全。押運詹主簿等如或不信，當出信示之。若得秔糯米糧，亦可壓船之用，價直減削，諸物添搭，一從其便而已。所謂得隴望蜀，吾之謂也。然事不得已者，是當與好男子告之耳。此行得一相見尤妙，不然，當備悉作一書可也。楮短情長，言不能既，悵然悵然！

與程伯川都司巴爾斯檢校書[1]

差後經兩月間，不發一信相報。近見周叔亮之言，益增憂惱。十二日藺彦芳至，獲到來呈，方悉其事。若果艱難，何不早早見報？直至後運一千引續發去後，乃説此様之話，謬哉謬哉！此事阮公若肯真心自爲，則何有不了之事？此間在城并支郡，俱各減價派賣，諸物依舊添搭，不限秔糯米粮及百物之貨，商民欣然。而從事已克集彼中着落在地富户及僧寺軍民，不限米粮，多方派辦[2]，諒亦不甚費力。鹽既減價，則民必自便也。又隨後所運，恐卒難變易，莫若再煩趙僉院爲賣五佰引，就詹主簿所運數内撥付本官爲妙。我另有書煩托本官，蓋本官大段爽利人也，必不見阻。臣子報效，當先儘君父，雖割己以報國家[3]，亦非過分之事。

我雖不材[4]，朝庭之上磊落而敢言者，人所共知。況此部將校功跡，在吾輩還時有以明之耳[5]。人若不肯相信，誠可憐也。此言達之斯人，亦無不可。此差已曉尊意，毋勞喋喋。不一。

【校記】

〔1〕巴爾斯，《湖北先正遺書》本作“明里沙”。

〔2〕辮，《湖北先正遺書》本作“辨”，誤。

〔3〕割己，兩本均作“割已”，據文意改。

〔4〕不材，《湖北先正遺書》本作“不才”。

〔5〕吾輩，《湖北先正遺書》本作“我輩”。

與周宗道僉院書[1]

前月去人，何主簿書呈，甚悉雅意，良慰懸懸。適彼中值意外之虞，所以特煩神用。近見恩監憲，知已解圍破敵[2]，神明乎相蓋有在矣[3]。物貨想已措劃完備[4]，然風訊在邇[5]，未見發來，不能不致念也。今專理問所知事劉夔[6]，馳狀奉問，兼賫白金十兩，聊表慰藉之意。所欲言者，去人能詳。費過價值，物至即還，不勞致慮。前書所稱，兹不外示。不宣。御史孔公前不及另狀，同此拜敬。

【校記】

〔1〕周，《湖北先正遺書》本作“同”。

〔2〕知已，原本作“知己”，據《湖北先正遺書》本改。

〔3〕乎，《湖北先正遺書》本作“字”。

〔4〕劃，《湖北先正遺書》本作“畫”。

〔5〕訊，《湖北先正遺書》本作“汛”。

〔6〕專，《湖北先正遺書》本作“耑”。

與泉州馬總管書

二月間得書，甚知爲鹽事用意，政兹差人管押蕭綵間，遇彼中事變，遂爾寢閣，後報已裝之數，卒成畫餅。變後多知足下累發呈省府，請官鎮守，此可明足下之心。然其事在前人，罪不可一二計，而同知所運之數，雖有公私一半之名，抑大段虧官害事，有名無實。足下平日以報效自任，今既上無所拘，下無牽掣，正竭忠奉國之日。彼中六分鹽課，風訊既誤[1]，彼此卒急，俱難變賣。祇須就彼規措從權，變派諸色緞疋[2]、布帛、香貨、胡椒等物，先行抵對，代辦作數，趂四月内解赴福州，通行打角，另項起運入京。餘鹽就彼顧船，運至直沽[3]。此當職提調之事，必容明白告知，便當奉命而行，以圖臣子報稱之禮。外有歷年市舶皆合供上之物，另當作一措劃[4]。如此，庶以表足下之心，一掃前日之失。旦夕到朝廷，當一一爲公明之耳。今差提舉孫敬持書並白銀十兩、棕帽一頂[5]，聊表遠意。公文至，可詳也。不一。

【校記】

〔1〕訊，《湖北先正遺書》本作“汛”。

〔2〕緞疋，《湖北先正遺書》本作“段疋”。

〔3〕運，《湖北先正遺書》本作“連”，誤。

〔4〕劃，《湖北先正遺書》本作“畫”。

〔5〕持書，《湖北先正遺書》本作“特書”，誤。

與朱明叔書

病中諦觀來書，具曉公意。然其詞頗倨，其氣頗厲，胸中必有不得其平者，其志亦可憐已。古之賢人君子惟獨不然，其責己也重以周，其待人也輕以約，未嘗見有深排力詆，必欲校彼此之是非如足下云云者，其亦未之思耳。世之論大舜之孝者，爲不見其親之非，所以底豫；論申生之恭者，爲不知其己之是[1]，所以就烹。《詩》曰："式相好矣，毋相猶矣[2]。"《傳》曰："寧人負我，無我負人。"皆所以明先施之當盡，戒責人之不報己也[3]。足下世承國家雨露之恩，其《詩》《書》之教，漸濡在心，大順之理明並日星[4]，一旦乘時多故，彼山川之神靈，祖宗之責望，一皆在於足下。其所以保鄉里而衛境土，非足下之多，實足下之宜也。朝廷念公忠勤，高官崇爵，不吝報賞，顧安得無一所謂知者耶？當職膺喉舌之寄，叨奉明命，奉使來閩，公耳目之職，以盡周愛之道[5]，惟恐弗逮。凡休戚之所干，利害之所係，藩方功過之歸即[6]，墨阿大夫之毁譽，是皆使臣之事也。公獨不聞所以待諸公之意者乎？若夫惑簧言[7]，亂是非，此奸人賊子之不爲，而謂當職爲之乎？予莅此閲數月矣，不聞遣一介相報，以通上下之情，待朝廷之禮，固若是耶？由此言之，足下前之所爲，未必盡是；今之所陳，未必盡非。不思反己[8]，而惟務尤人，難矣。余平日無過人之長，彼以一念忠厚，於人不敢妄有增損，要必欲引人於善耳。足下當亮其無他，可也。前以鹽事相煩，政欲表公一念勤劬[9]，不此之察，廼欲以價直相稟[10]，可謂不相信矣。低昂高下，一惟所處，不足深較。來貺甚嘉，姑留以安來者，續容裁答也[11]。不宣。

【校記】

〔1〕己，兩本均作"已"，誤，據文意改。

〔2〕毋，《湖北先正遺書》本作"無"。

〔3〕己，兩本均作"已"，誤，據文意改。

〔4〕大順，《湖北先正遺書》本作"卸順"。

〔5〕周愛，《湖北先正遺書》本作"周爰"。

〔6〕歸即，《湖北先正遺書》本作"真即"。

〔7〕惑簧言，《湖北先正遺書》本作"簧惑言"，誤。

〔8〕己，《湖北先正遺書》本作"已"，誤。

〔9〕政，《湖北先正遺書》本作"正"；勤劬，《湖北先正遺書》本作"勤

渠”，誤。

〔10〕廼，《湖北先正遺書》本作“乃”。

〔11〕“續容”句，《湖北先正遺書》本下有“氣”字，疑衍。

答龔景修參政書

嚮辱惠書〔1〕，兼拜嘉貺，良用感荷。公以一方故家流裔，《詩》《書》禮樂之教，漸漬彌深，乘時多艱，乃能發財結客，倡義而舉，不以成敗改節，得之行人之譽，已不一言而足。奈朝廷清明，察見萬里之外，其所以待公，未爲無知矣。今天意悔禍〔2〕，人事灼知，政臣子竭忠樹功之日也〔3〕。以足下之心之才，何所不到？凡所可爲，當努力爲之，毋爲坐畫〔4〕，徒讓他人也。走到此閲數月矣，耳目所及，政自不少〔5〕，部下將校之文，旋當明之耳。病中無由展答，姑致區區，以謝不敏。不宣。

【校記】

〔1〕辱，《湖北先正遺書》本作“尋”。

〔2〕禍，《湖北先正遺書》本作“過”。

〔3〕〔5〕政，《湖北先正遺書》本作“正”。

〔4〕畫，《湖北先正遺書》本作“盡”。

答魏彦名參政書

曏爲鹽事，嘗遣楊提舉持書及微禮以通侍者。後知臨發時爲都事催行，所以中道而止〔1〕。近日承陳鎮撫、李掾來，備領華緘暨厚貺，良拜嘉也。政兹念間，廿六日遽又見惠書信，甚荷介情，可謂知所先矣。區區之情，已見前書，非有鳩人之術也，公當亮之。耳目所周，廼使臣之職〔2〕，政自不能不爾〔3〕。部下功績，已囑來者，當爲周旋耳。風期伊邇，是米是銀，蚤爲解下爲感。不一。

【校記】

〔1〕“後知”兩句，《湖北先正遺書》本作“後知中道而止所以□（缺字）發邦吉都事催行”。

〔2〕廼，《湖北先正遺書》本作“乃”。

〔3〕政，《湖北先正遺書》本作“正”；爾，《湖北先正遺書》本作“耳”。

與趙允昇書

歲前後連領書貺，違離之後，益見不忘。豈老謬平日待人頗自真實[1]，一言相加，即動朋友，此外不足辨也。交遊之中，英爽如公者絶少，其所欠闕處，計亦不無。使僕得挈而引之於朝廷之上，相處數年，回視今日，聞見必多，智慮必廣。一經變故[2]，將信老謬之言爲不妄也。他日吾子孫碑後述平日定友姓名[3]，必曰某與某也。比區區北行，尚望撥冗一來相别耳[4]。王照磨來，歷數公回日即發路印并一切錢糧之事，悉歸有司[5]。果若是，是能相信矣。又聞於追舊銀之外也，以海運糧事專委吾仲實良友，已行多方規措，何其先人而樂爲之如是哉！人謂趙延平平昔施與而不吝，信乎其倜儻過人遠甚，僕安得不喜而不寐乎！兹專照磨張普先此馳告[6]，獨於公不復叨叨相囑也。王宣使鹽事係小節，只須回以文答之。近見公書，類多不平之氣，何其包荒也？再三捧誦[7]，其志多在阮耳。僕有一書與本官觀海鈔上，閣下其視之否[8]？阮君平日待公甚篤[9]，不幸近故家累，頗輸吾輩之念[10]，賻吊之禮，多多益善可也。未中加愛，上爲國家，下爲朋友，舉毋負所望爲荷。不宣。

【校記】

〔1〕“豈老”句，《湖北先正遺書》本缺“待人”二字。

〔2〕變故，《湖北先正遺書》本作“變化”。

〔3〕姓名，《湖北先正遺書》本作“之名”。

〔4〕耳，原本作“日”，誤。據《湖北先正遺書》本改。

〔5〕有司，原本作“之司”，誤。據《湖北先正遺書》本改。

〔6〕專，《湖北先正遺書》本作“耑”；张普，《湖北先正遺書》本作“张晋”。

〔7〕再三捧誦，《湖北先正遺書》本無“再三捧”三字。

〔8〕“閣下”句，《湖北先正遺書》本無“否”字。

〔9〕阮君，《湖北先正遺書》本作“恩德卿”。

〔10〕輸，《湖北先正遺書》本作“軫”。

卷　三

書

與魏彦明

客歲承便，不一奉狀。正初遽辱書，誨知獎過實，而下貺之厚，敢不拜嘉。第入省以來，地位頗涉嫌疑。甆器謹以領訖，其餘之物，難以虚拘，良拂深意，罪復何説。春來省鈞候安榮，足慰鄙私。公事上告，幸希諦聽。走之不才，人所知也。國家不愛公論，誤叨器使，鹽糧兩事，俱辱見委，任大責重，如涉淵冰，不與諸君共圖，事將焉濟？鹽事雖粗已經營，所至之處，猶賴贊成。今兹粮運，實出本心，玉音伊邇，奚忍坐視？其文既責本省，專督在予閣下〔1〕，雖出守藩維，其於同寅，事即一體。臣子報稱，凡所得爲，人莫不争先而奔走之。芹，微物也，野夫賤叟之獻，而君子猶嘉其志。有旨見需，理宜應命，於名則正，於事尤宜。以平昔閣下忠勇之念，國家待閣下之心，必當與吾黨分任其事可也。兹專照磨張普先狀〔2〕，續容遣吾郎中還與閣下圖之也。事畢，或差人參從北上，亦惟尊命。春初自愛，式副願望之私。不宣。

【校記】

〔1〕〔2〕專，《湖北先正遺書》本作“耑”。

與賈景復

新年連辱書及羊酒之貺，受之多矣。公相遠處關維，既膺榮拜，禮當一賀，尚愧缺然。而老謬承乏誤用，政爾懷慚，敢望記録。雖已黽勉就事，尚懼才劣[1]，無能報稱。諸君子素懷忠勇，朝廷之上凡所見需，必能與僕同志。况今歲海運糧事，出常制之外，聖心如此，凡我臣子，忍能不一動念乎？然報效之事，不計有無，不計多寡，但能隨力量而應之，不負君上之念，斯亦可矣。事屬本省，并委區區。公治雖遠，職同省臣也[2]；公地雖陋，方物則有也。二者宜在所當擇矣。前鹽不晚即至，毋煩介念。兹專照磨張普先狀奉告[3]，續當委陳都事與公贊助之。未中，不宣。

【校記】

〔1〕懼，《湖北先正遺書》本作"偲"。

〔2〕職同省臣也，《湖北先正遺書》本缺"職"字。

〔3〕專，《湖北先正遺書》本作"耑"。

與普大夫

士瞻區區本以才劣事殷[1]，其於事上之禮，頗覺疏慢，雖芹狀勤懇[2]，猶不能撥冗一裁，罪復何説。夫人本非兼人之長，一旦舉而加之衆人之上，施之於事，便有此等之患。苟非大人君子，度量包荒，何可多堪也？春來，伏審鈞候體履，久就安榮，吉人天祐，理所宜然，健羨無已。卑省於水西僦一寓所[3]，冀得軒蓋蚤遂下臨之願，問之行人，或尚未卜。夫以五六年違離之心，迨兹未副，天乎？何其相靳如此也！兹專都事張貞[4]，謹奉白金二百兩，爲新正納慶之薦。伏望下記前日之舊，笑而容之，千萬幸也。少憝員外張琦，係都下張君舉之子，伊家父子歲久，其爲人也頗自敦慎，但命運不偶，近有不獲上人之意，今除延平同知，恐不能堪。如賜見憐，作一從事而去，甚妙。恃愛敢爾叨叨[5]，首祈乎照。冒瀆威嚴，不勝悚懼。不備。

【校記】

〔1〕士瞻，《湖北先正遺書》本作“日來”；殷，《湖北先正遺書》本缺。

〔2〕雖芹狀勤懇，《湖北先正遺書》本作“雖片狀勤懇”。

〔3〕水西，《湖北先正遺書》本作“水面”。

〔4〕專，《湖北先正遺書》本作“耑”。

〔5〕恃愛，《湖北先正遺書》本作“持爰”。

上中書左丞相

去冬十二月初旬，病中，海上人回，伏惟鈞候神相萬福，朝廷景運，遐邇枯朽，舉賀更生，下官小吏，敢不爲宗社之慶也。顧惟士瞻何功何能，復辱大用，驚喜過望，未易言究。使者繼傳鈞意，如覩顏采[1]，一門父子，俱荷帡幪[2]，感激之至，不知何以報聖德之萬一也。但小兒守成，於事迂疏，不堪使令，一旦誤事，必有得罪於公道者，恐他日見累，臨訴晚也。死罪死罪！竊念士瞻自參侍以來[3]，特沐陶鎔生全之賜[4]，每出平常。前歲重叨器使，將命來閩，蚤夜以思，惟恐負朝廷責委之重，累丞相知人之明，惟圖竭力以求報稱而已。豈意到閩之日，官無統紀，人情事務，動如摶沙。士瞻深思任大責重，不敢拘以無文，遂弗自揆，越分規措[5]。幸賴君相之庇，比之常年，頗遂萬一。正圖開洋，不意變生倉卒，内外閉塞，城中鼎沸，哭聲轟天，死者八九。余自荷以使者之職[6]，叨司耳目之寄，安忍坐視，以貽朝廷之憂。乃仗聖天子威靈，開誠心，仗大義，諭以利害福禍之原，庶幾異類惡醜帖耳俛聽，未嘗敢以無禮相加，遣人馳書軍中，往來開示[7]。至七月十六日，士瞻方率耆宿士民出城，親見大軍議之，解其事。議定，又復入城，以安百姓。甫至八月十五日，方盡誘醜登船，隨時軍衆四合，一掃而空。其首惡餘黨，逃至泉南，尋復剿絶無遺。是皆宗社之靈、君相之福之所致也。雖見拘留，未至辱命。彼時縱使不然[8]，惟有一死報國家而已，安敢以身自惜，爲使命羞乎！幸喜身留物達，少慰忠忱。豈意朝廷見憐，復授重爵，賜以生還，可謂恩踰常制矣。犬馬之報，誓已銘刻。今歲鹽貨已行布置，糧運亦然。第士瞻自九月來[9]，暑毒攻發，一病兩月，幾至於死。雖已扶病供職，然攢運頗慮不前，衷心如負芒刺。上賴大庇，必不負所望也。三月中，當先發一百船赴都呈報。今因本省員外王斌公便，率易奉聞，萬乞原亮。王生先爲搆兵事，往來多負艱險，忠敏可任，伏賜矜憐。冒瀆尊嚴，不勝戰慄瞻戀之至。謹奉狀，不備。

【校記】

〔1〕顔采，《湖北先正遺書》本作“顔朱”。

〔2〕荷，《湖北先正遺書》本作“有”。

〔3〕竊，《湖北先正遺書》本作“切”；参侍，《湖北先正遺書》本作“参待”。

〔4〕生全，《湖北先正遺書》本作“生前”。

〔5〕措，《湖北先正遺書》本作“指”。

〔6〕自荷，《湖北先正遺書》本作“日走”。

〔7〕示，《湖北先正遺書》本作“諭”。

〔8〕彼時縱使，《湖北先正遺書》本作“彼時從使”。

〔9〕第，《湖北先正遺書》本作“弟”，誤。

與周宗道

客歲彼此交問[1]，書章宛然，如見顔色，其爲勤拳相愛之意，何可多得也。歲中辱惠旨酒，而張生來復道盛意。今歲朝廷雖因道原都司未回[2]，缺使省顧，其意豈有他哉！伏審令弟相公繼膺樞要，而閣下翩然便欲引去，此固士君子中心之幸。然以國家倚注方殷，若謂少遂息肩，則未爲不可；若必高蹈遠引，將天下之事即付之忘言，豈予等所宜望哉[3]？老謬誤爲器使，多所懷慚。來者具言與區區分任[4]，以助成之，拜嘉多矣。兹發鹽三百引[5]，就責本人張天昇裝運前去[6]，收買首綿，一半付之本人，一半煩公經營。到日，悉望蚤爲料理而來可也。外附入粟補官榜文，幸多方勸誘之。物來文至，一如所望，此誠哀多益寡之一端也[7]，亮之亮之。秋鹽羊背皮二枚[8]，胡桃四百顆，少爲賢昆仲之獻，容納是荷。

【校記】

〔1〕問，《湖北先正遺書》本作“枉”。

〔2〕因，《湖北先正遺書》本作“回”，誤。

〔3〕予，《湖北先正遺書》本作“子”。

〔4〕與，《湖北先正遺書》本作“以”。

〔5〕發，《湖北先正遺書》本作“撥”。

〔6〕天，《湖北先正遺書》本作“大”。

〔7〕哀，《湖北先正遺書》本作“捂”。

〔8〕二枚，《湖北先正遺書》本缺“枚”字。

與仲實監郡

日來辱書，及稔台候政聲之詳，咸足見慰。如吾友之才，吾輩不能用，廼爲趙延平所奪，有負公論矣。近聞允昇以印歸路[1]，錢糧悉付之有司，俾公得專主其事[2]，可謂兩賢相也。如此待公，苟有過舉，安肯陷趙公哉[3]？今歲糧與國家事，凡可以相報者，俾得聞知，是僕之望也[4]。令嗣今歲赴北之行如何？宜蚤有以見教[5]。額森特穆爾之家[6]，素所知者，予固常常而周之[7]，不能繼是則可慮者。今遣之從事吾允昇，幸周旋收之，使伊母子得全衣食之養，同受感也。至叩，不宣。

【校記】

〔1〕印，《湖北先正遺書》本缺。

〔2〕專，《湖北先正遺書》本作“耑”。

〔3〕安肯，《湖北先正遺書》本作“安得肯”。

〔4〕“俾得”二句，《湖北先正遺書》本作“自是子得以僕之望也”。

〔5〕蚤，《湖北先正遺書》本作“早”。

〔6〕額森特穆爾，《湖北先正遺書》本作“也先帖木耳”。

〔7〕予，《湖北先正遺書》本作“子”。

與普大夫

仰恃情愛，近以微禮僭瀆尊俎之間[1]，奬諭過實[2]，比旋，惟有懷感而已。走素乏他長，而十年之間，忝處劇要，閱人頗自不少，然得以盡吐胸中戇直之蘊，不忍復以崖岸相嫌者，日來惟大夫一人而已。惜其無緣陪侍左右，切效執事者之勤，用是爲慊慊耳。昨覩丰觀精神[3]，計旦夕必有賜環之兆[4]，天其或者遂得副下情之願乎？彦方僉憲，乃愛結姻，足見故舊不遺之雅，復辱命以主席，過愛多矣。第此論之前，聞已與高吏有文定之約，然望作一主張，全兩家之心，不致怨望，諒亦無難矣。斯言也，毋乃多乎？都事王文璧去歲嘗從事於僕，頗負勤勞，歷涉海洋，上貢於京，得此一除，良不易得。偶以流言見忤執事，其勢不可一朝而處。大夫平昔好引拔善類，桃李布列於門墻者，觸目皆是。昨又荷許以從事赴臺，幸賜一語，先令到任，是生死而骨肉也。裕伯之請，不敢叨叨，專狀奉聞。仰干孚照，不備。

【校記】

〔1〕近以，《湖北先正遺書》本無“尊”字。

〔2〕論，《湖北先正遺書》本作“譽”。

〔3〕丰觀，《湖北先正遺書》本作“手觀”，疑誤。

〔4〕賜環，《湖北先正遺書》本作“賜還”。

與庫元臣平章〔1〕

曩自陜右攀奉顔彩，已知英鋭遠邁之氣，度越一時豪傑遠甚。及車從來京，復接言論，愈起敬慕之私。自是厥後，聞先丞相威德昭布，而降欵附服者〔2〕，交馳於濟、兖之間，此皆閣下翊贊之力也〔3〕。不意丞相奄弃榮養，中外聞之者，莫不痛心疾首，况僕忝在交游之末哉！僕自奉命來閩，以事之不虞，留滯於今。去冬貢使回，復奉明詔，而有閫垣之擢。顧予何人，焉能負荷！切惟閣下間世之英，年富才贍，能繩祖武，良有古名將之風，故使益都之地，勢如破竹，丞相之死，猶不死也。朝廷重念賢父子之功，錫以茅土之封，授以君國之任。如閣下者，上能爲宗社計，下能爲生靈計，昭昭忠孝，豈在先丞相之下哉！敬羡敬羡！今差員外王斌，致奠於先丞相之前，並持卮酒之敬于左右〔4〕，故敢以聞。並録去年舟中一詩見意，萬冀孚照。

【校記】

〔1〕庫，《湖北先正遺書》本作“闊”。

〔2〕降欵，《湖北先正遺書》本作“降疑”，誤。

〔3〕皆，《湖北先正遺書》本作“昏”，誤。

〔4〕並持，《湖北先正遺書》本作“侍待”。

與趙僉院書

十五日照磨來，承書及嘉諭，甚慰懸懸。愚前所以不避苦口，每事切切相告者，以足下英爽過人，可以爲友，而足下每事亦相聽信。不意近日一着〔1〕，又復躁妄〔2〕，豈尚不能深信我輩中心耶？世道不古，成人少而敗人多，愚爲此事謀之熟矣，斷斷不可。賢智之人〔3〕，已極敬信，不日而往，大夫書内已詳言矣，幸望屈意相保可也。鹽貨聞久畢，犬子至，悉望打發而來。赴都有人相隨，當分付同舟。凡有所托，更冀毋外。照磨就彼差押所辦物到後，僕當就之轉押赴任也[4]。未中[5]，不一。

【校記】

〔1〕近，《湖北先正遺書》本作“今”。

〔2〕躁，《湖北先正遺書》本作“蹘”。

〔3〕賢智，《湖北先正遺書》本作“賢哉”。

〔4〕“僕當”句，《湖北先正遺書》本缺“任也”。

〔5〕未中，《湖北先正遺書》本缺“未”字。

與燕平章書

年前後凡數奉狀左右，無一見答。從審軒轟遠臨，急發豚犬及從來官屬分道迎迓[1]，盡皆蹉跌。都事程忠近由連江還[2]，備道盛意，曷勝企慰。區區疇昔叨侍執事者後，比之他人，頗謂故舊。今又承乏同事，情固可知。乃至不荷一价，相與衷曲[3]，毋乃誤乎？夫天下之事，當順人情。人情既安，事理斯在。近日之事，本自易爲，思之太過，遂生他釁[4]。如十八日卒然一變，便見玉石俱焚之乖。走也不敢自愛，上爲朝廷，中爲方面，下爲故舊，遂力與之周旋，僅得少康。然洶洶之勢，特未加薪火耳。不然，幾敗乃公事，則咎將誰歸乎？是日，省官相約至正己亭[5]，圓議其事[6]。走因披露肝膽，立陳禍福，曉以成敗之機，勉圖康濟之道。諸公皆執常談，必欲强公一來赴任。某揆之人情[7]，度之事理，以爲嫌隙既生，勢難終合[8]，而此輩又復堅欲一見而決，然後凡百調用，惟命是聽，其於事理，亦頗復優長。走爲天子之使，又與閣下皆被命之人，若復少延數日，機會一失，禍將大作，無復可救。更慮外中普公之術，内受左右之構，則萬萬之悔，豈能及耶？於是先遣都事程忠偕文郎中前去，告禀會次相見日期，拱俟回報[9]。至日，走願屈王人之尊，偕左丞率領賽參免冑即行。閣下亦須降方面之重，慨然枉駕[10]，前至湯嶺，俯就一會。其一切疑似之跡，即當屏絶。所望開誠心，布公道，期於同盟於好而已。此間一應民壯，已皆散遣。彼方一切丁義，便可發還。毋彼此逗遛，互相疑猜，以妨害大事也。若然，應使此輩之心就安[11]，閣下之志亦得，上不貽九重之憂，下不重一方之困。彼既帖然而遊[12]，閣下即賁然而來，雖葵丘之盟，不是過也。然則排難解紛，吾徒嘗切慕仲連之高，今當不讓矣。呵呵！事定，即發去使蚤還[13]，一破積日之疑，其於大事，不亦濟乎？丈夫作事，正須如此而已。至日，仍煩約請泰父先生同來湯嶺爲好[14]。臨書不勝懇切之至。不宣。

【校記】

〔1〕從來，《湖北先正遺書》本作“從事”。

〔2〕程忠，《湖北先正遺書》本作“陳忠”，誤。

〔3〕衷曲，原本缺“衷”字，據《湖北先正遺書》本補。

〔4〕遂生他釁，《湖北先正遺書》本缺“生”字。

〔5〕正己，兩本“己”均作“已”，據文意改。

〔6〕圜，《湖北先正遺書》本作“門”。

〔7〕某，《湖北先正遺書》本無此字。

〔8〕勢，《湖北先正遺書》本作“世”。

〔9〕俟，《湖北先正遺書》本作“候”。

〔10〕枉，《湖北先正遺書》本作“往”。

〔11〕應使，《湖北先正遺書》本作“庶使”。

〔12〕遊，《湖北先正遺書》本作“逝”。

〔13〕蚤，《湖北先正遺書》本作“早”。

〔14〕仍煩約請，《湖北先正遺書》本作“仍煩請約請”，衍“請”字。

與普大夫書

近值事體轇輵，遂以患戇[1]，竟忤台嚴，得罪左右，已萬萬矣。走也平日以拙直見聞，凡義所當言者，不敢不盡忠告之益。況疇昔辱知如大夫者，未可以一二論。故今不避狂妄，寧犯閣下之怒者，以直報德，良謂是耳。切惟閣下今日處具瞻之地，身先端揆，進退出處，尤宜在所審處。事當先人而爲之[2]，其是非黑白，當一切付之公論，夫豈不綽綽有餘裕哉？不可爲左右所誤，自取無窮之悔也。來時見令兄有春院使，亦嘗囑僕爲言，是故親厚之意也。犯分上干，曷勝增悚！白紵二端，聊致區區。待見未還，惟萬萬珍重。謹奉狀以復，不宣。

【校記】

〔1〕患戇，《湖北先正遺書》本作"愚戇"。

〔2〕事，《湖北先正遺書》本作"士"，誤。

答章益謙右丞書

邇者連辱兩書，喜有江右之捷，而康生反正之念，首先閣下。此雖國家之福，而先大夫之威靈，亦可見人心不忘矣。軍需之助，敢不勉奉教音。第見昔者發落殆盡，開洋者又爲烏尾所撓，旦夕運至，餘當應命也。厚貺之惠，重承雅意。因國珍郎中行，聊此奉候。未中，千萬爲國民壽重。不宣。

與建寧阮伯剛参政書

近因人便，連奉興居狀，不一而足，區區相愛之意，固如是也。前日抗論臺端之言，公與仲良御史可謂鐵中之錚錚者。凡事如此，何所議耶[1]！鹽貨想久完璧[2]，但月日相迫，望一切收裝通行，作數解付下來，另作一項打角。謹容具公盛名，轉而上達也。其所以相報者，如此而已。然今歲必有相從進獻之人，路吏朱明，博囉特穆爾府判欲令此人過海[3]，以探伊叔尚書。煩就作一差，跟隨去官而行可也[4]。府判累書，多道閣下顧盼之厚，但其家親老僕衆而貧，前煩借助氣力，爲取伊母。恐事冗不暇爲念，故復叨叨干聒[5]，幸望留情也。將别，不盡所欲言，曷勝怏怏[6]。不一。

【校記】

〔1〕議，《湖北先正遺書》本作“謬”。

〔2〕璧，《湖北先正遺書》本作“壁”，誤。

〔3〕博囉特穆爾，《湖北先正遺書》本作“字羅帖木兒”，“字”應爲“孛”誤。

〔4〕跟隨，《湖北先正遺書》本作“根”。

〔5〕聒，《湖北先正遺書》本作“晤”。

〔6〕怏怏，《湖北先正遺書》本作“快快”，誤。

與鄧仲良御史書

月前辱華緘，以事冗未即裁答，良用憮然。日聞近日抗論一節，遠近稱是，雖僕亦在下風矣。丈夫作事，政須如此而已[1]。走與執事違别數年，日覩前書，猶能記玉淵在座之雅。今來海角，密邇相去，又無緣一遂所言，益增愧悚。行將還矣，必有所欲相告之言者，幸毋吝指示一二可也。未中，不一。

【校記】

〔1〕政，《湖北先正遺書》本作“正”。

與燕平章書

頃見事體紛糾未解，嘗以仲連之事自效，故不避忌諱，兩奉狀左右，取怒執事者，日用爲懼[1]，後欲復一言而未敢。遞中遽辱書誨，及禮意之厚，良深感愧。近日之事，偶會諸公一時處置乖張，比及調攝[2]，至此凡百，極費心力。幸而聽調之後，亦須待其收拾而行，豈宜躁急多疑，不能爲須臾作一忍乎？且丈夫作事，貴乎明決而痛快[3]。今人許人以諾，猶懼失信，閣下以碩德重望[4]，而任大責重如此，安至視天下之事，直欲自相輕侮如兒戲乎？且閣下豈不聞，見在當路諸公，孰有慨然披襟爲料理者？小子日抱杞人之憂，屢嘗僭分催之，至不憚難色[5]，果孰爲耶？今一切行裝之具，猶未齊備，而四方疑貳之聲，又日甚一日，既非開誠布公之道[6]，又非駕馭英豪之術，乃欲使人一旦釋然無憾，不亦戛戛乎難哉！所謂將利之而復害之，甚非仁人君子之道[7]。僕知閣下之心，斷不爲矣。今此輩行意已决，十二日走已與之同盟[8]，擇此月二十日準理起程。走復許以挈省憲官屬枉駕送過西峽渡口，而達望一一掃前日之疑[9]，盡去左右之蔽。即日便當分遣將帥，開通道路[10]，絶關隘之堠，發往來之使，以通情好之美，式副倚注之重，爲方面之惠[11]，豈不爲莫大之幸乎！姑俟此事稍畢，尋以二十二日開洋長行，復命朝廷之上，則區區與閣下之能事畢矣。近爲此變，鹽貨之誤，不啻數千。當時得此，豈非爲國家之助乎？不肖曩爲此事僭越，今又爲此事干分[12]。愚不自揆，妄意至此，不知其不可也，冒犯之罪[13]，容即會時當得肉袒而謝[14]。伏惟閣下亮其無他，可也。今專理問邁珠持狀告禀[15]，所有啓事文書[16]，煩請作一署押。人情公道，皆所宜然，幸毋多讓，是所賴也[17]。外有一一瑣瑣之請[18]，另具手本，付之去官，皆前日預事之人也，千萬垂情而玉成之。區區奉狀謙謝，不宣。

【校記】

〔1〕懼，《湖北先正遺書》本作“歉”。

〔2〕比及，《湖北先正遺書》本作“未及”。

〔3〕痛快，《湖北先正遺書》本作“痛决”，誤。

〔4〕重望，《湖北先正遺書》本作“素望”。

〔5〕至，《湖北先正遺書》本作“了”，誤。

〔6〕之道,《湖北先正遺書》本無“道”字。

〔7〕甚非,《湖北先正遺書》本無“甚”字。

〔8〕二,《湖北先正遺書》本作“一”。

〔9〕“而達”句,《湖北先正遺書》本作“而還達望一掃前日之疑”。

〔10〕間,《湖北先正遺書》本作“開”。

〔11〕之惠,《湖北先正遺書》本缺“惠”字。

〔12〕干分,《湖北先正遺書》本作“于分”,疑誤。

〔13〕冒犯,《湖北先正遺書》本作“胃犯”,誤。

〔14〕袒,《湖北先正遺書》本作“祖”,誤。

〔15〕邁珠,《湖北先正遺書》本作“買柱”。

〔16〕啓事文書,《湖北先正遺書》本作“共事文字”。

〔17〕賴,《湖北先正遺書》本作“願”。

〔18〕請,《湖北先正遺書》本作“情”。

與魏參政書

頃間遽領來諭[1],足知高見不凡。大抵師出無名,非徒事功無濟,而汙辱之悔,萬萬無及。天兵大振南北,江右所在效順,接境雖尚有一二梗化之人[2],然章公既已提兵深入,公等政宜同心戮力策應,以圖復存[3],安可捨目下之急,而欲爲他人復仇雪怨乎?當職在此開導俱已,遵向便宜之命已行,不日興化分省,非意之疑,當一切屏絶,各安乃職可也。楊提舉貨物,達望尅日發下,毋爲泛泛之論也。還期伊邇,晤言末由[4],千萬情亮。不一。

【校記】

〔1〕頃,《湖北先正遺書》本作“仰”,誤。

〔2〕尚,《湖北先正遺書》本作“上”。

〔3〕復存,《湖北先正遺書》本作“恢復”。

〔4〕末,《湖北先正遺書》本作“未”。

與燕平章書

吴椽近日來，辱書及厚意，領略開誦，感佩不一。已嘗遣理問邁珠持狀爲謝[1]，適值十五日事變，站道艱阻，遂弗果行，曷勝怏怏。前所調分省軍馬[2]，准擬二十一日起行，本省已遣郎中大都馳報。望以方面生靈爲念，暫將諸路軍兵少爲止，當示以一線生路，待其全往，寔一方之幸也。況今風汛在即[3]，歸心如燎，上路物貨，因此一阻，逮今未至。若此事少寧，即當揚飆北指[4]，其於報效，不亦大乎？所有共事咨文，旦夕俟旌節至日，煩請一署[5]，幸勿多辭也。區區奉狀，不宣。

【校記】

〔1〕邁珠，《湖北先正遺書》本作“買柱”。

〔2〕所調，《湖北先正遺書》本作“卉調”。

〔3〕汛，《湖北先正遺書》本作“訊”。

〔4〕飆，《湖北先正遺書》本作“飄”。

〔5〕署，《湖北先正遺書》本作“著”。

偕本道憲司與平章書

鄂勒琿大使等去後[1]，計積日之忿，必能一朝而釋，不意終於弗寤，此則使人之過耳。政兹鬱鬱中，二十八日午後，忽承郎中大都至[2]，備道閣下衷曲，首露開悔之念，令人不覺悲感。大凡人不能無過，而貴改過，今而居此，方面之福也。當時亟於走狀左右，使令人交忤[3]，遂成坐視，獲罪奚言？聖天子軫念遠方生民休戚之繫[4]，謂前所托，類非其人，舉而付之閣下。閣下以碩德厚望[5]，雅膺是選，而八郡軍民之望，不啻如大旱之於雲霓，赤子之於父母，煦嫗相親之念，已非一日。今乃爲一瘫一瘸之嫌[6]，弗顧千金之體，妄加鍼炙[7]，卒使四肢俱病，元氣從而不起，亦可傷也。且古者《司馬法》，冬夏不興師。今非有大故必拯之患[8]，一旦於青黄不接之際，遽出無名之師，爲人復仇雪恥，彼此自相魚肉，使遠近小民驚皇失據，驅之鋒鏑之下，無故而死。旬日之間，暴尸盈野，傾城之内，咽喉閉塞，徵求椎拷[9]，門巷一律。富者畏罪而亡身，貧者饑餓而應卒，至有闔門數口自縊自毒而死者[10]，屋相接而尸相軋也。其哀號之聲，徹於天地，荼毒之慘，甚於鼎鑊。官吏側足而度日[11]，諸軍誓死而不辭。是致怨日益深，仇日益固。僕切不省何嫌何爲，而必欲如是哉？其忍心亦已甚矣[12]！况今歲鹽課，走與閣下皆一時被命之人，非惟不加意，又從而害之，大臣報國，果若此哉？兹者風汛過期[13]，軍勢不已，日使使者顛連若喪家之犬。古之君子，投鼠而必忌器，今乃玉石俱焚而不恤。夫以閣下之賢之仁，處心設慮猶如此，其抑不可曉矣！目前之事[14]，果有重於國家供上之急耶[15]？向遣大都等去時，政爲報分省起程日期。當時此部軍馬，非有明奉限次，然去意已决。不知何爲不能爲一時須臾之忍，而躁進若此，是不思之甚也！設使去日果有遲延之罪[16]，然亦不至驟相攻突[17]。僕等切爲閣下慮，爲方面慮，爲生靈慮。伏望屈垂寬宥之度，暫爲解嚴，分止各枝軍馬，或上駐延平，或退歸連江[18]，寬以限程，濟以舟楫，資以糧餉，仍遣已調官屬扈送出境，一釋前日之怨，而成全其美，豈不爲仁人君子盛德哉？况本部兵馬，即係一枝官軍，不過爲前人所縱[19]，部下之人少失鈐束耳[20]。國家名分，豈宜妄假於人？今既授以分省之名，即係有功將士也。非有素嫌大怨，何爲而必致之死地乎？所願弘江海之量，回生物之仁，明示大信，慨然而從，上免朝廷邊鎮之憂，下慰閩人來蘇之望，不勝幸甚！兹專某某馳狀以聞，伏惟亮察，人回以教我。不宣。

【校記】

〔1〕鄂勒琿，《湖北先正遺書》本作“阿魯渾”。

〔2〕大都至，《湖北先正遺書》本缺“都”字。

〔3〕“使令”句，《湖北先正遺書》本作“偶以人交忤”。

〔4〕軫，《湖北先正遺書》本作“重”。
〔5〕厚，《湖北先正遺書》本作“舊”。
〔6〕癤，《湖北先正遺書》本作“節”，誤。
〔7〕炙，《湖北先正遺書》本作“矣”，誤。
〔8〕拯，《湖北先正遺書》本作“極”，誤。
〔9〕椎拷，《湖北先正遺書》本作“推拷”。
〔10〕數口自縊，《湖北先正遺書》本無“自”字。
〔11〕側，《湖北先正遺書》本作“倒”，誤。
〔12〕其，《湖北先正遺書》本作“甚”，誤。
〔13〕風汛，《湖北先正遺書》本作“風訊”。
〔14〕目前，《湖北先正遺書》本作“日前”。
〔15〕重於國家，《湖北先正遺書》本無“於國”二字。
〔16〕遲延，《湖北先正遺書》本作“遲速”，誤。
〔17〕攻突，《湖北先正遺書》本作“供突”，誤。
〔18〕退，原本作“追”，據《湖北先正遺書》本改。
〔19〕前人，《湖北先正遺書》本作“前又”，誤。
〔20〕鈐，《湖北先正遺書》本作“鈴”，誤。

與有嗣監卿書

近以議兵事，出至楊岐[1]，借居數日，專恣之罪，莫可云逃。然見其居必思其人，追念風采，曷釋然也。十七日辱書見諭，益深懷仰。前日之禍，大是異事，僕生五十年，未始前聞也。僕之僭分，已出不揣，惟國家之福[2]，方面之幸，今日之事，特偶然耳。士大夫遇事，得爲即爲。而使臣之職，尤耳目所寄，上不使遺君父之憂而已。衆人之見，蓋薄俗之態也，不足道！不足道！便宜之請，未聞其説，恐或者之妄耳。僕留滯如坐針席，不審一來枉顧否也？不一。

【校記】

〔1〕楊岐，《湖北先正遺書》本作“陽岐”。

〔2〕惟,《湖北先正遺書》本作“賴”。

與左司列位書

四月,因華善都事已嘗粗奉起居[1],計閤下輩必遷用無常,所以不敢另狀相候,此則區區疏懶之罪也。

【校記】

〔1〕華善,《湖北先正遺書》本作“和尚”。

與阮伯剛書

理問并吴載來,得書暨解銀兩,領略開誦,知感知感。就審履用安榮,良慰懷渴。近日似聞稍有相貳之言,果若是,公過矣。吾聞君子待人以誠,愛人以德。走於賢者,平昔無纖芥之嫌,顧安得有此紛紛不安之論哉?其行事之得失,與夫内外之是非,反而究之,理當自諭[1],其實夫固未易以此遽損也。羊叔子不忍鴆人,五尺童子舉皆信之。爲朋友而不以忠告相勸,故設陷穽而使人蹈之,此不仁之甚者,子謂走之爲耶?相從無日矣,獨能久久相繼如今日者乎?不足念!不足念!屬縣行移一節,曹司之過,吾即與究正,其他當陸續爲公處之也。凡吾官商鹽到彼,深望閣下作而成之。海運糧事,亦分所當報者。二事,公其垂意焉。果然,特長者折枝之事耳。紈扇一,聊爲區區。印造書籍及所刊《易説》,幸毋誤可也。

【校記】

〔1〕自諭,《湖北先正遺書》本作“其諭”,誤。

與江淛達丞相書

曩在京師，沉處下僚，無緣攀接清光[1]，而景慕之私，素念所存。自是偶以承乏誤用，不能一日安處，益遠上問，而衷心嚮仰[2]，顧復倍之。前歲來閩，賴國家之福，閣下之庇也，少遂犬馬之報。不意兵亂見留，嘗頗爲分理，周旋黽勉，幸得轉危爲安，亦偶然之故耳。似聞行路之人，虛聲載道，何以堪此？切惟閣下禀正大之氣，持衡秉鈞，光昭前烈。蕞爾小子，蒙德有年，何能得遂奔走於執事，以聽教載之益？近使者自淛來，過辱存問，喜悅交集。去冬嘗附貢士王僎赴都會試，僭易申呈，計塵典謁。士瞻遠藉大庇見諜，北旋良便，謹此奉狀，不勝悚慄。不宣。

【校記】

〔1〕攀接，《湖北先正遺書》本作“扳接”。

〔2〕嚮仰，《湖北先正遺書》本作“嚮念仰”。

與泉州馬總管書

頃值彼中事變之後，悄無一語相通。近爲鹽事，特專孫提舉持書并勞問之禮前去[1]，想徹麾下。此奉旨大事，幸望努力爲之，不可後也。故人之子劉豫，朝廷允授同安簿，治下屬邑也。余與伊父子相交，三十年之舊。母子流落在此，無由振拔，而其人質美氣清，抱負非凡，他日必可遠到。今黽勉赴任，凡百望與進而青目之，爲幸多矣。孫提舉到彼，當從便早還[2]，就具備細手抹來報，可也。不一。

【校記】

〔1〕特專，《湖北先正遺書》本作“時耑”。

〔2〕便，《湖北先正遺書》本作“臾”。

與龔參政書

近日照磨還，已奉興居，計徹麾下。區區之情，見之前書，兹不復贅。辰下計履况臻勝，良用羨慰。光澤去關外密邇，係通鹽之路[1]。月前差縣尹陳文貞運載三百引，前去上路發賣。近聞此鹽不到延平[2]，未得發賣。今專管勾馬士良惱煩閣下[3]，仰念朝廷，共圖報稱，尤臣子之先務也。此鹽到彼[4]，預爲照數代措銀兩，先此解納，却煩差人就彼取鹽，以償其費，庶幾一舉兩得。走之所望，寔在於此。回日第功而上，豈不足以表一時共事之心乎？足下平日意氣過人，多有所稱譽，况兹之事，必能樂從。今奉白金十兩，爲折禮之用。專狀以聞，且以謝不敏。不宣。

【校記】

〔1〕係通鹽，《湖北先正遺書》本缺“通”字。

〔2〕不到，《湖北先正遺書》本作“才到”。

〔3〕專，《湖北先正遺書》本作“耑”。

〔4〕此，《湖北先正遺書》本作“比”。

與普大夫書

三辱惠書，兼領嘉貺，而亹亹之誨，具曉其由[1]。夫天下之事貴有機會。機會時至，置此不爲，是謂不勇。機會既失，而欲争訟[2]，是謂不智。加之事有重輕，勢有緩急。不審重輕，不量緩急[3]，群疑滿腹，徑情直行，以取禍敗，是謂妄誕。凡此三事，灼然易見。以大夫之聰明英爽，所謂錚錚而佼佼者[4]，謂慮非及此[5]，僕誠未之信也。僕請得以歷言之，千萬恕其狂斐。去歲六月之變亂，比之今日，得無甚乎[6]？拘留御史，比之殺害省屬，果孰重乎？以事言，則朝廷重而方面輕；以勢言，則去歲急而今日緩。閣下何不爲之於前日，而必欲爲之於今日乎？何爲捨其重與急，而必欲謹其輕與緩乎？初意左右之人，必有爲之説者，曰“舉大事者不顧小忌”。然則舉目前福城之内，凡朝廷之使命，國家之大課，一投足之内，必將有所不利，是豈小忌也哉[7]？《傳》曰“投鼠而必忌器”，此善喻也。閣下安得不顧致意此事乎？來書所謂忿兵，果宜相交也哉？且師宜義動，猶懼無成，兵既忿興，其將安濟？以閣下之賢之明，當在所必慮者[8]，而諄諄下問[9]，可謂求聽於聾矣。然排難解紛，必有其法；法之所施，必有其漸。走之爲計，亦既審矣，但子實所處，亦頗乖拙[10]，所以使人宛轉周旋，極費心力。近日未嘗呼其人，面與衷曲，良深開導，已頓然領略[11]。諒此策必行，可不煩餘力而解矣。閣下當凝然静守，俾部下之衆一去躁妄之動[12]，則指日之内，必有以魯仲連之事奔走相告者[13]。此亦區區之所當任也。今已披襟，而無難矣。多齋日將準行[14]，毋煩致念。走於閣下相知最久，天下之寶，自當爲天下惜之，閣下其忍能不諦聽而熟計之乎？恃愛僭干[15]，不覺叨叨，悚息悚息。區區奉狀，不宣。

【校記】

〔1〕具，《湖北先正遺書》本作“其”，誤。

〔2〕争，《湖北先正遺書》本作“追”。

〔3〕量，《湖北先正遺書》本作“最”，誤。

〔4〕佼佼，《湖北先正遺書》本作“皎皎”。

〔5〕非，《湖北先正遺書》本作“弗”。

〔6〕無，《湖北先正遺書》本作“毋”。

〔7〕忌，《湖北先正遺書》本作“利”，誤。

〔8〕慮者，《湖北先正遺書》本作“慮兹者”。

〔9〕而，《湖北先正遺書》本無此字。

〔10〕乖拙，《湖北先正遺書》本作“幸拙”，誤。

〔11〕領略，《湖北先正遺書》本缺“領”字。

〔12〕部下，《湖北先正遺書》本缺“部”字。

〔13〕奔走,《湖北先正遺書》本缺“奔”字。

〔14〕多齋日,《湖北先正遺書》本作“朵”。

〔15〕僭干,《湖北先正遺書》本作“僭於”,誤。

卷　四

雜　著

題王彦方小傳後

皇帝至正二十有一年秋九月，中書省臣奉詔命臣士贍以户部尚書使閩中，董理鹽賦以進。明年夏五月，分授官屬，治裝戒航[1]，卜日將往。適會兵亂，留城中，竟弗果還。因周旋亂兵中，間三閲月，始得解内外之圍，城幸以全。至冬十月，遇疾作[2]，幾死。十一月，辱承乏本省左丞，俾專董前事。越三年春二月，南陽王彦方以南臺都事調江西僉憲，過閩，來與予會。一見傾寫，歡若平生。因語及："寇陷吴門時，某與今晋寧總管王君仲沔俱陷城中，幾二年，誘脅百至，終未嘗以一屈丐百死。幸天活我，今日得見諸君。"語畢，因嗚咽不自勝。後數日，僉憲君遣其吏王允章持承旨張君伸舉爲公所撰小傳[3]，暨諸公論説若干篇。展誦累日，於是益信彦方前日之説，真能不降志，不辱身，毅然以正自持者，豈小丈夫鄙陋者所爲哉！予嘗概論今之士大夫[4]，當平居無事時，皆能以道德功業自負，謂我處天下一綽綽無難[5]。其論古今人長短得失，悉如燭照數計，貌無尺寸之失[6]，横吐意氣，即凌轢諸物，直視死無難色，人亦多信之者。一遇不測，臨大難，則心喪膽落，魂魄俱褫，聲嘶嘶若弗續。遇賊迫脅，則拜伏俛首，感謝恐後，日夜惟下，涎乞煦煦，常如刀劍加頸上，臣妾狗馬顧爲之而不辭[7]。甚者又從而媒説其向導[8]，彼視其君父，弗啻如寇仇然[9]，將極意而反噬之，此豈啻禽畜奴隸若哉[10]？嗚呼！使其人聞吾彦方之風，其不羞而死者幾希矣！切惟本朝自立國以來，仁義忠孝之道，陶濡百年，士大夫以名節自立者，風滿天下。兵興十年餘，仗節死義之人固不爲少[11]，求其生不害於義，死無益於事，如吾彦方者，屈指曾不千百之什一而已[12]。間嘗讀史氏傳記，三代而下，士大夫能以名節自全者，多無如兩漢。兩漢名節之士，又無如黨錮爲最盛。黨錮之禍，雖因諸君子有激而然，然使劉氏得終四百年之運，卒曹賊之世而不敢取禪者，實滂、泰諸賢清議之力也。嗚呼！清議之不聞也久矣，朝廷之上，使一日無清議存焉，則天下之人，將貿貿焉莫知所從矣[13]，其何以爲國乎？或曰："王君之不降志辱身，固善矣，其如不能一死何？"予獨怪之曰："子惡知吾王君哉！昔者仲尼稱殷有三仁，去者、死者、爲奴者，皆得次第而並論之。使管仲必死，袛足以成匹夫之諒，其死果足云乎哉[14]？由是觀之，士大夫不幸而處乎此者，惟當顧義理之當否，不當計生死之是非。若不察夫義理之如何[15]，而徒以一死之爲快，此淺夫亡命無知而妄作者之所爲，君子無取焉。"予來閩近兩歲矣[16]，凡此之類，尤所喜聞而願採者。况職忝周爰之列，行將歸矣，他日以吾彦方之事，告諸太史氏云。

【校記】

〔1〕戒航，《湖北先正遺書》本作"成航"。

〔2〕疾，《湖北先正遺書》本作"疚"，誤。

〔3〕伸，《湖北先正遺書》本作"仲"。

〔4〕予，《湖北先正遺書》本作"手"，誤。

〔5〕綽綽，《湖北先正遺書》本作"緯緯"。

〔6〕"貌無"句，《湖北先正遺書》本作"藐無咫寸之失"。

〔7〕顧，《湖北先正遺書》本作"願"。

〔8〕"甚者"句，《湖北先正遺書》本缺"媒"字。

〔9〕弗，《湖北先正遺書》本作"勿"。

〔10〕禽畜，《湖北先正遺書》本作"禽獸"。

〔11〕仗節，《湖北先正遺書》本作"伏節"。

〔12〕百,《湖北先正遺書》本作“伯”,誤。
〔13〕將貿貿焉,《湖北先正遺書》本無“焉”字。
〔14〕其,《湖北先正遺書》本作“耳”,誤。
〔15〕“若不”句,《湖北先正遺書》本作“雖然不察義理之何如”。
〔16〕予,《湖北先正遺書》本作“子”,誤。

題濟國張文忠公雲莊卷後[1]

大凡論聖賢君子之出處，當觀其心，不當觀其跡。心苟是，跡或不同，不害其爲君子。心苟非[2]，跡雖偶是，終不免爲小人[3]。濟國文忠公張先生[4]，禀天地正大之氣，學聖賢正大之學[5]，藴之而爲道義，發之而爲文章，推之而爲政事功業，無一而非正大之寓也。故微而爲一縣，則一縣蒙其福；達而爲御史，則朝廷賴其尊；又大而登省臺，秉鈞贊化，執政事之柄，則治理以之而綱維。況其胸次開朗，志慮公忠，其見之設施注措者，宜乎其井然有條而弗紊。若先生者，果何如人乎？夫當至治間，英皇好以剛鋭神武御下，群臣一忤旨[6]，禍且弗測，在朝無小大，皆側足度日。適有建造燈山事者，其勢方峻，先生獨不避鼎鑊，抗章極諫，宰臣大人皆以爲危[7]，先生則處之裕如也。故章疏一上，卒能回天之力，霽雷霆之怒，而事賴以寢。至是，人始大服先生之忠，義先生之量[8]，將周、召而伊、傅之。先生則棄官長去，堅卧雲莊之谷，日相忘於山水間，遨遊詠歌，若將終身焉。吁！何其輕去就，急恬退，無一毫係累如此哉！蓋其中心之燭理明，慮事遠，不如此，他日必將有攖龍鱗以犯人主之怒者[9]，復求如今日，得乎？夫人臣不能炳幾先作，卒使人主有一旦誤殺直臣之名焉，不幾於賣直以要人之譽乎？其心蓋即孔子去魯之意也[10]。先生之於君，可謂忠愛之篤矣，豈真在乎山水之間耶？人知累詔不起，以爲先生高，余則謂先生之用心，蓋有不獲已焉者。故天曆之間[11]，既有西臺中丞之詔。時陝西大旱已五年矣，民饑瘐死者不可枚舉[12]。先生一聞命，即幡然就道，了無難色。既至，乃大發倉賑饑[13]，救禱百全[14]，汲汲焉若不足。且捐己之財[15]，以濟不及。日夜仰天號泣，憂勞成疾，而卒以死。先生之於民，可謂憂慮之過矣，夫豈真有過高絶俗之事耶[16]？嗚呼！人欲求聖賢君子之用心，觀於先生斯可已。欲求先生之用心，觀於先生之出處斯可已。余來閩，解後其子江東僉憲引，示余《雲莊記》暨諸公之説，得備考其本末之詳，因題諸公卷後題。

【校記】

〔1〕〔4〕濟，《湖北先正遺書》本作“濱”。

〔2〕非，《湖北先正遺書》本作“不然”。

〔3〕“終不”句，《湖北先正遺書》本作“其爲才人”。

〔5〕聖賢，《湖北先正遺書》本無“聖”字。

〔6〕忤，《湖北先正遺書》本作“恃”，誤。

〔7〕大人，《湖北先正遺書》本作“人人”，誤。

〔8〕義，《湖北先正遺書》本作“嘉”字。

〔9〕攖，《湖北先正遺書》本作“嬰”。

〔10〕其心，《湖北先正遺書》本作“具心”，誤。

〔11〕天曆，原本作“大曆”，據《湖北先正遺書》本改。

〔12〕瘐死，《湖北先正遺書》本作“瘦死”。

〔13〕發倉，原本作“發食”，據《湖北先正遺書》本改。

〔14〕全，《湖北先正遺書》本作“至”。

〔15〕己，兩本均作“已”，誤。據文意改。

〔16〕夫，《湖北先正遺書》本作“又”。

題跋吴溥泉所藏哈瑪爾丞相書贈尚友二大字[1]

廉貞丞相未當國之先[2]，嘗侍宿衛[3]，最號親近。然已與士大夫相往來[4]，日親翰墨。一旦秉鈞持衡，即專精治道，求賢審官，躬吐握之勤，訖無虚日。此書蓋丞相未當國之前書也，筆法蒼古，意態藹然。溥泉郎中受知丞相最稔[5]，故爲書“尚友”二字以畀之。尚志不足而尚友，夫古之人焉。吁！丞相期公之意，遠矣哉！

【校記】

〔1〕哈瑪爾丞相，《湖北先正遺書》本作“哈麻丞相”。

〔2〕廉貞，《湖北先正遺書》本缺。

〔3〕宿衛，《湖北先正遺書》本作“宿衝”，誤。

〔4〕“然已”句，《湖北先正遺書》本缺“相往來”。

〔5〕郎中，《湖北先正遺書》本作“即中”，誤。

題安慶余闕廷心左丞死節説

唐經安史之亂，天下死事之臣，固不爲無人焉。然求其能爲國家憂深思遠[1]，不苟以死爲快者，惟張巡、許遠爲然耳。當時二人同守睢陽，以死自誓，需四方援兵以圖後舉者，誠以睢陽爲江淮保障，脱無睢陽，是無江淮也。此其忠君愛國之意，奚啻青天白日若哉！本朝自邇時[2]，盜賊蜂起，兵連禍結，十有餘年。而謀國馭兵之人，率皆昧於形勝，不能先事預圖，是致竊據土崩之勢，不數年而成。余公廷心以名卿碩儒，朝廷奪之哀，而俾鎮安慶。公亦以國家多難，寧釋親之喪，毅然一起，以從君上之命。到鎮之日，凡可以保城池、佑兆姓以捍賊寇者，無不殫智力而樂爲之。日與軍士庶民相親睦，一如父子，而人亦甘爲之用。故公死之日，帳中一時士大夫無苟安以向賊者。蓋公之用心，亦如巡、遠之保睢陽，誠謂安慶實當九江之保障，若失兹郡，是失江右也。公之設心處慮，又豈盡出巡、遠之下也哉？由是觀之，忠臣志士，當兹紛紜之際，屹然如中流砥柱，真足以回頹波而障狂瀾。不然，將滔滔不已，祇見其淪胥以亡耳[3]。嗚呼！巡、遠死，責在進明；廷心死，將責何人乎？予以晚進，且適當治裝之促，恨不得爲公不一而書之。因觀道夫説及泰父序，漫識於後。臨楮感激，不覺潸然。

【校記】

〔1〕思遠，《湖北先正遺書》本作“恩遠”。

〔2〕本朝，《湖北先正遺書》本作“本國”。

〔3〕耳，《湖北先正遺書》本作“且”，誤。

題閩僉憲索克濟政績卷〔1〕

福建隸八郡，汀爲最遠且僻。我朝仁政之被猶負，固時不率教，部使者或一年不能一至。比因四方多壘，土寇曹柳順遂竊據以叛〔2〕，迄今十餘年，諸屬縣邑悉爲逆境。若汀人陳君有定，負忠貞果敢之氣，崛起草莽，首提義旅，以從征討，誓不與賊曹俱生。於是保民勵卒，阨其要害，卒能擒賊以奠厥土，時至正二十二年壬寅也。初，閩海僉憲索君克濟嘗嘉其勞〔3〕，又以其地初當親歷，率其曹屬〔4〕，躬造其壘，面加勞勉，以其所罰金五百兩，爲犒師之費。陳之部佐，無小大皆感激思奮，故卒成陳君平汀之功。嗚呼！天下當多難之時，豪傑之士，其忠君親上之意，出於秉彝好德之素，若固無待於勸獎而後能〔5〕，然其任風紀之司者，舍是道何以哉？雖然，使爲將校者，人人能如陳君之向義，盜賊奚有不平哉？而職司風紀者，亦人人能如索君之躬任其責〔6〕，烏有將校之士不思感激，立功樹勛，以報國家者哉？彼其逡巡畏縮，不啻如首鼠之遇人；或視國家之事，一如秦人視越人之肥瘠，漫不知省者，果何如人哉？予適持節以使事至閩，目擊其善政，故樂爲之書，並爲將來者勸。

【校記】

〔1〕索克濟，《湖北先正遺書》本作“速和之”；政績，原本作“政續”，誤。據《湖北先正遺書》本改。

〔2〕土寇，《湖北先正遺書》本作“王寇”，誤。

〔3〕索君克濟，《湖北先正遺書》本作“速君和之”。

〔4〕其，《湖北先正遺書》本作“具”，誤。

〔5〕若，《湖北先正遺書》本作“者”，誤。
〔6〕索君，《湖北先正遺書》本作“速君”。

跋福州儒學提舉陳景忠所藏東坡公炤太師墨帖

坡翁以文章氣節高步一時，而書法之妙，當時無能盡識之者。獨山谷老人謂其“結束幽雅，意態高妙，如山人處士，灑然有出塵之想。雖武夫暴客遇之，亦當歛衽加敬，視魏、晋、隋、唐之善書者，殆未易以優劣論也”。今觀此帖，廼知山谷此言，是謂得夫三昧而具金剛眼者。下此，則辟利果爾。嗚呼！今距坡翁近四百餘年，恨不得一望其顔彩，而僅獲睹其手澤之存，尚惜其止千百之一二[1]。而公炤此帖[2]，風神俊逸，迥超尋常之見，而爲吾陳君忠收之，又安得不作君家之珍玩哉！夫景忠博學宗匠，文高乎衆人，而不得盡白於當時，將如坡翁之書，他日必有能識之者。景忠尚未老，必能有待[3]。三復此帖，爲之永慨。

【校記】

〔1〕止，《湖北先正遺書》本作“十”，誤。
〔2〕公炤，原本作“公照”，據《湖北先正遺書》本改。
〔3〕能，《湖北先正遺書》本作“得”。

跋傳西軒托克托大師所贈
宣文閣本智永千文臨本卷[1]

今上皇帝視政之初，即燕寢之左開宣文閣，日延學士大夫臣其中，讀書講道，緝熙聖學，精求治理。游息之暇，尤好近翰墨，日必命儒臣之善於書者，摘取秘府所藏古今圖書[2]，及歷代名人法書，時賜評題。自是宸章大進，雖晋、唐人善者，有所不逮。一日，取隋僧智永《千文》墨蹟一本，上自臨摹。久之，遂命崇文太監至浙西，命太常臣周伯琦摹勒于石[3]，寘之閤内，謂之閤本《千文》。每有所賜，即於榻本識宣文閤寶其上[4]，而先太師丞相臣托克托首獲與焉[5]。臨川傅君允中，以布衣抱藝京師，受知丞相最稔。他日允中辭歸，丞相出此以贈。嗚呼！當宣文侍直之時，載筆供職之臣，非無其人焉，乃獨命臣伯琦而摹之，其眷顧之意至矣。當丞相持國枋時，美官珠玉之資[6]，非不可以富貴之焉，廼獨取此以爲贈，其嘉惠之念厚矣。今兵興十年餘，當時侍從之臣或相繼而逝，或身陷賊庭，與大夫士之辱在方鎮，及避跡江海者，又比比不能無焉。嗚呼！亦嘗有不忘我主上之恩者乎？亦嘗有念及先太師之意者乎？

【校記】

〔1〕〔5〕托克托，《湖北先正遺書》本作“脱脱”。

〔2〕書，《湖北先正遺書》本作“畫”。

〔3〕命，《湖北先正遺書》本無此字。

〔4〕即，《湖北先正遺書》本作“郎”。

〔6〕美官，《湖北先正遺書》本作“美宫”。

王仲弘卷

至正二十一年秋七月，余承乏地官尚書，叨奉明命[1]，以航萬里海，督閩中鹽賦以輸朝廷。來自其年七月，至則十一月十日也。始至，則即督省府，戒合屬，大選官曹，分局隸事，明示賞罰，嚴立考課。成算既授，峻命有程。日久自給書禮，播諭藩方，遣行人以布德意。暇日，凡官府之賓客，與夫南北大夫士之往來干謁者，並得進延於庭，訪究得失。由始至距今年三月[2]，已五閱月，其所與接欵而交談者，不知其幾何人矣。有所謂王生仲弘者，足不履於公府之門，言不接於左右之耳。一日，或有持生手卷請予文[3]，視之，則生嘗以儒生士子隱業於裝潢[4]，弗苟焉以食者也。今若諸公之論，則知生之爲人[5]，非古之所謂《伐檀》君子之流歟？甘隱賤藝，爲之不耻，又非古之所謂伶官賢者之儔歟？具是二者，賢於庸人遠甚。余既美生之爲人，而又嘉汀生晃之善於其喻[6]，故即其事而爲之説。

【校記】

〔1〕叨奉,《湖北先正遺書》本無“叨”字。

〔2〕距今年三月,《湖北先正遺書》本作“逮今年二月”，誤。

〔3〕予,《湖北先正遺書》本作“余”。

〔4〕裝潢,《湖北先正遺書》本作“裝演”，誤。

〔5〕人,《湖北先正遺書》本作“又”，誤。

〔6〕汀,《湖北先正遺書》本作“江”。

貢泰甫詩跋[1]

貢泰甫先生以文章政事追蹤先輩[2]。當先生敭歷中朝間，搢紳之士識與不識，皆知其抱經濟而爲國家大用也。十年前，走落落京師時，知先生之名最久。自以屬在下僚[3]，無暴名顯於士大夫間，徒負粗豪倔强之氣[4]，不肯往就一見。脱若見時，又恐待以衆人[5]，則没身不能雪耻。癸巳科，走也例以在官得挍藝南城[6]，適先生典文衡，院中發狂，有難犯之勢[7]，竟迕公議，斥走弗省。自是，益不敢托執事者爲先容。去年冬，走叨使來閩中，乃得日奉言笑。即其論議之諄諄，顔色之温温，從容慷慨，若金石相宣，山谷相應，無絲毫之造飾[8]，信乎其爲大人君子也，所謂狎愛敬畏，欲舍之而不可得者。於是覺前時負氣而弗肯就見者，追悔愧恨，已無及矣。今觀先生《晨起》《夜坐》二詩，若庾信所謂“珠玉在側，覺我形穢”[9]，醜婦效毛嬙、西子之顰，殆難取媚矣[10]。敬疏短跋，姑贅卷末。

【校記】

〔1〕文題《湖北先正遺書》本無。

〔2〕"貢泰甫"句，《湖北先正遺書》本無"先生"二字。

〔3〕屬，《湖北先正遺書》本作"祝"，誤。

〔4〕倔强，《湖北先正遺書》本作"嶡强"。

〔5〕待，《湖北先正遺書》本作"持"，誤。

〔6〕挍，《湖北先正遺書》本作"校"。

〔7〕"有難"句，《湖北先正遺書》本作"難犯師弟子分"。

〔8〕絲毫之造飾，《湖北先正遺書》本作"毫絲之造餙"。

〔9〕所謂，《湖北先正遺書》本作"爲"。

〔10〕取媚，《湖北先正遺書》本作"黠婜"。

跋張子固都司詩軸後

走與子固忝同鄉井。計十年前，子固爲郎中書時，已巉巉樹頭，角於衆人之表[1]。予今偶寄海嶠，忽覩此軸此贈，益信其爲人矣。噫！人生功名，尤在晚節，太平伊邇，耆英之會，尚期未晚。不知子固以爲然否？

【校記】

〔1〕巉巉，《湖北先正遺書》本作"巉"。

跋關西楊焕然先生畫像贊

焕然先生當國初時，文章道德，爲第一流人物。柳塘歸隱，乃其素志，詎易以片言爲先生增重哉？世之人乃或誣以晚節托求神仙虚誕之談，其亦誤矣。今覩其孫，益知其祖。噫！源深流長，本固末茂，良有以哉！

卷　五

序

贈戴氏序[1]

浙水東七州，而永嘉最爲浙之名郡。其屬縣樂清，右所謂戴氏者，又爲是郡之名族也。戴氏昆季三人，長某，不幸早逝[2]；次國榮，近以功授千牛官；次國賓，嘗爲海道千户。其姪廷芳及其季廷玉，各以軍功擢官有差。其先世由趙宋氏以來，同堂而食、共財而處者，歷世最爲綿遠。邇歲以兵燹擾亂，海濱戒嚴，兄弟若子姓僉謀拆爨而處，由楚門而竹岡，凡三徙焉，或謂善謀矣。一門孝友天至忠厚之性，無所造飾。太夫人垂老在堂，年逾八十，其家無少長，非禀命莫敢輒行。嫂夫人方氏，是爲廷芳昆季之母，廷芳雖貴爲元帥，其婦之事姑，不啻若新婦之姑，來始孀居積年，諸叔仲非有大故毋敢輒見。閨門之間，諠雜之聲，終日未嘗一接於耳目，中外斬然也。輕財樂施，延敬賓客。客每一至，必鱗次而進，徧延於家，比美相尚，了無難色。求之王門中，伯仲一律。以故朝之名公鉅卿，與藩屏之達官文武，凡往來於此者，無不百方邀致，窮珍腴，達晝夜，期厭飫而後罷。去必問所欲費，歡然相祖送，左右取適，惟恐或後。至正十四年，先太師丞相下高郵時，國彬君嘗瀝肝膽，率子弟，携義旅，不憚海道，從事金革。舳艫之供，鞬橐之需，皆所自給。屬太師罷兵解嚴，志遂弗竟。逮今海島之間，當時嘗與公頡頏者，怒目之忿猶不肯瞑。公之昆季，獨能忍垢含汙，深自悔匿，寧割己財以啖左右之用事者，中心若無所於芥蒂。雖懷怏怏之心，曾不見一毫形之眉睫，非善於用世者，疇能是哉？噫！揚子云：“古之君子，不得志則龍蛇。”吾于戴氏伯仲見之矣。至二十一年秋九月，余以天子命奉使閩粵，其舟即戴氏舟也。同舟主人，則元帥之弟廷玉別駕也。以其年十月二十一日來泊用，十一月朔日乃發，艤舟於海淀者前後凡十日，爲主人所延致者，又經兩信宿而退，其情、其樂、其飲饌之豐厚，無一不如前所述，真好禮而慕義者也。經略使伯顏不花公、景儀季公，皆科第中第一流人也，既以義旌其門。予也忝後斯文，居吴越而覯邹魯，安得不留詩留文，以播其名於好事君子。從余遊者某某中書、户部尚書李某。喜爲之序。

【校記】

〔1〕原本無此篇，據《湖北先正遺書》本補。

〔2〕逝，《湖北先正遺書》本作“游”，依文意改。

記

福建憲司題名記

國家之有憲臺，猶天之有北斗。斗爲天之喉舌，所以斡元氣、平四時而成歲功也。憲臺爲天子耳目，所以廣聰明、旌淑慝以清政本也。洪惟我世祖皇帝，文謨武烈，奄造區夏，立綱陳紀，九有攸同[1]。於是天下立御史臺三、風紀之司二十有二，而福建閩海道其一也。道有長、有副、有佐，及賓屬之置，員各有差[2]，綱維之意至矣。閩海去朝廷幾萬里，其土風之澆厖，山川之險惡，海醛市舶之所集，官殘吏蠹，膠固彌深。加以連年兵興，道路修梗，强梁跋扈之人依勢而敗度者，又比比。

聖天子宵旰懷憂，無遠弗届，思得剛方端亮之臣，爲斯道之長。既而廉訪使恩寧普君，以累任憲臺，由本省右丞首膺是選，增秩有加。制下之日，遠近竦慶。憲司舊有題名記二[3]，滿不可復紀。恩君謀諸僚佐，請更文諸别石[4]。予惟公署題名，蓋欲其彰既往，詔方來，俾人得指而議之，爲勸戒之助至公也。吁！可不慎哉！

【校記】

〔1〕九有攸同，《湖北先正遺書》本作“其有攸司”。

〔2〕員，《湖北先正遺書》本作“負”。

〔3〕二，《湖北先正遺書》本作“一”。

〔4〕請，《湖北先正遺書》本作“諸”，誤。

露布[1]

【校記】

〔1〕露布，《湖北先正遺書》本作“雜著”。

平山東露布

中書分兵部。蓋聞帝王之歷數在天，妄干者自戮；國家之版圖極地，竊據者必還。揆理勢則當然，徵事情則允驗。我太祖皇帝剪夷玄漠，肇造丕基[1]。我世祖皇帝包括夷夏，纘成大業。文物涵於九有，政聲被於八垂。雕題鑿齒之酋，駿奔銜璧；椎髮旁膚之長，躬走奉琛。曜緯含彩而宣祥[2]，峙融孕珎而發媚[3]。百工凝其懋績，兆姓合其厖風。更睿哲之迭興，致雍熙之累暢。迄乎聖上臨宇，道德益昌；重乎英儲體元，馨烈彌盛。規模卓越往懿，制作兼備前徽。惠渥而貢賦屢蠲，教隆而刑罰幾措。夫承泰則否變，抑反治則亂生。斯虞後弗遏於苗征，故夏君用脩於扈伐[4]。粤惟汝、潁，實開倡厲之階；誕眷江、淮，俄蔓聚逋之藪。毒焰轉熏函夏[5]，妖鋒旁靡幽荒。韓駿出蟒族孱孤，誘尸雜醜；劉秃起狗屠惡少，欺率群愚。憑阻我城隍，蹂躪我疆場。華宫蕩於焚爇，鉅府傾於剽資。父兄之膏髓濡矛，子弟之肝腸薦鼎。彝倫顛錯，善法斁隳。忠襄獻武王夙挺雄材[6]，素韜偉略。義旗始奠，里閭之豪傑雲從；威鉞載揚，海嶽之拳翹雨附。振銛利於許甸，奮勁健於雒畿。闔虎牢而掃温懷，超鷄阜而披陜孺[7]。卷彭衙之浩祲，刮太華之層氛[8]。周岐偃旆霄撞[9]，秦畤回戈夕擣[10]。移屯細柳，縱獵長楊。崤、函失險於建瓴[11]，豳、隴復平於鋪砥。摧勍姦於狐嶺，永乂晋區；掩餘孽於鴈門，遥寧代域。偏師度遼而襲潰，特介逾沔而受降。翻陳、蔡之舊封，扳梁、宋之都邑[12]。猾竪僅遁，疲氓獲存。三河之烽火既休，五原之羽書亦絶。遂分留以西撫，爰大舉以東征。將匝絳壇，列緹綃之千幙；士循黄道，聯氍罽之萬營。僚佐盡簡奇髦，賓舍咸標隽彦。旌旂蔽於白日，棘戚摩於丹霄。鞮鞶礌磈乎狻猊，韎韐嶙峋乎獬豸。連躍湛盧之劍[13]，柘號繁弱之弓。粟庾山驅，芻廥林動[14]。指嵩邙而直赴，涉瀍澗而斜趨。珠犀照井陘之輝，鐵馬刷邯鄲之影。樓船斷孟津電激，屋車亘牧野雷喧。嚴刁斗於鄴丘，震鉦鼙於湛苑。秉麾申號，獻冠之囊牘已來；坐握沈機[15]，納捷之蠟章尋至。環轅抱鹽溝之月，浮梁貫滑浦之虹。迎鏖於河，流血漂杵；逐背於汝，積尸隱干。凶魁膽礱而奉鄆求盟，獷類膝行而歸牂代贄[16]。祓周公衣冠之廟，汛孔文絲竹之堂。薄凫繹以探收，徇蒙龜以掩取。駐驂冥覽[17]，窺岱頂之金泥；解胄雅歌，考泗濱之石磬。飲溜而鼪鼯莫咋[18]，乘峪而猰貐奚跳。鈎陳袤絙於泲南[19]，欃槍黯淪於歷下[20]。緝鄒、郯、滕、薛之境，踐莒、墨、膠、萊之墟。放於瑯琊臺，望鰲嶼以弭節；登乎興愚觀，挽鵬池以洗兵。獨視清藩，最居洪鎮。九雉因於神力，五龍賴於化工。黠負固而爲巢[21]，狡藏深而作窟。本非窮黷，示寬伐以昭綏[22]；終罔改悛，决亟嬰以困迫。壁淩煙而棊布，栅拂漢而箕張。或肖像於魚麗，或傚形於隼伏。伊降師之間處，肆邪黨之内通。其田豐、王士誠者，性獸則狶，行禽則獍。詐竭而輿櫬，力屈而繫纓。待之無異股肱，倚之則同心膂。班以尊爵，假以要權。翁媪有推恩之榮，妻孥有覃澤之慶。玉帛充牣，竇羞厭殘。豈期愛狎感銷，孰慮防踈難入。玆先王委躬社稷，彼逆寇竄命岩墉。邦殞孫、吴，切宸衷之悼惜；户殤曾、閔，縈慈念之悲牽。析圭共弔於廷，束帶交唁於位。七萃若捐其父鞠，四恒如釋其母依。比廬之織機輟鳴，達巷則舂杵停和。貿墟俱寂，炊突並寒。覩江右而增嗟，猶巴蜀之思葛相；過峴碑而墮淚，其襄樊之慕羊侯。優綸音以獎崇，殊典章以褒顯[23]。陟之以政宰，疏之以勛王。篤其祚於土田，綿其祀於廟貌。賚豐遺孝，賞裕後昆。總兵官、光禄大夫、中書平章政事兼知河南山東等處行樞密院事、皇太子同知詹事，嘉猷蚤敷，令譽又著[24]。搢紳之所欽嚮，部曲之所樂從。以嫡以賢，乃佀乃續。含哀受賜，墨縗之憤曷舒[25]；雪恥撫戎，素縞之勇自倍。殪宿叛而陸川皆赭，殄滋蔓而郡邑咸清。行碩畫以謀攻，藉鋭芒以誓剋。植板梯於亭毒[26]，仰接遊鳶；懸樓櫓於杳冥，俯瞻行蟻。衡輣逸濠而撼觸，飛棧排陴而騰躋。轟礮石以靡堅[27]，簇藜笞以蹶猛，迸矢攢而棲蝟[28]，奔旗銋以翳山[29]。氣蒸而霾霧鬱盤[30]，譟閧而乾坤摇蕩。十面合而復垣裂，八陣衡而叢閈掀[31]。殲馘者草芰，殭僕者麻卧。震雹之滅小堁[32]，驚飈之散輕塵。縛二熟於廣廛，纍諸渠於徽竇[33]。宄宗畢執，稚屬全俘。衮舄設於黼帷[34]，豆籩羅於瑶席[35]。式慰攸恚[36]，用告厥成。初膾剉其童孩，次脤斮其婦女。田豐、王士誠，刳心以侑祭，醢肉以分餐。傳首藁街，暴骨高垤。其馮、陳、楊、李等，或竿磔於市，或轞送於京。全齊由是而削平，鄒、魯由是而鏟定。方將淬礪鍘鍔[37]，勦僭僞之根；且復搜索璺瑕，除狂惑之蔓。强梁瀆紀之輩，跋扈犯關之徒，毋怒蛙膺[38]，敢擎螗臂。悉宜播誡[39]，咸使知懲。謹露布上聞。

【校記】

〔1〕肇造丕基，《湖北先正遺書》本無“造”字。

〔2〕曜緯，《湖北先正遺書》本作“曜綿”，誤。

〔3〕孕珎,《湖北先正遺書》本作“朵珎”,誤。

〔4〕伐,《湖北先正遺書》本作“代”。

〔5〕焰,《湖北先正遺書》本作“陷”,誤。

〔6〕材,《湖北先正遺書》本作“才”。

〔7〕挾擩,《湖北先正遺書》本作“陜擩”。

〔8〕太,《湖北先正遺書》本作“大”。

〔9〕撞,《湖北先正遺書》本作“種”。

〔10〕擣,《湖北先正遺書》本作“檮”,誤。

〔11〕崤函,《湖北先正遺書》本作“ 澱崡”。

〔12〕扳,《湖北先正遺書》本作“拔”。

〔13〕連,《湖北先正遺書》本作“蓮”。

〔14〕芻,《湖北先正遺書》本作“艸芻”,衍“艸”。

〔15〕握沈機,《湖北先正遺書》本作“握沈幾”。

〔16〕牂,《湖北先正遺書》本作“住”。

〔17〕“駐驂”句,《湖北先正遺書》本缺“冥”字。

〔18〕咋,《湖北先正遺書》本作“作”。

〔19〕緪,《湖北先正遺書》本作“諷”。

〔20〕歷下,《湖北先正遺書》本作“瀝下”。

〔21〕黠,《湖北先正遺書》本作“點”,誤。

〔22〕伐,《湖北先正遺書》本作“代”。

〔23〕典章,《湖北先正遺書》本無“章”字。

〔24〕又,《湖北先正遺書》本作“久”。

〔25〕墨縗,《湖北先正遺書》本作“纏縗”。

〔26〕植,《湖北先正遺書》本缺。

〔27〕礉石,《湖北先正遺書》本作“聞礉”。

〔28〕“迸矢”句,《湖北先正遺書》本缺“迸”“攢”“而”三字。

〔29〕“奔旗”句,《湖北先正遺書》本作“奔凡褭以翳蝟”。

〔30〕霾霧鬱盤,《湖北先正遺書》本作“霾霜鬱磐”。

〔31〕八陣,《湖北先正遺書》本作“兩陣”。

〔32〕“震雹”句,《湖北先正遺書》本作“怒雹之滅小祼”。

〔33〕賨，《湖北先正遺書》本作“賓”。

〔34〕舄，《湖北先正遺書》本作“寫”，誤。

〔35〕籩，《湖北先正遺書》本作“邊”。

〔36〕攸，《湖北先正遺書》本作“悠”。

〔37〕淬礪錋鍔，《湖北先正遺書》本作“淬癘錋碍”。

〔38〕怒，《湖北先正遺書》本作“努”。

〔39〕誠，《湖北先正遺書》本作“誠”。

贊[1]

【校記】

〔1〕贊，《湖北先正遺書》本作“雜著”。

濱國張文忠公贊

山川孕靈，篤生名賢。志氣開朗，秉心塞淵。金玉其相，肫肫其仁。愷悌君子[1]，粒我民人。

【校記】

〔1〕愷悌，《湖北先正遺書》本作“豈弟”。

楚國程文憲公先生畫像續贊

仰先生之儀彩，粹然有君子之德容；覩先生之衣冠，藹然有三代之遺風。是蓋當國家草昧之際，天必生碩德之賢，爲之經綸而彌縫之。不然，幾何其能混一九有，而建不拔之業於無窮者乎？顧荆州爲余父母之邦，實自古豪傑之所産。而先生適崛然生乎其中，其所以鍾山川之英靈，全扶輿之淑氣，是非希世之逢，誠爲曠代之豪雄歟！宜乎其一時明良之相與，蔚乎若雲龍風虎之相從也。惟不肖瞻之與先生也[1]，世之相後百有餘禩，地之相去百有餘里。前雖不得攀奉顔彩，一聆謦欬之益；後乃得與其孫世京，忝斯文契之美[2]。噫！雖不幸，猶幸也。悲夫！

【校記】

〔1〕與，《湖北先正遺書》本作“於”。

〔2〕忝，原本作“黍”，據《湖北先正遺書》本改。

詞[1]

【校記】

〔1〕詞，《湖北先正遺書》本作“雜著”。

海上祈風投詞

伏以慾海波深，惟藉慈航之渡[1]；胥濤勢險，用叨陰相之功。敬叩玄關，特陳虔懇。切念某等煙波羈旅，螻蟻微生。罪獲於天，爰自平生而積；情出非已，多因有故而來。頃緣國步之迍邅，遂致民黎之播越。或情牽於骨肉，而痛切於父兄；或志迫於饑寒，而賢勞於王事。跡偶同於首鼠，念豈比於禿鶖？類由公事而私還，類值寒來而暑往[2]。皇華之使，每懷靡盬之悲；式微之歌，恒起遄歸之念。情該萬狀，話匪一端。恭惟天妃，夙契道緣，悟超仙品。體太上好生之德，普濟生靈；仗佛光真乘之威，同扶社稷。名既登於祀典，功久冠於皇家。重念某等，偶因公委一行公私人衆[3]，參隨下官，顧搭温州楚門戴某大亨船隻，前往福建。已經取自十月初旬登舟放洋。不圖行次中途，日值逆風横作。既波濤之洶湧，即衆意之愴惶。浩乎莫之，茫若無措。水薪殆盡，軀命是關。

何一葦之艇未航，而八閩之州安在？人情伊阻，王程孔艱[4]。言念及斯，痛傷何既？伏願神幖順指，風馭迴翔。海上靈槎，冀即登於彼岸；天心明月，幸普照於迷塗。

【校記】

〔1〕"惟藉"句，《湖北先正遺書》本無"慈"字。

〔2〕值，《湖北先正遺書》本作"直"。

〔3〕偶，《湖北先正遺書》本作"頃"。

〔4〕王，《湖北先正遺書》本作"正"。

謝風投詞

伏以一葦之航，事已付於僥倖；中流之瓠，恩斯倍於生成。天實相之，人胡謂也[1]。言念某等，孱孱弱質，擾擾浮生。行藏固出於有因，形跡頗同於亡命。疾痛而呼父母，至性難逃；利害而切肌膚，衷情所在。飄飄乎風濤是苦，惴惴焉淪胥以亡。望洋而退者再三，垂涕而告者數四。如是玄冥布德，炎飈歛威。風馭整而迴鑣，雲帆張而順指。一時有慶，萬變胥停。化逆浪爲亨衢，起呻吟爲言笑。是蓋神妃默贊，衆聖周旋。首露投忱，敬伸虔謝。

【校記】

〔1〕謂，《湖北先正遺書》本作"爲"。

卷　六

詩

寶章[1] 爲福建監憲恩德卿作

《寶章》，美皇太子也。太子聰明天授，鋭志聖學。皇帝爲開端本堂以教太子，太子日與師保之臣講誦不輟[2]。性雅好翰墨，内有所藴，外筆之書。然每書輒寓懲勸[3]，以賜近臣。福建府省右丞恩寧普君，以西夏名族揚歷中外，聲光赫然。太子爲書"文行忠信，爲善最樂"八字以褒寵之，筆勢飛動，氣象森然。大夫美之，而作是詩也。

倬彼雲漢，爲章于天。相彼寶章，昭回于編。如龍斯升，如鳳斯騫。如泰山斯重，如北斗斯懸。

泰山維何，巖巖高矣。北斗維何，奎璧交矣[4]。緬彼結繩，心焉忉忉。皖彼科斗，不可以殽。何以似之，禹疇羲爻。

于洛有書[5]，于河有圖。聖人則之，人文誕敷[6]。于古有訓，世有格言。格言孔嘉，垂裕後昆。

於昭元子，岐嶷夙成。群后在天，克配于京。終始典學，緝熙光明。

帝曰元子，毋怠毋盈[7]。

元子有命，諮爾墨卿。乃召楮生，乃召管城。徵彼處士，進彼陶泓。執事有恪，遹觀厥成[8]。

於皇尼父，載宣四教。文行是先，忠信是蹈。

曰維爲善，處身之綱。誰其樂之，東平王蒼。

彼臧克臧，俾也孔昌。彼狂弗莊，俾也斯亡。

嗟爾恩卿，永保全名。允矣君子，展也大成。

恩拜稽首，對揚洪休。君子萬年，永錫爾猷。

《寶章》十章，五章章八句，五章章四句。

【校記】

〔1〕本詩各本均無標題，據詩歌内容及其序跋補。

〔2〕日，原本作"自"，據《湖北先正遺書》本改。

〔3〕輒，《湖北先正遺書》本作"輟"，誤。

〔4〕璧，《湖北先正遺書》本作"壁"，誤。

〔5〕于，《湖北先正遺書》本作"干"，誤。

〔6〕人文，《湖北先正遺書》本作"丈人"，誤。

〔7〕本章《湖北先正遺書》本缺"岐嶷夙成。群后在天，克配于京。終始典學，緝熙光明。帝曰元子"數句。

〔8〕遹，《湖北先正遺書》本作"適"。

五言古詩

五更述事

北風撼船頭，終夜苦難寐。暫寐遽驚覺，何如不成睡。淩晨欲交睛[1]，喧譁復驚悸。問之見山來，謂是温州際。楚門舟人家，檣帆與心繫。誰無遄歸念，况乃此輩類。我心重賢勞，所思在王事。造物豈偏顧，悉願委以遂。寒暑尚有差，神明苦難是。

【校記】

〔1〕睛，《湖北先正遺書》本作“晴”，誤。

翟甥以詩見呈，情意甚至，但辭不足以發之。老夫漫爲改定[1]，以成其愛慕之志

我有渭陽思，隨之使南陲。當茲風濤中，或受霜露欺。髩髮近衰老，朝夕誰與宜。吾生自弱齡，已有怙恃悲[2]。傍無期功親，賴有舅氏依。孤苦無與比，况負駑鈍姿。過庭日諄諄，令我學書詩。書詩弗終業，倡狂走東西。值此年歲艱，所願良多違。晨昏每深省，但覺慘以悽。有弟天一方，生死未易期。歲月各以逝，徒生竟何爲。舅恩等劬勞，形影恒弔之。何時遂榮名，報此三春暉。

【校記】

〔1〕改定，《湖北先正遺書》本無“改”字。

〔2〕恃，《湖北先正遺書》本作“時”，誤。

楚門述懷

我昔放船日，乃在孟冬初。此時風寒競，雨雪紛載塗。是行死生别，妻子不得俱。江南地偏下，况復在海隅。嚴冬如初秋，天氣恒多殊。草木未摇落，布褐被體膚。綢工此邦人，室家念居諸。繫舟楚門灣，一住十日餘。我心如鋒攢，從行念踟躕。雖沐主家顧[1]，志願良未舒。情雖公私牽，輕重亦異趨。君家素忠義，所望同吾徒。王程已愆期，日夜畏簡書。苟重君父憂，内省還何如。願君竟兹意，早發勿趦趄。

【校記】

〔1〕沐，《湖北先正遺書》本作“沭”，誤。

將發楚門[1]

使臣當何如，所司在周詢。哲王重觀察，民情苦難伸。我從天上來，乘桴赴南閩。艤舟楚門岸，奄忽踰一旬。此邦俯要衝，道路當海濱。民力困兼併，徵求盡鷄豚。浙東惟七州，地狹民亦貧。所憑舟楫利，生理恒艱辛。視之等葅醢，雄吞竟何人。我於十日來，有耳不願聞。盡從方門至，使者如魚鱗。舟車日旁午，鈞符星流奔。故令惡少徒，什伍恒成群。白晝肆攘敚，漁獵據通津。凶燄嘘可炙，人命同輕塵。内君命尤嚴，所在毋敢論。昔有五侯宅，今有五府門。五府皆貴公，擬跡王侯鄰。紆朱曳組綬[2]，富及子與孫。聖恩與鴻濛，無物與比倫。乃復爲五虎，噉人如羶葷。五侯昔何如，誅夷到荄根。以今鑒往者，傷哉竟難陳。

【校記】

〔1〕《湖北先正遺書》本“將發楚門”後有“二首”二字。

〔2〕組綬，《湖北先正遺書》本缺“綬”字。

吾觀桔槔論

吾觀桔槔論，力鮮功倍鈞。如何端木氏，乃見汲者嗔。哲王肇先基，辛苦貽子孫。聖人貴萬全，小利曷足云。偭彼憸人徒，啓此僥倖門。海艘歲萬漕，便利毋與倫[1]。至今百餘年，不復事討論。遂使奸雄徒，窺測見本根。炎方多長蛇，時效猛虎蹲。兵交十年來，氣運固有因。聖人尚包荒，政令務因循。乃知堯舜理，乾綱是寬仁。昔嘗賦車攻，會同如星奔。仰觀千載前，誰能繼先塵[2]？嵩靈誕嘉祥，降此甫與申。方叔及召虎，聖人周宣君。中興眉睫間，河嶽亦精神。我皇以武姿，哀痛怛下陳。茂哉垂九葉[3]，度建萬國春。竄伏恐已逸[4]，安能覩乾坤。執筆等太史，磨崖勒雄文。

【校記】

〔1〕毋，《湖北先正遺書》本作“無”。

〔2〕誰能，《湖北先正遺書》本無“誰”字。

〔3〕葉，《湖北先正遺書》本作“業”。

〔4〕竄伏，《湖北先正遺書》本作“遼夫”。

十一月初二日發楚門

疾風西北來，解舟楚門灣。開襟欲忘言，喜折兩袖彎。朝辭戴氏子，暮見雁蕩山。此山接天台，一見開我顔。蒼松雜翠篠，宛似瀟湘間。風潮催輕帆，不得聽潺潺。亦有王事牽，二毛近成斑。幼讀天台賦，常時願躋攀。斯遊誠至幸，欲往又復難。凡骨恨未蜕，何時脱籠樊[1]。長嘯謝雲巔，晤言期後還。

【校記】

〔1〕籠，《湖北先正遺書》本作“龍”，誤。

過雁蕩山東，行程一舍許[1]，名歷澳島。無風而雨，氣蒸如暑，眠不帖席。留此三日，不得行。時蓋十一月初也

百粵居炎荒，遠在揚州域。氣蒸恒無風，三冬如六月。地卑雲霧饒，海闊天常濕。積陰久不舒，微雨紛更集。日爲王事牽，中心疚如灼。夜瞻北辰高，勢遠不易即。安得如飛鴻，那能暫停息。

【校記】

〔1〕程，《湖北先正遺書》本作“桯”，誤。

題員外柏君壽字卷

柏生稟元化，托地臨廣阿。下有百尺根，上有千丈蘿。虯枝刷風雨，蓊蔥漲雲波。不受霜雪欺，勁節森有那。鬱然梁棟器，明堂起嵳峩。匠氏苟見用，之死矢靡他。諒彼君子徒，小大同一科。丈夫貴晚操[1]，百瑤如雲和。貞心倘不改，夭壽當奈何。

【校記】

〔1〕操，原本作“摻”，據《湖北先正遺書》本改。

五言律詩

贈貢泰甫先生牙笏詩並序

牙笏一張，長勁且闊，古所謂記事之笏也。聊爲從者之贈詩以志懷，不勝增感。

象簡霜凝重，蒼髯雪色新。轉輪勞算用，報答費經綸。扶病朝明主，臨軒問老臣。此時江海上，人已厭風塵。

長短句

題鄭彦昭郎中爲溥泉所作梅竹

山中人，寫梅竹，琅玕清瘦花如玉。幕中坐客多才華，鎮日揮毫寄幽獨。窗間月底忽相逢，紙帳香飄雲滿屋。

五府少年釣馬歌

南客南歸必買馬，冀北馬群最多者。白銀星粲賤如塵[1]，千金買得那論價。龍媒之駒鍾駿骨，矯如鶩鴻蹄切玉。神物本是房駟精，一夕分輝耀南陸。有時蹅蹵忽長鳴，乾龍坤牝各有靈[2]。世人賤材但貴貨，縱有眼顧誰終青。一從上船當船頭，百計管束如拘囚。仰首向天俛首地，馬與天地皆蜉蝣。乾坤再造須清寧，豈獨人人望有生。當時舊將封侯尚未老，何爲馬也不得逢。中興唐時奚官善養馬，南人養馬尤閒雅。千方調飼如擾龍，生芻細莝那盈把。浪濤風捲狂欲顛，船頭入井尾刺天[3]。前僵後躓戰欲死，一生九死無因全。當時人命尚弗保，已拼不得終前好。五更風定强起看[4]，幸爾未盡同枯槁。所存祇是骨與毛，首纔伏櫪神俱逖。主人熟視但嘆息，雖有善相無方皋。海陬去天經萬里，海洋風波仍萬死。脱生免死幸已難，豈意江南猶未已。中原豺虎年固多，浙東五虎將奈何？船頭忽驚來刷馬，惡少三五群相邏。半紙釣帖印一顆，一日三番急星火。問之便稱方大人，大人有命尤難些。紅纓氈帽青辮絲，短衣衲裌雙環刀。便將長繩選馬鈞，喧呼叱吒聲狂嘈。馬亦垂頭若有訴，主人錯愕不敢顧。但將白金告少年，再三買得寧償負。陸有窨穽水有漁，剥朘豈特臻肌膚。魚蝦雞犬悉有命，饕餮至此那能居？我元天子家六合，聖子神孫政綿邈[5]。三苗洞庭將有歸，涿鹿蚩尤終受縛[6]。君不見蔡州吴元濟，根盤蔕固能幾世？又不見汴州李希烈[7]，桀驁偃蹇旋覆滅。人生忠義是善媒，黄金北斗將焉爲？吁嗟鼠輩誠何癡！

【校記】

〔1〕粲，《湖北先正遺書》本作“燦”。

〔2〕“乾龍”句，《湖北先正遺書》本缺“牝”字。

〔3〕入井，《湖北先正遺書》本作“人並”。

〔4〕五更風定，《湖北先正遺書》本作“五更風起定”，衍“起”字。

〔5〕邈，《湖北先正遺書》本作“藐”，誤。

〔6〕蚩尤，《湖北先正遺書》本作“雖尤”，誤。

〔7〕李，《湖北先正遺書》本作“季”。

責風伯

吾聞六卿之官天子吏，天之四時同一揆。天上五命各有司，一或干之比僭擬。孟冬初來將兩旬，玄冥行天祝融死。日張土囊公怒號，風伯爲朋海若曹。人言南風多不競，是何於我相魚烋。排山之浪如銀闕，打我船頭行不得。鷁首驚飛莫敢前，鴟夷鼓吻常嘖嘖。船頭呻吟船尾病，此去東夷垂欲近[1]。未聞今日薪水貴如金[2]，當年五百童男一去無音信。一時聞者皆怏然，便欲騎鯨飛上天。但恐爾輩是凡骨，天高路遠難攀緣。天子命我使閩土[3]，職方禹貢尤修阻。爾聞天子遣使來，神胡爲乎弗相與。使者觀風古有命[4]，未聞遍到天之涯。是行恐是上帝意，欲令八荒四海知屬天。王家昨宵夢覩玉皇勑，下檄五丁追退鷁。即今天子聖且仁，爾爲風伯何不爲臣敢爲逆？北陰之府是酆都，不比人間官府但糢糊。盡將厲鬼磔裂爲萬塊[5]，雖有口耳空揶揄。尚書有云不逢上帝怒[6]，汝若有常送使者到閩去。去天萬里閩最遥，閩人日望使者軺。爾其欽承厥命勿有替，我將領子明年俱來朝，慎莫效尤國鴟梟[7]。

【校記】

〔1〕垂，《湖北先正遺書》本作“早”。

〔2〕貴，《湖北先正遺書》本作“責”，誤。

〔3〕閩土，原本作“國土”，據《湖北先正遺書》本改。

〔4〕命，《湖北先正遺書》本作“若”。

〔5〕塊，《湖北先正遺書》本作“鴻”。

〔6〕有云，《湖北先正遺書》本作“且爾”。

〔7〕慎莫，《湖北先正遺書》本無“慎”字。

壞舵歌

南溟之魚頭尾黑，身長竟船頭侣鐵。浮游偃蹇氣欲吞，斜日昏冥暎鬐鬣[1]。煦沫成煙浪花起，逐我船頭趂船尾。恐是昔年未死之蟄龍，一經譴斥偕厲鬼。舟中健兒恨盡白[2]，彎弓擬之三復止。明日疾颷驅長雲，巨飄高張萬馬奔。舟卒思家窮力使，瞬息千里若不聞。捩舵逆指衝怒濤，欻如生馬當春驕。又如鷙段且上干雲霄[3]，萬里一息非爲遥[4]。須臾有聲如裂帛，三百餘人同失色。鐵梨之木世莫比，今作舵根爲水嚙。是木之産非雷同，來自桂林日本東[5]。當時不惜千金置，便欲雲仍傳勿替[6]。箕裘相紹近百年，甑已墮矣奚容言。眼前生死尚未保，惟有號泣呼蒼天。蒼天高高若不聞，稽顙齊念天妃神。我知天命固有定，以誠感神豈無因。少時風馴浪亦止，以舵易舵得不死。我今幸爾同更生，開闢以來無此比。女媧氏，天妃神，補天護國相等倫，世代雖異功則均。我皇開國同乾坤，一年四百萬斛運。麾叱雷電役五丁，片艘粒米皆風汛。財成本是神之功，直與天地傳無窮。愧無如椽五色筆[7]，磨崖刻頌驚愚蒙。

【校記】

〔1〕髻,《湖北先正遺書》本作“旗”。

〔2〕恨,《湖北先正遺書》本作“眼”。

〔3〕且上,《湖北先正遺書》本作“直上”。

〔4〕非,《湖北先正遺書》本作“不”。

〔5〕日本,《湖北先正遺書》本作“曰本”。

〔6〕傳,《湖北先正遺書》本作“傅”。

〔7〕椽,《湖北先正遺書》本作“掾”,誤。

題鄭静思松琴得趣圖

南臺御史大夫道隱公,爲天台鄭静思書“松琴得趣”四字,求予賦詩。倚舟書此,爲再會之好云。

鄭静思,冰霜姿,松琴得趣知者稀。臺端道隱酷相愛,大書不一特畀之[1]。懸崖之松怪若畫,風雷爲長虯龍枝。盤錯屈鐵刷霄漢,迴旋造化通天機。泠泠清響孰與調[2],幢幢翠葆相參差。有時山人坐其下,静聽但覺宫商隨。夜半起看河漢落,虎豹俛首蛟鼉癡[3]。黄鍾太音世何有[4]?萬古惟許庖犧知。虞姚作五弦,南薰鼓雍熙。巍巍之德配天地,垂裳端拱成無爲。伯牙是何人,尚懼不得鍾子期[5]。廼知物理自有無言之至妙,追作矯飾真成非[6]。鄭静思,人汝奇。當今聖人是堯舜,臣下况復多皋夔。君臣相擇各有以,得趣政在弦聲遺。致身忠義苦未早,人不汝念君其思。古來賢達賤苟且,出處幸勿負此清明時[7]。

【校記】

〔1〕特,《湖北先正遺書》本作“待”。

〔2〕泠泠,《湖北先正遺書》本作“泠泠”。

〔3〕俛首,《湖北先正遺書》本無“首”字。

〔4〕太,《湖北先正遺書》本作“大”。

〔5〕懼,原本作“俱”,誤。據《湖北先正遺書》本改。

〔6〕真,《湖北先正遺書》本作“直”。

〔7〕時,《湖北先正遺書》本作“清”,誤。

題平陽彭氏雲松亭〔1〕

彭孝子,情何悲,中心一念人誰知?白日思親中夜隨,夢中猶欲笞其兒。兒啼不勝親抱之,遽爾一見尋別離,覺後但覺心歔欷。心歔欷,亦何有?朝見鵬山之雲自往來,暮見梅原之松鬱巍巍。從問爾,山中雲,恐親心所怡;又復爾,雲中松,恐是吾親手自移。今雖不見吾親顏色,幸得覩此爲我永慕之容媒。松常青青雲楚楚,雲不能言兮松不能語。彭孝子,有衣弗君著,有杯弗君舉〔2〕,見君之容、聞君之音心已苦。相遊亭上暮即歸,歸來惟有睡與癡。彭孝子,忠心一念人誰知?

【校記】

〔1〕彭氏,《湖北先正遺書》本作“彭民”。

〔2〕弗,《湖北先正遺書》本作“勿”。

贈南臺察院掾修敬宗管叔堅還臺〔1〕

東風吹雨春冥冥〔2〕,荔子花殘梅子青。遊絲千尺遍江滸,愁罣離人留不住。三山中有神仙宅,玉樹亭亭照顏色。去年相逢眼未知,今日相看重離别。脩郎修郎多汝賢，曾陪驄馬驂後先。氣岸巉巉隔秋水，皎如寶鏡懸青天。突竅洞射幽隱闢，毫末悉露生光妍。駿如天馬行長空，夭矯弗與凡骨同。快如俊鶻下曠野，搏擊狡兔追莽風[3]。近時上書干主將[4]，意氣横出衝晴虹。黄金臺前馬價高，舊時屬掾俱英豪。如公脱落定應少，我有真眼過方臯。邂逅天涯即傾倒，北方之人信然好。紅顔緑髪當妙年，頎而長兮富文藻。明月之扇子所遺，上有名字誰其題。似欲南薰送北客，贈之寄爾長相思。故人新峩獬豸冠，神完氣固方大觀[5]。神仙中人托爲侣，彩鷁西去何翩翩。我今贈子青雲裾，旋當與子催薦書。中臺選曹定虚左，不負堂堂八尺軀。

【校記】

〔1〕掾，原本作“椽”，誤。據《湖北先正遺書》本改。

〔2〕東風，《湖北先正遺書》本作“東雨”，誤。

〔3〕莽風，《湖北先正遺書》本作“奔風”。

〔4〕干，原本作“于”，據《湖北先正遺書》本改。

〔5〕觀，《湖北先正遺書》本作“覬”，誤。

七言律詩

送泰甫貢先生還朝便先往浙東訪妻子

聖主中興憶舊臣，白頭自分老無聞[1]。傷心轉在朝天日，經亂維存報主身[2]。去國十年渾似夢，到家一飯忍忘君。太平政爾煩經濟，宣室非干問鬼神[3]。

風雨瀟瀟鷄亂呼，使君無奈賦歸歟。草玄易覔揚雄宅，到寺難求太史書。白髮詞臣還秘省，紫苞威鳳耀雲裾。會看同住京華日，退食時時一起予。

【校記】

〔1〕自分，《湖北先正遺書》本作“分自”。

〔2〕維，《湖北先正遺書》本作“纔”。

〔3〕干，《湖北先正遺書》本作“于”，誤。

贈戴氏詩

永嘉名郡多名族，孝義忠貞戴氏家。曾向轅門干上將，甘從虎穴試磨牙。蘭孫比玉香凝砌，棣萼聯輝樹有華。意氣每逢天上使，年年來此憩星槎。

十月十八日喜風順而作

心緘未上神先啓，風馬神輿瞬息迴。似向藍關逢驛使[1]，直從閬苑去天台。潮寬新水毋煩算[2]，路入閶州不用裁[3]。金石相孚應未爽，會將功德報燕臺。

【校記】

〔1〕藍，《湖北先正遺書》本作“籃”；驛，《湖北先正遺書》本作“驊”，均誤。

〔2〕潮，《湖北先正遺書》本作“浪”。

〔3〕閶州，《湖北先正遺書》本作“閩州”；不用裁，《湖北先正遺書》本作“底用裁”。

始余發京師時，已聞河南平章公克復濟南，渠魁就擒。計益都之寇，可不煩餘力而下矣。夫大將係國家安危，行當慎重，爲宗社計。舟中有懷，援筆爲賦，是又不能不留情也。大將名察罕特穆爾[1]，字廷瑞云

久聞大將下山東，一戰名成破竹中。調度敢煩廊廟計，疇咨仍藉相臣功。宣光接武揚先烈，方虎聯勛振古風。宗社有靈須慎重，毋勞親手定雌雄。

【校記】

〔1〕特穆爾，《湖北先正遺書》本作“帖睦而”。

十月十八日夜，睡間紀事，并懷尚書徹爾托里[1]、張自南，侍郎吕伯益、韓汝舟，皆一時煙波羈旅之人也。明年相會，遂得抵掌一笑

【校記】

〔1〕徹爾托里，《湖北先正遺書》本作“徹通理”。

紀　　事

風送輕帆浪送船，神遊萬里水中天。魚龍吹雨三更後，星月憐人午夜前。夢涉關山猶惴惴，起看煙水尚綿綿。賢勞詎敢言王事，虎穴頻探已數年。

懷徹爾托里[1]

同日除書下九天，可堪同事更同肩。延春閣底謀初畫，海子橋頭轡每聯。酒戒飽聞微醉後，言箴猶在別時邊。細思忠告如君少，滄海平安幾日傳。

【校記】

〔1〕徹爾托里，《湖北先正遺書》本作“徹通理”。

懷張自南

每當同拜仍同事，何獨君今使秣陵。寇折底煩韓吏部[1]，作書那數李陽冰[2]。新詩我謂參軍比[3]，短貌人呼主簿朋。試看明年降虜策，定期六月見南鵬。

【校記】

〔1〕韓吏部，《湖北先正遺書》本衍“韓吏”二字。

〔2〕作書那數，《湖北先正遺書》本作“檄書那待”。

〔3〕新詩我謂，《湖北先正遺書》本作“长髯自謂”。

懷吕伯益

誰着麻衣過七閩，秋曹老子念先親。登舟但抱終天恨，到海方知未了身[1]。世亂備經千百痛，慈顏不見十三春。白頭扶杖衡廬下[2]，徙倚風前淚滿巾[3]。

【校記】

〔1〕方知，《湖北先正遺書》本作“那知”。

〔2〕衡廬下，《湖北先正遺書》本作“他鄉里”。
〔3〕徙倚，《湖北先正遺書》本作“骨立”。

懷韓汝舟[1]

夙昔聞名未識君[2]，識君纔得兩三旬。一時同拜明前列，此日追陪愧後塵[3]。欵欵謀猷臻事變，雍雍言笑見情真[4]。明年檣艦浮杯簇[5]，方信韓郎是偉人。

【校記】

〔1〕韓汝舟，原本作“趙虛舟”，誤。據《湖北先正遺書》本改。
〔2〕夙昔聞名，《湖北先正遺書》本作“舊忝朝行”。
〔3〕追陪，《湖北先正遺書》本作“連寅”。
〔4〕情真，《湖北先正遺書》本作“慎真”。
〔5〕浮杯，《湖北先正遺書》本作“如林”。

抵楚門，即船主戴廷芳廷玉家也

楚門山色散煙霞，人到江南識永嘉。半隴石田都種麥，一冬園樹尚開花。海天日暖魚堪釣，潮浦船回酒可賒。傍水人家無十室，九憑舟楫作生涯。

又

船泊江潮是異鄉，戴郎家住楚門傍[1]。寄來青柿猶存蒂，摘得黄柑盡帶霜。竹塢人家茅屋小，石磯漁艇釣絲長。可憐擾擾風塵際，誰識桃源有洞房。

【校記】

〔1〕郎，《湖北先正遺書》本作“即”，誤。

次楚門，聞福州六月之變，就簡倪仲凱郎中，不候而去

誤聞消息心如灼，歸興那能候我來。不是尚書船到晚，却緣員外别初回。閩州烽火人猶記，回紇刀牌孰總裁。最恨當時謀未審，至今遺禍使人哀。

前過台州，代州人董生安車秀才而作。石橋，州之所有勝跡也

天台山水妙南州，是我垂髫舊所遊。亂後久捹門户改[1]，别時只爲稻粱謀。石橋雨没苔紋滑，宰木風高鳥雀愁。欲上磯頭聊問訊，片帆飛過不知收。

【校記】

〔1〕捹，原本作“拚”，據《湖北先正遺書》本改。

走也啣命而來，艤舟永嘉之楚門，蓋居人戴氏里也。一日，邀致於所居之村，曰竹岡。杯酒留連[1]，伯仲聯侍，居周匝佳山水環繞於其間。間嘗遊目登眺，一時清遠之思嶄然眉睫。昔謝太傅好遊東山，未爲無謂也。顧余何人[2]，擬跡宰相，不能不愧耳。幸以詩人常談見恕[3]，是所望也

雁蕩山東是竹岡，林泉清賞勝滄浪。人家散處通潮浦，鷄犬成村自雁行。無數小舟灣柳外，暎山紅樹繞溪傍。主人惠我遊山屐，謝傅情濃樂未央。

【校記】

〔1〕杯酒留連，《湖北先正遺書》本作“杯酒相留連”。

〔2〕余，《湖北先正遺書》本作“予”。

〔3〕常，《湖北先正遺書》本作“嘗”，誤。

黑水洋爲風浪所飄，見倭國界山。船間雖有所賦，成於一時，苟簡殊未工也。阻風之暇，復次所懷，再書船之左

極海風波不易模，孤臣去國逮天隅[1]。東臨倭子將非類，西脱秦山即異區[2]。鵬鳥昔來凶已告，界山今遇死無殊。男兒許國誠何恨[3]，祇恐君王念未蘇。

【校記】

〔1〕逮，《湖北先正遺書》本作“遠”。

〔2〕秦山，《湖北先正遺書》本作“泰山”。

〔3〕“男兒”句，《湖北先正遺書》本無“何”字。

五虎門

西遊昔上三瀦峽，今見南荒五虎門。勢接天關并地軸，氣呑雌伏與雄蹲。八閩津要難耽視，百粵山河總大藩。千載卧龍今復起，祇憑三顧靖中原。

次古山下，時儒學提舉陳景忠來迓也

不見溪頭荔子丹，尚餘碧葉滿空山。水流百折成巴峽，山列圍屏擁畫闌。粳稻滿田冬不刈，漁翁舉釣晚猶安。閩州自古多無恙，不許癡兒睥睨看。

題劉中守小景

雨後看山更愛山，結茅臨水閲人寰。交談終日頻傷往[1]，留客烹泉不許還。凉月滿空邀鶴住，緑陰繞舍聽猿閒。道人又有休官意，每憶秋風放白鷴。

【校記】

〔1〕往，《湖北先正遺書》本作“住”。

奉同二次來韻并寄閩省謁諸幕、謁閩王廟之作，通呈景容郎中、伯益侍郎、秘監先生，同發一笑

重叨天遣八年餘，又辱分符不暫居。那有古人秦御史[1]，豈無先輩貢尚書。文章官樣誰將並，氣節天然我未如。歸到朝廷當下問，定從江海詔安車[2]。

【校記】

〔1〕那有古人，《湖北先正遺書》本作“奈有故人”。

〔2〕車，《湖北先正遺書》本作“居”。

舟中聽雨

鴈蕩山前船夜灣，雨聲篷外響潺潺。半生萍梗何時定，萬里冥鴻與夢還。南海有珠輸上國，（自議必往，往泉州，希輸上意[1]，蓋在此處也[2]。）江東無警報杉關。（近有人傳，建寧官兵已復邵武，江西賊人已過杉關、衢婺二路[3]，復奉正朔[4]。）五更賦看潮生後，覩見祥風起舵間[5]。

【校記】

〔1〕希輪上意,《湖北先正遺書》本缺“輪”字。

〔2〕蓋在此處也,《湖北先正遺書》本作“蓋阿述魯丁回紇異在此處也”。

〔3〕二路,《湖北先正遺書》本作“一路”。

〔4〕正朔,《湖北先正遺書》本作“正朝”。

〔5〕覩,《湖北先正遺書》本作“親”。

至正辛丑,詔加福建閩王爲闕□□□〔1〕,本省官屬以正月初九爲王誕日,謁廟稱賀。走叨先行展敬禮,道中欣逢儀仗之過,馬上有作,戲呈幕府諸公

緑髮紅顔衆省郎,漫隨官長謁閩王〔2〕。褐茶羅傘騶前導〔3〕,皮刺繩床仗後將。舉奠杯摇紅蠟炬,捧宣人出紫泥香。低頭再拜齊稱賀,回首熙熙樂未央。

【校記】

〔1〕閩王,原本作“國王”,誤。據《湖北先正遺書》本改。此句原本空四字,應是閩王封號。《湖北先正遺書》本無空。

〔2〕漫,《湖北先正遺書》本作“謾”。

〔3〕褐茶,《湖北先正遺書》本作“茶褐”。

和貢先生韻,時同尚書祭亡友李仲容也

故友墳前草不春,高風臺上聚星辰。翰林小記如冠冕,閣老遺書絶後塵。自愧不才難接武,多君高誼許爲隣。會須相伴朝京闕,更有秦郎最可親。

簡秦景容郎中[1]。昨日承歌談笑，適詩酒相忘，有放浪形骸之意，以謂到閩以來，無此一樂。但傷足下以特達之材轗坷仕路，走也辱爲知己之游，不能拔而出之，此安足爲故人耶？詩以志懷，聊伸雅嘆

海嶠相逢情更親，共看白首惜青春。君心寂寞憐知己[2]，我日淒涼念故人。談笑總能推兩晉，論文還許侶先秦。生平自謂同心膂，争及當時管鮑隣。

【校記】

〔1〕郎中，《湖北先正遺書》本作“即中”，誤。

〔2〕知己，兩本均作“已”，誤。

再和貢先生韻

自是閩荒易得春，鳥啼花落惜佳辰。三山燈火星連簇，千尺遊絲晚罥塵。南海珊瑚將北闕，東家蝴蝶過西隣。太平好伴還鄉去，兒有平安報老親。

題臨川曾仲衍手卷。時仲衍授永嘉之平陽州同知，有旨命賚御酒宣慰。本州周宗道僉院貢米入京，卷有危太樸參政所書虞學士邵菴送行序并詩三首[1]。走亦不揆效顰于左[2]，兼簡君道使君

海角相逢如未識，三山聽詔見崚嶒。大參書法追王獻，學士詩章似杜陵。棣蕚春明華艷艷[3]，芙蓉秋水玉承承。故朝丞相多英裔，只有臨

川世姓曾。

九重選使勞將軍，多羡將軍類古人。報國只知君父重，與民還佀弟兄親。中流砥柱頹波障，舊蠟黄封御賜新。君到平陽煩問訊，魚緘曾寄澌江鱗。

【校記】

〔1〕序，《湖北先正遺書》本作“庠”，誤。

〔2〕左，《湖北先正遺書》本作“右”，誤。

〔3〕華，《湖北先正遺書》本作“花”。

問李則平憲副乞花

明府庭前花數本，汀蘭岸芷迭芬芳。山茶雨過紅妝净，茉莉風牽粉趐香。隔户蜻蜓空寂寂，遶欄蝴蝶故忙忙。相逢盡道東風好，一線何曾到晚郎。

題江西老人李頤齊手卷

閩海相逢一老翁，布袍藍縷髩毛蓬。問渠何事蕭條甚，似爾從前寂寞窮。酒後尚能稱草聖，愁來只用指書空。如今江右猶烽火。未許平安附便鴻。

甲午歲以公差過江陵之右[1]，有訪故人田典簿仲玉五詩纔記一也

自昔乘閒訪博聞，書樓鐘鼓徹彤雲。天吴紫鳳躭成癖，翠柏蒼松喜欲群[2]。有酒便須呼阮籍[3]，浴蘭還擬見湘君。椒宫罷直歸來晚，刻燭題詩到夜分。

【校記】

〔1〕以，《湖北先正遺書》本作“云”，誤。

〔2〕柏，《湖北先正遺書》本作“相”，誤。

〔3〕便，《湖北先正遺書》本作“更”。

題馬生溪山小景

馬生遺我溪山景，我笑從前好卜居。地僻結茅依澗宿，水深移棹隔溪漁。月滿船頭春載酒，香生竹裏夜分蔬。室中切莫悲嫠婦，横笛于今怨有餘。

乙未歲過歸州擬謁宋玉祠不果

聞子愁秋老更悲，近來華髮也相催。斯文一去無今古，過客千年許往來。大雅遺音虛夜瑟，故山喬木盡塵埃[1]。一杯不到荒祠下，腸斷江流幾百迴。

【校記】

〔1〕盡，《湖北先正遺書》本作“無”。

甲午歲題江漢王粲樓和達實密雅蘇韻[1]

大江西下思漫漫，憔悴王郎舊倚欄[2]。貔虎晝嗥沙草白，轆轤夜轉井梧寒。帛書善托雲中鴈[3]，錦字羞題夢裏鸞。魏國山河劉社稷，可憐無地望長安。

【校記】

〔1〕達實密雅蘇，《湖北先正遺書》本作“答實蠻彦脩”。

〔2〕王，《湖北先正遺書》本作“玉”，誤。
〔3〕善，《湖北先正遺書》本作“喜”。

過涪州寄同年董節判碩通〔1〕

大科賢士涪州判〔2〕，素節清風滿畫川〔3〕。欸段總隨沙草瘦，甘棠只許後人傳。往時同忝三場約，爲子今留萬里船。但使姓名通帳下，敢勞騎馬到江邊。

【校記】

〔1〕詩題《湖北先正遺書》本作“過涪州寄同年玄董節判”。
〔2〕涪，《湖北先正遺書》本作“涪”。
〔3〕畫，《湖北先正遺書》本作“盡”，誤。

春日陪譙道山亭口占〔1〕

二月春明花乍殘，道山亭上翠如鬟〔2〕。天開圖畫峰攢戟，地接蓬萊雪滿關。雙鳳巢雲朝貝闕〔3〕，六鰲駕海出人寰〔4〕。薇垣官從多時彦，聽取山人半日閒。

【校記】

〔1〕譙，《湖北先正遺書》本作“謙”，疑誤。
〔2〕鬟，《湖北先正遺書》本作“寰”，誤。
〔3〕貝，《湖北先正遺書》本作“具”，誤。
〔4〕寰，《湖北先正遺書》本作“裹”，誤。

題米元暉山水爲賈仙院判作

雲樹蒼蒼路渺然，紫煙緑霧障晴川。風間理釣滄江上，日暮移舟野水邊。林外有山常近枕，澗前無竇獨成眠。生平此願行將遂，便擬煩君借一廛。

爲鄂省檢校陳用方題顧定之墨竹[1]

鳳凰枝上舞毿毿[2]，恍似湘南與渭南。紫籜穿林龍乍躍，琅玕著雨翠如酣。風前遞影頻摇萬[3]，月下開樽偶共三。最憶漢濱千畝地，碧波江漲水挼藍[4]。

【校記】

〔1〕顧定之墨竹，《湖北先正遺書》本無“之”字。

〔2〕鳳凰，《湖北先正遺書》本作“鳳皇”。

〔3〕頻摇，《湖北先正遺書》本缺“摇”字。

〔4〕碧波，《湖北先正遺書》本作“鴨頭”。

爲永嘉林温伯恭題瑞榴圖

安石榴花開滿枝，五房同蔕總稀奇[1]。永嘉玉樹臨春秀，博望仙葩帶月移。勝日名園期共賞，他時駟馬兆先知。董林陰德宜多種，留取君家百世思。

【校記】

〔1〕五房，《湖北先正遺書》本作“立芳”。

題鄭静思莊谷叟卷

最愛南華一老仙，漆園爲吏幾何年。人從谷叟莊頭覔，榻向南州去後懸。物外静觀惟我得，世間塵鞅欲誰牽。相逢莫賦商巖曲，山雨衝寒好放船。

題曉意圖

三星欲落不落際，流水野橋人度遲[1]。鴈影遠含秋影薄，山光争似曙光奇。荒郊犬吠人家僻，近塢煙炊筍蕨宜。欲掃柴門迎曉日，偶逢花下有朝葵。

【校記】

〔1〕度，《湖北先正遺書》本作“渡”。

題連江曾氏墓志貢玩齋文

夔山原下半山墳，共説曾家子又孫。海徼衣冠仍見古，荒郊鄒魯自成村。秘書文字連城重，此日羹墻萬感存。我欲題詩遺不朽，錦囊收拾去朝元。

題秀才魯環元瑞北門小隱

欲向山中學草玄，北門小逕曲通泉。讀書鐙晃烏啼夜[1]，把釣船開月滿天。行酒賦詩來好客，據鞍敲竹引遊鞭。誰能一伴幽人宿，日鼓南風聽五弦。

【校記】

〔1〕鐙，《湖北先正遺書》本作“燈”。

贈江西憲從事葉彦周

槁生抱牘來相謁，珠玉輝煌滿卷中。烏府風清飄玉樹，繡衣春煖試青驄。馳聲江右催鸞檄，奏最燕臺醉鳥酮。君有華居容我惜，傷情無奈嘆飛蓬。

醉題歌扇名臺雲

珠玉相輝照席珍[1]，一時傾寫任天真。雲間駿骨行千里，宇内才名有幾人？寰海魚龍須變化，菁莪雨露盡陶鈞。小園池館都堪樂，句健人豪酒亦醇。

陸有嘉羞水有珍，相忘聊復遂吾真。開樽論議超凡壤，舉目關河盡遠人。力可萬牛支九鼎，誰能一線引千鈞。譾才自愧無分補，賴有丹衷似酒醇。

【校記】

〔1〕照席珍，《湖北先正遺書》本作“照夕席珎”，衍“夕”字。

宴道山亭復風雨有感作[1]

閩川又復過清明，花信風牽倍感情。四海再逢虞舜日，三年兩駐越王城。春光寂寂啼山鳥，雲影悠悠拂羽旌。可是東君不相下，狂飈吹雨濺銀箏[2]。

【校記】

〔1〕復，《湖北先正遺書》本作“後”。

〔2〕箏，原本作“争”，據《湖北先正遺書》本改。

胄監群英雅集[1]，爲相特穆爾君壽題[2]

鳳麟龍虎萃成均，雨露菁莪總化鈞。天上衣冠星錯落，眼前文物玉嶙峋[3]。力扶宗社誰將任[4]，手握經綸我敢論。南服海天纔一角，行期引領拜楓宸。

【校記】

〔1〕群英雅集，《湖北先正遺書》本缺“雅”字。

〔2〕特穆爾，《湖北先正遺書》本作“帖木兒”。

〔3〕玉，《湖北先正遺書》本作“王”，誤。

〔4〕扶，《湖北先正遺書》本作“挾”，誤。

題仙人磐石吹簫圖

長松樹底坐吹簫[1]，疑是仙人王子喬。白露未漙涼月上[2]，秋風初弄羽衣飄。山靈報罷雲朝散，海鶴啼時龍夜朝。便欲乘鸞覲天上，翩翩孤影屬清標。

【校記】

〔1〕簫，《湖北先正遺書》本作“蕭”，誤。

〔2〕漙，《湖北先正遺書》本作“傳”。

題成趣軒

爲照磨托爾留題成趣軒[1]。照磨字明善，蓋吾從事也。因書以爲勉。

小小蔬園半畝畦，涉能成趣路成蹊[2]。呼兒灌溉汲石井，留客待烹啼竹鷄。子荆居室稱苟美，管寧鋤金恒不迷。華構相承期勿墜，今人應與古人齊[3]。

【校記】

〔1〕托爾，《湖北先正遺書》本作“禿兒”；成趣軒，《湖北先正遺書》本作“成廼軒”。

〔2〕“涉能”句，《湖北先正遺書》本作“治能成趣路成溪”。

〔3〕“今人”句，《湖北先正遺書》本缺“與”字。

題黃山鄭潛彦昭練溪漁隱

黃山山下練溪肥，水薦溪毛陸薦薇。白魚供饌酒初熟，畫舫移來人乍歸。治家只是春蚕起，結屋更愛山重圍。我欲過從訪漁隱[1]，時危常恨與心違。

【校記】

〔1〕從，《湖北先正遺書》本作“重”。

題榴橘聯芳圖

石榴枝上橘來棲，佳氣熏春草樹知。兩瑞聯芳須未艾，雙岐並秀偶相宜。實垂玳瑁筵初秩，菓薦黃金品更奇。蘭玉胥承親尚健[1]，定知有喜集門楣。

【校記】

〔1〕胥，《湖北先正遺書》本作“湏”。

遊雲門寺故宋鄭參政委大院

洋嶼江頭雲門寺，夤緣石磴上青天。鄭家祠堂如一日，梵王宫殿經千年。鯨音發響嘯山鬼，茘子磨丹供别筵。政恐蒼生渴霖雨，漫將詩句破蠻煙[1]。

【校記】

〔1〕漫,《湖北先正遺書》本作“謾”。

伯莢右轄餞予於長樂雲門港[1],因其念母贈之以詩

母子相依四十秋,母年八十子恒憂。劬勞未報當生别,罔極逾深重自尤。剌血寫經天亦痛[2],銜哀陳陛孰爲謀。君王若問臣消息,瘴海蠻煙日夜浮。

【校記】

〔1〕莢,《湖北先正遺書》本作“英”。

〔2〕剌,《湖北先正遺書》本作“刻”。

題不繫舟漁者卷有序

平陽陳君子上登甲午進士第,秉志剛介,獨立不阿。初授慶元録事,在任未竟,值浙東西盜敓蠭起,郡邑無大小皆陷于賊[1]。士大夫苟得脱於難者,往往去依方鎮,不顧道義,夤緣苟禄以養生,寧舍朝廷弗顧[2]。若是者,奚啻肩相摩足相軋哉。子上獨不可,曰:“始予承聖天子策士時,幸以子大夫遇我,我何忍一旦悖此,狐媚以求活耶[3]!”乃即日解官還家,而慶元亦尋以陷。其見幾明立志勇如此[4],遂號之曰“不繫舟漁者”。蓋卑以自牧,謙以自勵也。嗚呼!舟惟不自繫,然後得往來江海間以自適。人惟不自繫,則彼之所謂富貴者,又烏得而誘我、浼我,繫而縛之若犬羊然哉!走也適以督運事嚴,泊舟于此,偶得與子上邂逅[5],於是嘉其高而贈之。

舟惟不繫任浮游,之子衷心適與侔。一身不近龍蛇穴,萬慮無如煙

水謀。那待月明纔舉網，只須風定便行舟。[6]

【校記】

〔1〕郡邑，《湖北先正遺書》本作“群邑”。

〔2〕弗，《湖北先正遺書》本作“不”。

〔3〕狐媚，《湖北先正遺書》本作“孤媚”，誤。

〔4〕勇，《湖北先正遺書》本作“㔹”。

〔5〕邂逅，《湖北先正遺書》本作“解後”。

〔6〕此詩兩本均缺後二句。

七言絶句

柬秦景容郎中[1]。昨晚閱高文，誦之亹亹不倦。沈著類子厚而不失之晦，痛快似退之而不失之浮。恢恢乎與韓逼真，而於柳有所不屑也。予識景容十五年，頗謂相知，今殆不如遠矣[2]。斂袵再三，賦詩爲謝

錦緞裁來五色絲，千方製就欲誰衣。自慚輸與天孫巧，凡女從今不下機。

【校記】

〔1〕柬，《湖北先正遺書》本作“東”，誤。

〔2〕如，《湖北先正遺書》本作“知”，誤。

題劉中守僉憲爲閩海憲史馬謙叔賦二首[1]

經年不見劉郎畫[2]，山色溪光共可人。底事往來滄海客，釣舟容易許相親。

遠山迢遞近山高，茅屋溪聲閱澗毛。江浦潮來帆正疾，日邊歸客頓相遭。

【校記】

〔1〕二首，《湖北先正遺書》本無此二字。

〔2〕畫，《湖北先正遺書》本作“盡”。

松林午憩

松林坐久午風清，溪水潺潺樹有聲。何處小舟撑柳外，來迎潮落去潮生。

渡　口

海淀風輕晚待潮，首綿車響客心摇。人家住近青松渡，小女當簷弄阿嬌。

孤鷺飛來數點青，映山紅葉笑相迎。青裙赤脚誰家婦[1]，闊背牙梳也自榮。

【校記】

〔1〕裙，《湖北先正遺書》本作“裾”。

紀　見

榕樹根垂荔葉齊，遶簷宿霧緑初迷。鷓鴣啼徹山頭雨，午夢醒時日正西。

正　月

閩荒正月似初秋，終夜聞雷耳畔遊。睡覺渾如到家日，欲從庭下認牽牛。

題集賢都事石林二首

琪樹亭亭廣萬章，屹無枝葉蔽嚴霜。相逢請看中流柱，未必崚層似爾長[1]。

誰爲明堂作棟梁，石林屹立並雲長。會從白玉樓中見，杞梓何能與鴈行。

【校記】

〔1〕崚，《湖北先正遺書》本作“稜”。

寄貢泰父先生解紛詩書扇

霸業争驅孰後先，葵丘一會更無前。如今誰是排紛者，那有先生似仲連[1]。

【校記】

〔1〕那，《湖北先正遺書》本作“奈”。

題鄭静思小像

月明山静海無塵，鶴鷩翩躚玉一痕[1]。却記别時春已暮，落花都付富家村[2]。

【校記】

〔1〕鶴，《湖北先正遺書》本作“崔”。

〔2〕村，《湖北先正遺書》本作“春”。

爲江浰宣使題補之墨梅二首

羅浮山下梅梢月，素質湘裙淺淺粧。昨夜嫦娥初出浴，桂華不敢妬清香[1]。

螺女江頭春色多，孤根分瑞到南坡。當時丰度今猶在[2]，清苦如君少奈何。

【校記】

〔1〕華，《湖北先正遺書》本作“花”。

〔2〕丰，《湖北先正遺書》本作“半”。

附録一

元翰林承旨楚國李公壙志[1]

公諱士瞻，字彦聞，世居河南荆門。曾祖諱之敬，贈荆湖北道宣慰使、都元帥；祖諱文亮，贈太常禮儀院使，俱追封楚郡公。父諱壽椿，贈河南行中書省平章政事[2]，追封楚國公。曾祖妣陳氏，祖妣張氏，俱追封楚郡夫人。妣鄭氏，追封楚國夫人。公幼英敏，好學，應度支卿柳嘉辟爲知印，非其志也。嘗中大都路進士第，爲萬億廣源知事。中書舉爲掾，歷刑部主事，升員外郎、樞密院經歷，出僉山南憲。入爲吏部侍郎，遷户部行永平總管府事，升本部尚書。出督福建海漕，以功就拜福建行中書左丞。召入參議中書事，進參知政事。一年，入翰林，爲學士，階升榮禄大夫。遷遼陽行中書左丞。再入爲中書參政，改樞密副使，拜翰林學士承旨，進封楚國公。公生皇慶二年二月一日。至正二十七年十一月二十七日，以疾終於京師明照里第之正寢，春秋五十有五。十二月三日，葬大興縣臘八之原。娶何氏，武略將軍提舉何觧之女[3]，封楚國夫人。子男四人：守成、守恒、守峴、守岷。守成登進士第[4]，户部司計官。守恒，遼陽等處行樞密院斷事府經歷。守峴，太尉府掾。守岷，國子生。孫男一人，尚幼。孤子守成等泣血謹志。

榮禄大夫、太常禮儀院使陳祖仁填諱。

翰林學士承旨、榮禄大夫、知制誥兼修國史王時題蓋。

【校記】

〔1〕《湖北先正遺書》本題爲“大元故翰林學士承旨榮禄大夫知制誥兼修

國史楚國李公壙志”。

〔2〕“贈河南”句，《湖北先正遺書》本無“省”字。

〔3〕觧，《湖北先正遺書》本作“斛”。

〔4〕第，《湖北先正遺書》本作“弟”。

翰林承旨楚國李公行狀[1]

公諱士瞻，字彦聞，南陽之新野人，後徙漢上。曾祖諱之敬，累贈荆湖北道宣慰使，追封楚郡伯；配馬氏[2]，累贈楚郡夫人。祖諱文亮，累贈中奉大夫、太常禮儀院使，追封楚郡公；配張氏，累贈楚郡夫人。父諱壽椿，字春伯，累贈榮禄大夫、河南省平章政事，追封楚國公；配鄭氏，累贈楚國夫人。至正初，公以布衣遊公卿間，平章烏蘭哈達[3]、左丞烏克遜良楨嘗以王佐許之[4]。尋用度支監卿柳嘉薦爲知印，非其志也。舊制：凡大都有恒産住經年深者，聽就試。年三十餘，中大都路進士第十名，庚寅歲也。知印歷十九月，考滿，任將仕郎，萬億廣源庫知事，歷二十四月。中書辟充右司掾[5]。時濟寧有警，朝廷分省院以鎮之。城陷，省臣奏兩府官處死。上以知院哈喇巴圖爾勛戚赦之[6]，以右丞阿克塔齊[7]、參政賈惟貞等坐之。公上書曰：“知院職在總兵，宜處以重刑；省官職在供給[8]，止宜定爲杖流。今知院雖特敕免死[9]，不過聖恩少延其生耳。”書奏，右丞等遂得減死。在掾七月[10]，除從仕郎、刑部主事，出贊總戎。時兵犯左衛，京師震恐，裨將劉哈喇布哈兵甫交[11]，其母凶問至京，上遣使即軍中慰弔。公曰：“今兵勢方振，遽宣詔旨[12]，彼將哀毁不暇，大敵在前，其孰足以禦之？若能少緩信宿，事方兩全。”從之。明日，兵果大捷，由是京師無虞，蓋其籌畫之力也。未幾，遷承事郎、樞密院經歷，調僉山南江北道，改儒林郎、吏部侍郎，遷文林郎[13]、户部侍郎、行永平路總營，升户部尚書，散官如故。出使閩省，時海酋賽富鼎爲帥[14]，日肆暴横，公斥責之，其黨抽刃環立[15]，語益厲，酋嚴憚焉。既而有旨，命揚珠布哈爲平章[16]，酋拒之。平章徵兵攻城，凡三月，民乞救公出，謂："平章宜宥此曹去。"從之。公欲復入，平章謂："入將見留[17]。"公曰："民候我，去留爲存亡，不去且有變。"平章强留之，酋果疑失策。復謀出襲，及再入，事遂定，藩屏以安。閩人爲建祠、樹碑。詔拜資善大夫、本省左丞，尋入爲中書參議。丞相綽斯戩議解博囉特穆爾兵柄[18]，公曰："削權事重，宜先調兵以固關，輔丞相以有備給之。"及博犯闕[19]，丞相敗。詔以伊蘇爲相[20]，公爲參政，升資政大夫。公謂相曰："彼凶悖首禍，天子以丞相代之，功當百倍疇昔。如其復蹈往轍，安知無前日之禍耶？"乃上疏，其略曰：竊觀今日國家之勢，有淹淹將盡之氣[21]，無赫赫再振之威。有甘心就亡之意，無救焚拯溺之志。又謂：宜亟下明詔，以彰天討。疏上，不報，遷翰林學士、榮禄大夫、知制誥，同脩國史、知經筵事。博囉入朝[22]，出爲遼陽省左丞，至則傳檄遠邇。其略曰："違積世之先勛[23]，名曰逆子；犯無君之大惡，號爲賊臣。仍拘執來使，以釋群疑，奬勵諸軍，以圖大舉。"事平，再入爲參政。時庫克特穆爾南征[24]，有詔諸王駙馬悉聽節制等語，公以爲權寵太重，勢將難制。不聽。於是辯論愈切。上乃俾詞臣增其詔，語曰"以南諸王駙馬"云云。又嘗言諸朝曰："今國家一新政理，宜先正綱常。"執政有謂："國俗，叔嫂相嫁娶，蓋欲保其家産者。"公正色曰："廟堂之上議論綱常，乃以家産爲言乎？"其人慙而止。尋改樞密副使。時庫與張思道等仇殺[25]，遣使乞詔以討之[26]，人莫敢言。公曰："棄南征之命而與王師敵，咎誰歸？况當其出師也，既付以便宜之詔[27]，今復有何詔乎？若遂與之，則是責在朝廷矣。"事遂寢。後復上疏曰："今造作不已，恐傷民力。傳之遠邇，有鈸兒鼓兒之戲；播之京師，有斧兒鑿兒之謡[28]。而陛下不之寤，臣恐大事一去，雖享有宫室之樂，其可得耶？"上嘉之。拜翰林學士承旨、知制誥，兼脩國史，進封楚國公。未幾，以病卒，時至正二十七年冬十一月也，年五十五。配何氏，累封楚國夫人[29]。子男四人。長守成，後名延興，登丁酉王宗嗣榜第三甲進士。次守恒，遼陽行樞密斷事官經歷。次守峴，太尉掾史。次守岷，國子生員。公平生襟度開夷，識趣弘遠[30]，忠義之節炳如星日，蹇諤之風凛如冰霜，而經濟之才浩如江海，使當時能委任而責成之，其相業又曷可量耶？

榮禄大夫太常禮儀院使陳祖仁撰。

【校記】

〔1〕《湖北先正遺書》本題爲“元翰林學士承旨楚國李公行狀”。

〔2〕配馬氏，《湖北先正遺書》本作“配陳氏”。“累贈楚郡夫人。祖諱文亮”，兩本均無，據《元翰林承旨楚國李公壙志》增補，否則文意不順。

〔3〕烏蘭哈達，《湖北先正遺書》本作“悟良合台”。

〔4〕烏克遜，《湖北先正遺書》本作“烏古孫”。

〔5〕〔10〕掾，原本作“椽”，誤。據《湖北先正遺書》本改。

〔6〕哈喇巴圖爾，《湖北先正遺書》本作“哈刺八都兒”。

〔7〕阿克塔齊，《湖北先正遺書》本作“阿塔赤”。

〔8〕“省官”句，《湖北先正遺書》本無“供給”二字。

〔9〕免死，《湖北先正遺書》本作“克死”。

〔11〕哈喇布哈，《湖北先正遺書》本作“哈刺不花”。

〔12〕遽宣詔旨，《湖北先正遺書》本無“宣”字。

〔13〕遷文林郎，《湖北先正遺書》本無“遷”字。

〔14〕賽富鼎，《湖北先正遺書》本作“賽丁”。

〔15〕刃，《湖北先正遺書》本作“刀”。

〔16〕揚珠布哈，《湖北先正遺書》本作“燕赤不花”。

〔17〕留，《湖北先正遺書》本作“晋”，誤。

〔18〕綽斯戩，《湖北先正遺書》本作“搠思監”；博囉特穆爾，《湖北先正遺書》本作“孛羅帖木兒”。

〔19〕博，《湖北先正遺書》本作“孛”。

〔20〕伊蘇，《湖北先正遺書》本作“也速”。

〔21〕有，《湖北先正遺書》本作“省”，誤。

〔22〕博囉，《湖北先正遺書》本作“逆孛”。

〔23〕違，《湖北先正遺書》本作“遼”，誤。

〔24〕庫克特穆爾,《湖北先正遺書》本作“擴廓帖木兒”。

〔25〕庫,《湖北先正遺書》本作“擴”。

〔26〕“遣使”句,《湖北先正遺書》本缺“使”“以”字。

〔27〕宜,《湖北先正遺書》本作“益”。

〔28〕謡,《湖北先正遺書》本作“搖”。

〔29〕“累封”句,《湖北先正遺書》本無“封”字。

〔30〕“公平生”兩句,《湖北先正遺書》本無“公”“趣”字。

附録二〔1〕

《元史》卷四十六《順帝本紀九》摘録

二十二年……是歲，樞密副使李士瞻上疏極言時政，凡二十條：一曰悔己過以詔天下，二曰罷造作以快人心，三曰御經筵以講聖學，四曰延老成以詢治道，五曰去姑息以振乾綱，六曰開言路以求得失，七曰明賞罰以厲百司，八曰公選舉以息奔競，九曰察近倖以杜奸弊，十曰嚴宿衛以備非常，十一曰省佛事以節浮費，十二曰絶濫賞以足國用，十三曰罷各官屯種俾有司經理，十四曰減常歲計置爲諸宫用度，十五曰招集散亡以實八衛之兵，十六曰廣給牛具以備屯田之用，十七曰奬勵守令以勸農務本，十八曰開誠布公以禮待藩鎮，十九曰分遣大將急保山東，二十曰依唐廣寧故事分道進取。先是，薊國公脱火赤上言乞罷三宫造作，帝爲減軍匠之半還隸宿衛，而造作如故，故士瞻疏首及之。皇太子常坐清寧殿，分布長席，列坐西番高麗諸僧。皇太子曰："李好文先生教我儒書多年，尚不省其義。今聽佛法，一夜即能曉焉。"於是頗崇尚佛學。

【校記】

〔1〕此附録係點校者輯録。

《四庫全書》文淵閣本《經濟文集》卷首按語〔1〕

臣等謹案：《經濟文集》六卷，元李士瞻撰。士瞻字彦聞，先世新野人，徙居荆門。幼英敏好學，至正初中大都路進士。中書辟充右司掾，除刑部主事，累官户部尚書，出督福建海漕，就拜行省左丞，召入爲參知政事，改樞密副使，拜翰林學士承旨，封楚國公。以至正二十七年卒。《元史》不爲立傳，惟《順帝本紀》載至正二十二年樞密副使李士瞻上疏，極言時政凡二十事，具列其目，大抵當時急務，蓋亦讜直之士也。是集爲其曾孫伸所編次，皆自爲右司掾以迄奉使閩中時所著，故《元史》所載時政疏不在其中。檢核卷目，其與人簡札至七十餘通，幾居全集之半，雖多屬一時酬答之作，而當時朝政之姑息、兵事之乖方、藩臣之跋扈，俱可藉以考見梗概。至士瞻之彌縫匡救，委曲周旋，其拳拳憂國之忱，不憚再三苦口，尤有爲人所難能者。《元史》於順帝時事最稱疏略，此集洵足資參訂之助矣。士瞻有子延興，能嗣其家學，所著别有《一山文集》亦已著於録云。

乾隆四十六年九月恭校上。

總纂官臣紀昀　臣陸錫熊　臣孫士毅

總校官臣陸費墀

《四庫全書總目》集部别集類《經濟文集》提要

《經濟文集》六卷（浙江鮑士恭家藏本），元李士瞻撰。士瞻字彦聞，先世新野人，徙居荆門。至正初，中大都路進士。中書辟充右司掾，除刑部主事，累官户部尚書，出督福建海漕，就拜行省左丞，召入爲參知政事，改樞密副使，拜翰林學士承旨，封楚國公。以至正二十七年卒。《元史》不爲立傳，惟《順帝本紀》載至正二十二年樞密副使李士瞻上疏極言時政，凡二十事，具列其目，大抵當時急務，蓋亦讜直之士也。是集爲其曾孫伸所編，所録始於爲右司掾時，而迄於奉使閩中，故《元史》所載時政疏不在其中。然所載往來簡札至七十餘通，幾居全集之半，雖多屬一時酬答之作，而當時朝政之姑息、兵事之乖方、藩臣之跋扈，多可藉以考見。其彌縫匡救、委曲周旋、拳拳憂國之忱，亦不在所上時政疏下。《元史》於順帝時事最稱疏略，存此一集，深足爲考證之助，正不徒重其文章矣。

後　記

《四庫全書》所收元人别集甚少，而元人别集中屬於湖北籍的作家别集更少之又少，總共纔三四種而已。李士瞻《經濟文集》乃是其中一種。文集收集的主要是士瞻以户部尚書出督福建海漕時所作書札和詩文，鹽、糧爲其關注的中心，也是當時社會的焦點之一，直接反映了元後期尤其是順帝朝廷的政治狀况和福建社會生活，對於了解那段歷史頗有參考價值。

本書是國家社科基金重大招標項目《荆楚全書》的編纂成果，正在進行"國家雙一流"建設的華中師範大學文學院中國語言文學一流學科爲本書出版提供了資助。湖北人民出版社文史編輯部祝祚欽主任與各位編輯爲此書出版付出了辛勤勞動，在此謹致謝忱！

王齊洲

己亥勞動節記於武昌洪山兩學軒